SKIN IN THE GAME
Hidden Asymmetries in Daily Life

非对称风险

风险共担，
应对现实世界中的不确定性

[美] 纳西姆·尼古拉斯·塔勒布 著
（Nassim Nicholas Taleb）
周洛华 译

中信出版集团｜北京

图书在版编目（CIP）数据

非对称风险 /（美）纳西姆·尼古拉斯·塔勒布著；周洛华译 . -- 北京：中信出版社，2019.1（2025.10 重印）
书名原文：SKIN IN THE GAME
ISBN 978-7-5086-9847-2

Ⅰ. ①非… Ⅱ. ①纳… ②周… Ⅲ. ①经济学－通俗读物 Ⅳ. ① F0-49

中国版本图书馆 CIP 数据核字（2018）第 269401 号

SKIN IN THE GAME by Nassim Nicholas Taleb
Copyright ©2018 by Nassim Nicholas Taleb
Simplified Chinese translation rights © 2019 by CITIC Press Corporation.
All rights reserved.
本书仅限中国大陆地区发行销售

非对称风险

著　　者：[美] 纳西姆·尼古拉斯·塔勒布
译　　者：周洛华
出版发行：中信出版集团股份有限公司
　　　　　（北京市朝阳区东三环北路 27 号嘉铭中心　邮编　100020）
承　印　者：北京通州皇家印刷厂

开　　本：880mm×1230mm　1/16　　印　张：22.75　　字　数：279 千字
版　　次：2019 年 1 月第 1 版　　　　印　次：2025 年 10 月第 33 次印刷
京权图字：01-2018-7219
书　　号：ISBN 978-7-5086-9847-2
定　　价：68.00 元

版权所有·侵权必究
如有印刷、装订问题，本公司负责调换。
服务热线：400-600-8099
投稿邮箱：author@citicpub.com

献给

两位勇敢的先驱

罗恩·保罗

拉尔夫·纳德

目　录

推荐序	IX
译　序	XIII

第一卷　绪　论

安泰俄斯之死	009
今天的利比亚	010
玩人丧德	012
古之军阀亦有道矣	014
罗伯特·鲁宾的勾当	015
学会做减法	018
对称性	021
从汉谟拉比到康德	021
从康德到胖子托尼	028
现代主义	036
将灵魂投入"风险共担"	043
手工匠人	045
不确定性的共同基因	055
我的探索之路	056
一群牛对着我弹琴	057
书评家们	058
本书的组织架构	060
日常生活中的非对称性	062

第二卷　初探代理人问题

第1章　为什么每个人都必须吃掉自己捕到的海龟：
　　　不确定条件下的公平性问题　　　　　　　　067

　　每天都有新客户　　　　　　　　　　　　068
　　罗得岛粮食的价格　　　　　　　　　　　070
　　不确定性中的公平性问题　　　　　　　　072
　　瓦·萨夫拉和"域外人"　　　　　　　　075
　　自己人和外面人　　　　　　　　　　　　077
　　"我们"的最佳规模　　　　　　　　　　080
　　你在对角线上吗？　　　　　　　　　　　081
　　所有人在一条船上　　　　　　　　　　　082
　　对别人的书评头论足　　　　　　　　　　083
　　短暂的就医经历　　　　　　　　　　　　085

第三卷　最大的非对称性

第2章　最不宽容者获胜：顽固少数派的主导地位　　　091

　　对花生过敏的罪犯　　　　　　　　　　　092
　　重整化　　　　　　　　　　　　　　　　097
　　否决权　　　　　　　　　　　　　　　　100
　　通用语　　　　　　　　　　　　　　　　101
　　基因 vs 语言　　　　　　　　　　　　　103
　　宗教单行道　　　　　　　　　　　　　　104
　　重申去中心化　　　　　　　　　　　　　107
　　我的道德，你的约束　　　　　　　　　　108
　　从统计概率看少数派主导现象的稳定性　　110
　　波普尔 - 哥德尔悖论　　　　　　　　　　111
　　科学和市场的偏锋　　　　　　　　　　　113
　　一头狮子就够了　　　　　　　　　　　　115
　　总结与展望　　　　　　　　　　　　　　115

目录

第四卷 狗群中的狼

第 3 章 如何合法地控制他人　　119
　　控制飞行员　　121
　　从公司雇员到公司正式员工　　124
　　科斯的理论　　126
　　复杂性　　128
　　一种奇特的"奴隶制"　　128
　　自由从来就不是免费的　　129
　　狗群中的狼　　130
　　损失厌恶　　133
　　君士坦丁堡的余晖　　134
　　不要指望官僚斯坦　　136

第 4 章 别人为你承担风险　　139
　　我还有房贷和两只猫　　139
　　找寻隐藏的脆弱性　　142
　　如何让人体炸弹杀手承担风险？　　145

第五卷 活着就要承担风险

第 5 章 模拟机中的生活　　151
　　耶稣承担了风险　　152
　　帕斯卡的机会主义　　153
　　黑客帝国　　153
　　这位唐纳德　　154

第 6 章 聪明的白痴　　157
　　去哪里找椰子　　157
　　科学和唯科学主义　　158
　　庸　知　　159

非对称风险

　　别和俄国人喝酒　　　　　　　　　　　161
　　小　结　　　　　　　　　　　　　　　161
　　后　记　　　　　　　　　　　　　　　162

第7章　平等和风险共担　　　　　　　　　163

　　不平等 vs 不平等　　　　　　　　　　　163
　　静态和动态　　　　　　　　　　　　　166
　　皮凯蒂和令人反感的官僚阶层　　　　　169
　　鞋匠忌妒鞋匠　　　　　　　　　　　　172
　　不平等，财富和垂直社会化　　　　　　173
　　共情和自保　　　　　　　　　　　　　174
　　数据，随便什么数据　　　　　　　　　174
　　公职人员的道德　　　　　　　　　　　176

第8章　一个叫林迪的专家　　　　　　　　179

　　谁是真正的专家？　　　　　　　　　　181
　　林迪的林迪　　　　　　　　　　　　　182
　　我们需要评判吗？　　　　　　　　　　183
　　和女王一起喝茶　　　　　　　　　　　184
　　体　制　　　　　　　　　　　　　　　185
　　违背个人利益　　　　　　　　　　　　188
　　重申把灵魂投入"风险共担"　　　　　　188
　　科学倾向于林迪　　　　　　　　　　　189
　　实践还是理论？　　　　　　　　　　　191
　　祖母 vs 研究员　　　　　　　　　　　　191
　　简述祖先的智慧　　　　　　　　　　　192

第六卷　再探代理人问题

第9章　外科医生看起来应该不像外科医生　　197

　　看上去是块儿料　　　　　　　　　　　197
　　绿色木材谬误　　　　　　　　　　　　199
　　精心打扮过的商业计划书　　　　　　　201

万圣节主教	202
快刀斩乱"结"	204
生活中的过度智能化	205
另一种干预	206
黄金大米	207
补　偿	209
教育是奢侈品消费	210
文凭的经验	210
真正的健身房看起来不像健身房	211

第10章　只有富人受害：其他人的偏好　213

金杯奉鸩	214
大型殡仪馆	215
聊　天	216
进步的非线性	217

第11章　行胜于言　219

难以拒绝的提议	219
阿萨辛派	221
暗杀是营销手段	222
暗杀"完善"了民主政治	223
"风险共担"的照相机	224

第12章　事实是真的，新闻是假的　227

如何与自己的意见相左	227
信息不喜欢被拥有	229
异议的道德	231

第13章　经营美德　233

公众和私人	234
美德商贩	236
"真是"还是"真像"？	237
买卖圣职	237
美德是关于他人和集体的	239

V

不受欢迎的美德　　　　　　　　　　　　　　239
　　　承担风险　　　　　　　　　　　　　　　　240

第 14 章　和平，不靠条约，也不靠战争　　　243
　　　火星 vs 土星　　　　　　　　　　　　　　245
　　　狮群去哪儿了？　　　　　　　　　　　　　246
　　　急诊室里看历史　　　　　　　　　　　　　247

第七卷　宗教、信仰和风险共担

第 15 章　他们提到宗教的时候并不知道自己在说什么　　255
　　　信仰 vs 信仰　　　　　　　　　　　　　　258
　　　自由主义和没有教堂的宗教信仰　　　　　259

第 16 章　信仰是一种"风险共担"　　　　　261
　　　神不喜欢廉价信号　　　　　　　　　　　262
　　　证　据　　　　　　　　　　　　　　　　265

第 17 章　教皇是无神论者吗？　　　　　　　267
　　　表面虔诚　　　　　　　　　　　　　　　269

第八卷　风险和理性

第 18 章　如何对理性保持理性　　　　　　　273
　　　视觉欺骗　　　　　　　　　　　　　　　274
　　　遍历性优先　　　　　　　　　　　　　　274
　　　从西蒙到吉仁泽　　　　　　　　　　　　276
　　　显示自己的偏好　　　　　　　　　　　　276
　　　宗教为何存在？　　　　　　　　　　　　278
　　　"嘴炮"，廉价的"嘴炮"　　　　　　　280
　　　林迪怎么说？　　　　　　　　　　　　　281
　　　华丽中的朴素　　　　　　　　　　　　　281

第 19 章　承担风险的逻辑	285
遍历性	290
重复风险	290
你是一个怎样的人？	294
勇气和审慎并不矛盾	296
重申理性	297
拥抱风险	298
天真的实证主义	298
总　结	301
后　记	303
致　谢	307
附录 1　违背直觉的事情	309
附录 2　技术性附录	313
附录 3　词汇表	327
注　释	333
参考书目	339

推荐序

风险共担：市场变革中的因应之道

对于全球金融界来说，纳西姆·塔勒布并不陌生。有"黑天鹅之父"之称的塔勒布，无疑是位金融市场的特立独行者，从华尔街的期权交易员到"不确定性"理论界的专家，自2001年《随机漫步的傻瓜》一书出版以来，他就成了华尔街一个引人关注的协作者。他先后出版了"不确定性"四部曲：《随机漫步的傻瓜》、《黑天鹅》、《反脆弱》和这本《非对称风险》。塔勒布更是在这本书中经常对华尔街极尽戏谑和调侃，例如，2009年的达沃斯论坛上，他对雷曼兄弟的破产表示"开心"，表示这是雷曼兄弟公司罪有应得。当然，在各种争议中，塔勒布让市场更为印象深刻的仍然是他对不确定性的深刻思考。

在《非对称风险》这本书中，塔勒布十分强调知行合一，他旗帜鲜明地指出，要发表观点，你首先要入局（skin in the game），要使自己成为风险收益对称的风险共担者，空中楼阁式的夸夸其谈或宏篇大论毫无意义。在现实世界中，塔勒布笔下的非对称性，可以说无处不在。在本书中，塔勒布涉及的视野宏大，从安泰俄斯之死到墨丘利的拒食海龟，从罗得岛上的出售粮食到罗伯特·鲁宾所在的华尔街销售金融产品，从3 800年前的《汉谟拉比法典》中的对称性到现代社会财富的巨大不平等；塔勒布在知识的海洋中纵横，撷取合适的材料，勾勒知识的不确定下形态各异的非对称性，以及对称性的风险共担的必要性。或神话，或宗教，或正史，或杂记，透过这些形散神聚的故事集，塔勒布的核心观点聚焦到一点：没有"风险共担"就一事无成，真正的理性在于避免系统性毁灭。

在资本市场层面，风险共担更为关键，本书中作者对此也批判得最为尖锐。从被作者批评为"对金融风险几乎一无所知的伯南克"，到"罗伯特·鲁宾的勾当"，再到"信口雌黄的宏观政治经济学家"……而被视为现代资本市场代表的华尔街，在作者笔下几乎成了骗子们炫耀骗技的舞台、非对称风险的高发地。在作者看来，无论是什么市场主体，都应充分认识到无处不在的信息非对称性，并在此基础上（就像作者明确指出的）"将灵魂投入'风险共担'中去"。正如作者那句有点绝对又不无启发的结束语：没有"风险共担"就一事无成。

当然，就像英国《卫报》专栏作家佐伊·威廉姆斯（Zoe Williams）在本书书评中所指出的，尽管本书的核心观点非常有吸引力，但在细节上存在一些瑕疵。比如书中提到的"1982年英阿马岛战争中，英国皇室成员安德鲁王子驾驶着直升机在前线作战时，承担了比普通士兵更多的风险"；以及，对英国的清真食品比例的描写等细节，在威廉姆斯看来，都与真相有出入。

另外，本书中，作者以嘲讽的口吻批评说，"2010年，对金融风险几乎一无所知的伯南克连任美联储主席"，早在2009年的达沃斯论坛上，塔勒布就曾直接呼吁："美国政府'绝对必须'对银行实施国有化，以阻止其给金融系统带来更多损失。"（2009，路透社）我们不知道如果美国政府对银行实施国有化的真实后果，也暂且不论伯南克的政策从长期看，是否恶化了美国金融机构的道德风险，至少从十年后的今天回头去看，纵向上对比，这轮金融危机的结局相比肇始于1929年的那轮大萧条的结局要好得多；横向对比欧洲、日本的银行业，2008年金融危机之后的美国银行业发展得也没那么差。至于伯南克任职美联储期间，与时任美国财政部部长亨利·保尔森一起推出的危机应对政策，虽然在作者看来，"政府主导的救援行动，使得整个金融市场的运行机制脱离了'决策者承担后果'的风险匹配原则，使得市场的受益者、决策者和参与者可以脱离'风险共担'，在不承担风险的情况下做出决定并攫取利益"，但是伯南克以及保尔森受到的好评绝不只是来自华尔街的那些"利益攫取者"。比如巴菲特就曾在 2014 年接受 CNBC（美国全球性财经有线电视卫星新闻台）采访时明确指出："2008 年的时候，我们的金融系统被几个人所拯救，如果不是亨利·保尔森和美联储前主席伯南克，我们现在将生活在一个相当不同的国家里。"当然，在作者眼中，巴菲特不过是一个随机游走状态下运气特别好的傻瓜（2010，CNBC）。不过，退一步说，哪怕伯南克真的像作者所揭露的，对金融风险一无所知，但无论是伯南克还是保尔森，对紧急救援措施可能引发的道德风险都有着非常清醒的认识。在《行动的勇气》一书中，伯南克这样写道："无论大家是否理解，我们采取救助措施确实可以避免金融体系出现灾难性的崩溃，有利于保护美国经济，符合每个人的利益……2008 年 9 月，我绝对相信，在一场重大的金融危机期间，一味强调道德风险，会产生误导作用，也是非常危险的。"

最后，我也想对本书的英文书名 *Skin in the Game* 谈点儿个人理解。如果用直白一些的译法，我觉得可以直接翻译为：入局。金融是一门具有很强现实性和操作性的专业，站在旁边看的，终究只是看客。入局，并共担风险，才能更加贴切地理解这个变动不居的市场，实际上这也是塔勒布一直强调的。

是为序。

巴曙松 教授

北京大学汇丰金融研究院执行院长、香港交易所首席中国经济学家

译　序

2002年秋天，达特茅斯学院的保罗·沃尔弗森研究员（他也是我的导师玛格丽特·彼得罗芙教授的丈夫）给我发来一封电子邮件，里面介绍了《纽约客》杂志对本书作者塔勒布的采访。当时塔勒布管理的对冲基金Empirica，从"9·11"恐怖袭击事件之后的市场大跌中获得了丰厚的收益。他坦言自己事先并不知道任何黑天鹅事件的消息，他只是认为市场对重大系统性风险的估计严重不足，导致深度价外的看跌期权价格被严重低估，因此，他提前布局，在通用汽车股价还在30美元左右交易时，买下了以每股5美元抛出该股的看跌期权，事后证明这次投资极富远见。因时隔多年，文章披露的有关交易细节我记得不是很清楚了，但是塔勒布对风险有一种根植于内心深处的切肤之痛，这给我留下了深刻印象。他说："对于我的大多数美国同学来说，风险就是一种对自己不利的概率分布。而我从小在战火纷飞的黎巴嫩长大，风险对于我来说意味着在每天吃晚饭的时候，我不知道白天和我一起踢球的小伙伴还能活下来几个人。"

这本书就是基于对风险的这种认识而写成的。从某种意义上讲，这也是一部人类学著作，作者揭示了人们在面对不确定性和外部压力时，只有身临其境、设身处地亲自承担风险，才能做出正确的决定。人类学研究表明，人类的决策过程主要是由激素推动的。知识、经验和理智在这个过程中所起的作用并不大，我们往往是在做出决定之后，再用智慧去寻找证据以便证明自己的决定是正确的。我们在决策过程中，常伴有心跳加快、手心出汗、额头发冷和主观忽略部分事实等现象，这些都说明了包括肾上腺素在内的多种激素参与了决策过程。如果决策者本人不承担决策失误的风险和损失，他就不能身临其境地在压力下产生这些激素，也就不能做出正确的决定。作者因此呼吁建立一种"做出决定"（权利）和"承担后果"（责任）相互平衡的机制，也特别强调决策者本人的担当精神。这让我想起达特茅斯学院工程学大楼入口处的格言：为最困难的任务准备最负责任的肩膀（并没有提到最聪明的头脑和最复杂的模型）。

作者坦言2008年席卷全球的金融危机，很大程度上是由美国的金融机构权利和责任不匹配造成的，金融业的高管们只享受高额报酬而不承担经营的风险和损失，由此埋下了危机的祸根。作者在附录中令人信服地用数学方法论证了在权利和责任不匹配和非对称的委托代理机制下，代理人只会考虑如何尽可能地延长游戏的时间，以便自己能够获得更多的业绩提成，而不会考虑委托人的总体回报水平。作者在概率密度函数中突出了"矩"的概念，揭示了看似能够产生"长期稳定回报"的投资策略其实隐含了本金全损的巨大风险。代理人会用委托人的钱去承担小概率的高风险，以此换取大概率的低风险收益，这样做的代价就是整个受托资产隐含着巨大的毁灭性风险，委托人最终会因遭遇爆仓风险而损失全部资产，而与之无关的普通纳税人更是为救助金融机构而付出了额外的代价，从而形成"高管受益，股东受损，民众买单"的结局。距离上次金融危机已经10年了，如此犀利而透彻地论证金融系统存在的问题的作品仍然凤毛麟角，作者直言不讳且可贵地指出了早在金融危机爆发之前，金融系统和金融机构就已经酝酿并弥漫着一场"用别人的钱去冒险"和"赚傻子的钱让穷人去买单"的道德危机，这才是导致金融危机的根本原因。

译　序

原作的书名是 *Skin in the Game*，大意是把自己暴露在某种投资、游戏、任务、使命的风险之中，引申的意思是全身心地投入一项事业，享受其成果，担当其风险并承受其损失。作者在政治、历史、宗教和金融领域的讨论中都运用了这个概念，这使得书名很像是一个特征函数，它提炼了所有这些场景的共性，体现出一种简洁精致的数学美感。不过这个书名很难在汉语中找到合适的词来翻译。

作者涉猎广泛，文风汪洋恣肆，常把朴素的真理寓于平凡的比喻之中，以至原文有一种"真佛才说家常话"的感觉。由于有些口语化的表述在中文的语境中并无相应的场景，这给我最初的翻译带来了不少困难。是忠于作者，还是取悦读者？最终我意识到这两者其实并无矛盾之处，克服翻译困难的关键是排除自己企图左右逢源的纠结心态，这样才能彻底解放思想去全面理解作者的意图——理解的背后并不是更高的智慧，而是更大的勇气。

考虑到现实的国情和中文的语境，我在翻译过程中将作者对经济学家们的无情鞭挞弱化为嬉笑怒骂，如果由此引发作者的愤怒，我将慨然吞下这颗子弹，因为这是译者应该承担的责任。其中最值得一提的是作者对经济学中所谓"理性"概念的批判，这让我想起维特根斯坦在第二次世界大战期间到盖斯医院担任志愿者的经历，当时他和格兰特医生一起推翻了"休克"一词的用法。"休克"在医学上的定义很模糊，造成休克的原因又很分散，因此，使用这个词并不能给急救医生提供必要的信息。维特根斯坦认为，一个词的意义根植于它的用法，如果它只是带来了混乱和困惑，那还不如抛弃这个词。类似的情况发生在经济学中，"理性"一词被定义得十分模糊，在大多数情况下这个词被用在背离人性的假设条件中，以便得出一个脱离实际的经济学模型；还有一些人使用这个词的主要目的是攻击对手的"非理性"。作者在书中结合自己多年的实践经验，从遍历性的角度指出了经济学家们所仰赖的模型的错误之处。作者坚信交易员应该用生存来检验实践，而不是用模型来比拼理性，因为最大的理性就是生存，那些被经济学家贴上"不理性"标签的行为，恰恰源自人类自我保护的生存本能。他进一步提出，经济学家犯这些错误的根源在于他们脱离实际，没有做到"风险共担"。作者认为，实践应该成为我们获得真理和获悉真相的唯一途径，这种推崇实践的精神值得我们尊敬。

全书的翻译工作得到了各方的大力支持，王亚娟和朱经毅分别校译了正文和数学附录，指出了译稿的许多错误；中国人民大学重阳金融研究院的很多同志与我通力协作，没有他们的支持，我不可能按时完成这本书的翻译工作。对上述同志的支持和帮助，我既感惭愧又感安慰，同时也心存感激。倘若中译本仍有瑕疵和错误，责任应由我一人承担，毕竟，这是我应该承担的风险。

周洛华[①]

2018 年 8 月

[①] 周洛华，湖南益阳人，现任中国人民大学重阳金融研究院副院长、经济学博士。历任上海舍汇信息技术有限公司董事长，东方网股份有限公司首席财务官，上海大学经济学院副院长，宝山区发改委副主任（挂职锻炼），国泰君安投资管理公司并购部副总，美国达特茅斯学院博士后研究员，英特尔中国科技有限公司成本会计。著有教育部"十二五"规划教材《金融工程学》和《金融的哲学》等。

第一卷

绪 论

这本书是我的"不确定性"系列丛书的一部分，这套被我戏称为"投资协奏曲"的系列丛书包括：（1）有关风险共担的讨论；（2）哲学寓言；（3）对随机现象的科学分析和评论，即如何在不确定性的条件下工作、生活、吃饭、睡觉、争辩、吵架、交友、享乐并做出决定。尽管这本书是面向普罗大众写的，但是我还是要提醒大家，本书读起来可能更像是一本论文集，它将不同于你们平时熟悉的那种无聊的畅销书（不过本书附录部分的数学推导可能真的有点儿无聊）。

本书包括四个方面的主题：（1）知识的不确定性以及可靠性（包括用具体实践和科学分析两种方法获得的知识——我认为通过这两种方法获得的知识是有区别的），通俗地说，就是嗅出哪些所谓的知识其实是"狗屎"；（2）人类事务的对称性原则，包括公平、正义、责任感、互惠性；（3）交易中的信息共享；（4）复杂系统以及现实世界中的理性。这四个方面的内容相互独立，不能混淆，而且，这四个方面的内容使得一个人直接暴露在交易的风险共担之中。[①]

这并不仅仅是指公平、效率和风险控制,你暴露在交易中的四个方面恰恰是你理解这个现实世界的关键。

首先,想象你有一台"狗屎探测仪",它能帮助你找出理论和实践的差异,伪科学和真正的专业知识的差异,学术象牙塔(我在这里使用学术这个词时带有贬义色彩)和现实世界的差异。尤吉·贝拉[②]曾经说过,在学者眼里,学术界和真实的世界是没有差异的,但是在真实的世界里,两者之间存在巨大的差异。

其次,你得意识到生活中的对称性和互惠性常会遭到扭曲:如果你想获得回报,你就必须承担风险,而不是让别人替你承担损失。如果你把风险强加给别人,你就必须给他们一定的补偿,你对待他们必须像你希望被他们对待的那样。总之,你必须无私且公平地承担整个事情的后果。如果你给出一个观点,尤其是经济方面的建议,你就或多或少地把你自己暴露在这个建议的后果之中了,因为你的听众会这么想,"别告诉我为什么,你只要告诉我你自己买什么股票就行了"。

第三,本书还会涉及你应该把哪些信息与别人共享,当你要在一辆车上花掉你大部分积蓄的时候,你面对的二手车推销员应该告诉你哪些信息?

---

① 要想知道为什么道德、风俗、技能和责任不能在现实生活中相互割裂开来,请考虑以下事实:当你对你的会计说"我相信你"的时候,你的意思是:(1)你相信他的道德(他不会参与远在巴拿马的洗钱活动);还是(2)你相信他的会计处理能力;或者(3)两者皆是。整本书的意图就是要告诉大家,从现实生活的角度出发,很难把道德与知识和能力区分开来。

② 劳伦斯·彼得·贝拉(Lawrence Peter Berra, 1925—2015年),因其盘腿坐姿像在练瑜伽(Yogi),故绰号尤吉·贝拉(Yogi Berra),美国职业棒球大联盟的捕手、教练和球队经理,球员生涯主要效力于纽约洋基队,常用朴素的语言说出生活的真谛,他也是卡通形象瑜伽熊(Yogi Bear)的生活原型。——译者注

第四，本书还将讨论什么是理性和时间。现实世界中的理性并不是《纽约客》杂志编辑或者某些心理学家使用的一阶函数模型，而是广泛且深入地存在于你的生活中的数据。

别误会，本书里讲的投资人暴露在"风险共担"的枪林弹雨中，并不是行为金融学里面的动机与后果问题。不！这是一个关于对称性的讨论，也就是说，如果有什么东西搞砸了，那么你得承受一部分伤害，付出一部分代价。

有鉴于此，本书包含的内容相当广泛，主观动机分析、二手车买卖、道德伦理、契约理论、学术界以及现实世界的学习、康德法则[①]、政府权力、风险科学、知识分子与现实世界的互动、政府责任、社会正义、期权理论、基本人权、狗屎的供应商、神学……我还是住嘴吧！

一个更准确的书名

我曾经考虑过给本书起一个不同的名字，更加准确但也因之更无趣的名字，那就是"暴露在游戏中的另一面：被忽略的非对称性及其后果"，我喜欢惊险刺激的体验，不喜欢强加给读者一本从名字开始就平庸、正确却无聊的书，现在，遵循我本人倡导的风险共担中的互惠性原则，我邀请读者和我一起加入一场充满奇趣的思想旅程。

只要读完 60 页左右的正文，读者就会发现"风险共担"中强调的

---

① 康德有关道德律令的三条法则：第一，你要这样行动，就像你行动的准则应当通过你的意志成为一条普遍的自然法则一样；第二，你要这样行动，永远都把你人格中的人性以及每个他人的人格中的人性同时用作目的，而绝不只是用作手段；第三，作为自己和全部普遍实践理性相协调的最高条件，每个有理性的存在者的意志都是普遍立法的意志。——译者注

对称性原则的重要性、普遍性和独特性。但是，我建议读者不要过多地纠结于为什么某个概念是重要的，过多地纠结于概念本身将妨碍你在实践中理解这个概念。

除了不纠结于概念本身以外，阅读本书还需要直觉的帮助。一旦你在本书的启发下，凭直觉意识到那些平时被你忽略的非对称性，你将感受到一种巨大的惊奇，这种惊奇将帮助你反思自己平时的思考方式，有时候这种反思是痛苦的，但在大多数情况下，你会受益匪浅，并将更深刻地理解你所处的现实世界。

为什么那些旨在保护少数族群的法规最终让大多数人感到不舒服？为什么所谓的普世主义最终害了它本该帮助的那些穷人？为什么当今世界被奴役的人比罗马帝国时代还多？为什么你的外科医生看起来不像是一个试图帮助你的人？为什么今天的教会更多地强调耶稣基督人性的一面而非其神性，后者不是基督和我们人类最大的区别吗？为什么历史学家撰写的历史书中，总是充满了战争而不是和平，人类历史的大多数时间难道不是和平时期吗？为什么你在经济和宗教方面获取的免费信息对你的帮助几乎为零？为什么有明显缺陷的候选人比毫无瑕疵的候选人看起来更可靠？为什么我们都崇拜那个反叛罗马帝国失败的迦太基英雄汉尼拔？尽管雇用了一批能干的人，为什么一个公司瞬间就倒闭了？为什么那些邪教总能在不同人群中收获一定比例的信众？外交事务是如何推进的？为什么你不该向有组织的慈善机构捐款（除非它们能像优步那样高效运转）？为什么基因和语言的传播方式不同？为什么一个群体的规模很重要（如果一个渔夫群体的规模发生变化，群体内部可能从相互合作转为相互争斗）？为什么行为经济学几乎不研究个体的行为，而市场几乎与参与者的偏见无关？为什么只有理性才能在市场上生存，是什么机制让理性的投资人活了下来？什么才是承担风险的实质？

绪 论

对于我个人而言,到市场上去亲历"风险共担",意味着我将体验到:人类的正义理想、个人的荣誉感、自我牺牲精神,以及其他事关人类生存的最宝贵的品质。

对于市场参与者来说,"风险共担"意味着你必须坚信"实践出真知",而且"实践是获得真理和获悉真相的唯一途径"。这应该成为读者阅读本书时谨记的法则,这条法则有助于你澄清当今世界上许多分歧所带来的误解。

这些分歧包括:采取行动还是坐而论道、发表承担责任还是澄清动机、从事实践还是钻研理论、追求荣誉还是在意名声、发表真知灼见还是夸夸其谈、具体分析还是抽象总结、道德约束还是法律制裁、真材实料还是花哨包装、追逐利润还是循规蹈矩、提倡原创力还是执行力、藏锋敛锐还是招摇过市、为爱坚守还是被钱驱使、考文垂还是布鲁塞尔(欧洲的分裂还是统一)、奥马哈还是华盛顿(江湖之远还是庙堂之高)、真实的人性还是经济学模型中理性的人、动手创作还是编辑加工、老卡托还是奥巴马(恪守体制还是试图突破)、以学为乐还是以学为生、尊重科学还是唯科学主义、投身政治还是成为政客、为爱而生还是为钱而活、民主分权还是集中治理、依赖崇高的精神还是规范的文本、口碑营销还是广告大战、全身心投入还是口头表态,还有最关键的问题——集体主义还是个人主义。

让我们从中抽取几对关系来做一下对比研究,由此读者就能理解为什么不同事物之间会有超越自身的广泛联系。

安泰俄斯之死

不要离妈妈太远。谁是大军阀？罗伯特·鲁宾和他的勾当。车祸现场般糟糕的系统。

―――――――

安泰俄斯（Antaeus）是希腊神话中的巨人，是大地女神盖亚和海神波塞冬的儿子。他有个奇怪的爱好，那就是强迫路过他领地（利比亚）的人与他摔跤，而他最擅长的把戏就是将受害者摁倒在地，然后压死他们。这个血腥的爱好居然有一个虔敬的目的：用死者的头骨为他的父亲建造一座神殿。

安泰俄斯被认为是不可战胜的，不过他也有短板，他那源源不断的力量都来自他的大地母亲，只要他和大地母亲分开，他就失去了他那不竭的力量。希腊神话中的大力神赫拉克勒斯练就了一项专门攻击安泰俄斯的本领，他把安泰俄斯举过头顶，使之脱离他的大地母亲，然后杀死了他。

现在，请把安泰俄斯想象成"知识"，把他的大地母亲想象成"实践"，你怎么能让你的知识脱离实践呢？脱离实践的知识就像被托举到空中的安泰俄斯一样虚弱得不堪一击。不仅如此，你在现实世界中根本找不出一个可以脱离实践的具体事物。不脱离实践就意味着你必须和现实世界密切接触，就像你的皮肤直接暴露在空气中一样。你必须做到风险共担,才能理解这个市场。为此,你必须付出代价,承担后果,无论是赢是输,你都得接受。就像用你的皮肤直接接触粗糙的地面时,你会有擦伤的痛感,这就是你实践的代价。希腊谚语说:"Pathemata mathemata"(直译为:在痛苦中学习),意即学习知识必然是痛苦的,因为你只有在痛苦的实践中才能学到东西。我在另外一本书《反脆弱》中曾经提到过,大多数我们本以为是大学学者发明创造出来的"知识",其实是能工巧匠在实践中摸索出来的,学者们的贡献仅限于记载和署名。那些我们通过摸索、试错和亲历得到的知识,相比那些我们通过推理、记忆和学习得到的知识更宝贵、更可靠,也更高明,因为后面一条道路使我们脱离了大地母亲,脱离了可以获得真知的实践。

现在,让我们来看看如何把这个发现应用于制定政策。

今天的利比亚

让我们假设安泰俄斯的故事是真的。数千年之后,在安泰俄斯曾经统治过的领土上,经过了一场旨在"赶走独裁者"的政权更迭之后,利比亚的土地上出现的是更血腥残忍的一幕:奴隶市场。从撒哈拉沙漠边缘地区抓来的极度贫困的人,在停车场上被卖给了出价最高的买家。

造成利比亚今天悲剧的人,恰恰也是 2003 年主张入侵伊拉克的人,正是同一批人主张武装干涉他国。我可以在此列举几个著名的干涉主义者,他们是比尔·克里斯托尔和托马斯·弗里德曼[①]等人。而且他们正在呼吁对另一批国家实施这种所谓的政权更迭。其中就包括叙利亚,因为那里也有一个"独裁者"。

---

① 真可惜!在支持干涉利比亚的名单中偏偏不包括大力神赫拉克勒斯。

那些干涉主义者以及他们在美国国务院的朋友们,先是帮助某些组织创建、训练和支持伊斯兰激进派,然后他们又支持伊斯兰"温和派",但这些所谓的温和派最终演变成基地组织那样的恐怖组织——没错,就是那个在2001年"9·11"恐怖袭击事件中炸毁纽约世贸双塔大楼的基地组织。奇怪的是,那些干涉主义者并不记得基地组织前身就是美国为了打击苏联而组建(并支持)的"温和派"。我们很快会看到,那些人的脑子里根本装不下这个推理的结果。

所以,美国已经在伊拉克尝试过一次政权更迭了,那里的情况现在糟透了。美国又在利比亚尝试了一次政权更迭,现在那里建立起了奴隶市场。但不管怎么样,我们都对"赶走了独裁者"这个结果感到满意。如果按照这个逻辑,医生为了提高患者的胆固醇水平,可以给患者注射"适量的"癌细胞,然后在患者死后骄傲地宣称自己打了一场胜仗,要是尸检报告显示患者体内存在大量胆固醇,那就更值得骄傲了。但是我们都知道,医生是不会用这种致命的方法给病人治疗的。因为医学是一门实践的科学,医生们了解人体器官及其生理机能的复杂性。有实践经验的医生不仅会对这种复杂性保持足够的敬畏,而且会秉承数千年来形成的医德操守和人类普遍接受的道德伦理。

千万不要走入另外一个极端,不要否定逻辑、知识和教育。因为更严谨的逻辑将告诉你,除非推翻所有的实际证据,否则,"政权更迭"就意味着奴隶制度或国家的衰亡(伊拉克和叙利亚都是典型的案例)。所以,那些干涉主义者不仅缺少对实际情况的正确感知,而且忽略了历史教训,更是连简单的推理都没有做好。他们只能在看似精致花哨、十分时髦,但也十分抽象的概念之间进行推演,并最终淹没在这些抽象概念中无法自拔。

他们有三个缺陷:(1)他们只考虑静止的状态,而不考虑动态的机制；（2）他们的思考是低维度而非高维度的；（3）他们只想到了采取什么行动，而没有想到行动本身会有反作用。本书中，我们将会更深入地了解这种受过良好教育的书呆子的推论缺陷。

　　干涉主义者的第一个缺陷，是他们把思维局限在一个步骤上，他们没有意识到事情总有连续性后果。其实，就连蒙古的牧羊人、马德里的侍应生以及旧金山的修车匠，都能够意识到做任何事情都需要考虑第二、第三、第四乃至第 N 个步骤。第二个缺陷，是他们无法区分"统一整体"与"单一表现"之间的关系，就像身体是一个由多个维度构成的统一整体，而胆固醇水平则是衡量身体健康状况的某个单一维度的表征。一个复杂的多维度系统的运行方式很难用单因素实验来解释，在情况不甚明了之前就去触碰这样一个复杂的系统，他们需要的不是勇气而是鲁莽。更有甚者，他们不仅急于对复杂问题给出简单方案，而且对问题本身也缺乏了解，他们把某些国家的贪腐独断和挪威或瑞典这些国家的廉洁高效相比，这种比较本身就是不恰当的，因此根本得不出正确的结论。第三个缺陷就是他们没有能力预测，他们无法预知被他们攻击的对象会因为他们的干预而产生怎样的变革，是否会因此而发展壮大。

玩人丧德

　　突发事件一定会在人们的心中引起焦虑和恐慌，有时候人们称之为"黑天鹅"事件。有个固执的老家伙[①]曾经写过一本同名书，里面讲得很透彻，即人们如果对后果不是很有把握，就不应该触碰、干涉或者阻止一个复杂系统的运行——尤其当你即将面对的不确定性后果主要来自

---

① 老家伙，应为作者本人的谦称。——译者注

负面损失，而非意外惊喜。其中最关键的非对称性是，那些干涉主义者本人根本不需要去面对、承受或解决这些糟糕的干涉后果。他们只需要舒舒服服地待在恒温空调房间，照料孩子和狗，修剪草坪，整理车库就行了。

试想有这样一个飞行员，他像那些干涉主义者一样不了解对称性却还要驾驶飞机，他不仅不能从过往的经验中吸取教训，而且对即将面对的风险一无所知，更有甚者他还满不在乎。这样的飞行员会要了许多人的命！他最后会葬身于百慕大三角海底的某个地方，不再威胁其他人的生命。从某种意义上讲，他比干涉主义者还多承担了一些责任，并为此付出了代价。

所以我将"知识分子"的称号加在那些充满妄想、精神错乱的人的头上，他们从来都不对自己的行为或者建议的后果承担责任或付出代价，整天说一些非常时髦花哨的抽象概念（比如，他们喜欢谈论"民主"概念，但实际上他们鼓励"斩首"行动；"民主"对于他们来说，只是研究生院学到的一个概念）。所以，当你听到有人谈论一些深奥且抽象的概念时，你可以肯定他们曾经受过高等教育，但其实他们受的教育不仅方向错误，而且远远不够，关键是你不能指望他们承担责任。

如今那些无辜的人，比如雅兹迪人、生活在中东或中东附近地区的基督教少数派、曼德恩人①、叙利亚人、伊拉克人和利比亚人，不得不为那些干涉主义者犯下的错误买单，而那些干涉主义者却坐在舒舒服服的办公室里享受空调。这违背了人类早在《圣经》记载之前，自巴比伦时代就开始奉行的"正义"信仰，同时它也破坏了人类赖以生存的道德结构。

---

① 曼德恩人，诺斯替（Gnosti）教派信徒，其后裔在伊拉克。——译者注

干预应该像给病人使用药物一样，其首要原则是"不造成伤害"（拉丁语为 primum non nocere）；并且我们会证明，那些不承担风险的人根本不应该参与决策。

需要指出的是：

> 我们一直都很疯狂，但过去我们没有足够的力量去摧毁这个世界，而现在我们有了。

接下来，我们再来看看那些声称"缔造和平"的干涉主义者，看看他们的和平进程是如何把巴以问题拖入僵局的。

古之军阀亦有道矣

"风险共担"这个概念有着深厚的历史渊源。历史上，几乎所有军阀和好战分子本身就是真刀真枪上战场的战士，而且除了某些特例外，古代社会通常是由那些能够承担或者化解风险的人来推动的，而不是由回避和转移风险的人来承担这一重任。

伟大的人物总是主动承担风险，他们承受的风险远比普通人大得多。罗马皇帝朱利安战死于波斯边境无休止的战争中——他当时是罗马帝国的皇帝。别以为只有恺撒、亚历山大和拿破仑才亲自领军参战，那是因为我们所熟悉的历史都是由讴歌他们传奇事迹的历史学家堆砌起来的。而朱利安是一个毋庸置疑的例证：还有什么证据比穿透他胸膛的波斯长矛（当时他没有穿护甲）更能证明这个皇帝曾亲自在前线作战呢！他的前任之一瓦莱里安也曾经参加对波斯的战争，并在边境被俘，据说瓦莱里安曾被波斯皇帝沙普尔一世当作上马的人肉脚凳来羞辱。还有拜占庭帝国最后一个皇帝君士坦丁十一世帕里奥洛格斯，人们看到他脱去象征罗马皇帝的紫袍，和他的部下一起，高举利剑和攻入君士坦丁堡的土耳其人作战，他面对必死的结局保持了豪迈的尊严。虽然有传闻说土耳其人曾经向他开出过诱人的劝降条件，但一位有尊严的皇帝是不会考虑这个选项的。

这些都不是历史中孤立的证据。本书作者做过统计并确信：只有不到1/3的罗马皇帝死在了自己的床上，只有很少几个罗马皇帝因衰老而死，我们由此可以推测，大多数罗马皇帝之所以没有活得更长，是因为他们要么死于对外征战，要么死于宫廷政变。

即使在当今世界，君主的合法性仍然依赖于"皇室和贵族为国家承担风险"的社会契约。1982年英阿马岛战争中，英国皇室成员安德鲁王子[①]驾驶着直升机在前线作战时，承担了比普通士兵更多的风险。他为什么要这样做？这源于一个古老的社会契约，即贵族的特殊地位源于他对其领地上平民的保护，他用承担风险的代价换取了自己的优越地位，所幸的是，无论是英国王室还是平民，他们依然记得并奉行着那份社会契约。如果你不能为人民承担风险，那么你无法成为他们的领袖。

罗伯特·鲁宾的勾当

有人也许觉得推翻我们头上的贵族就意味着文明与进步，事实可能并非如此。与此同时，我们还应注意到：

> 在一个由官僚，而不是贵族主导的体系中，一个人的行为和他

---

① 安德鲁王子，即约克公爵，英女王伊丽莎白二世的第二个儿子。——译者注

本来需要为此承担的后果被轻易地分开了。

有人会问，中央集权的官僚体系天然会造就不用对自己行为后果负责的官僚，那我们该怎么办？

好吧，我们别无选择，只能分散权力。委婉地说，就是地方化，以减少那些得以从自身错误给别人造成损害的后果中被豁免的决策者。

分权基于这样一种朴素的理念，让那些不为自己的决策承担后果的人只能做一些影响较小的决策，而不是让他们做影响巨大的决策。

所以，分权的体制能够减少体制内那些后果严重且影响剧烈的非对称性。

但是，你也不要担心，即使我们不分散权力和分配责任，分权也会自然发生，但这将是一个艰难的过程：一个"风险后果"和"责任权力"之间相互不匹配的系统会慢慢积累不平衡，并最终垮掉。它如果垮掉以后能以某种形式重生，就会以分权这种方式实现自我修复。

比如，2008年的金融危机是由于系统中隐藏的非对称风险经累积后爆发导致的。那些银行家以及风险转移大师们，用那些只在论文中才能成立的风险模型，把一系列有爆炸性风险的资产包装起来，并从中获利。他们采信的模型离开了稿纸根本不起作用（学者们没有亲身参与"风险共担"，所以他们几乎完全不了解风险到底意味着什么）。在危机爆发以后，这些既得利益者又援引我曾经在《黑天鹅》一书中提出的不可预见的破坏性事件来为自己辩解，并保留了自己在危机前获得的巨额收入。这就是我所说的"罗伯特·鲁宾的勾当"。

让我来详细解释一下"罗伯特·鲁宾的勾当"。罗伯特·鲁宾是美国财政部前部长，你刚刚用来买咖啡的那张钞票上就有他或他同事的签名。他在2008年金融危机爆发前10年里，从花旗银行收获了超过1.2

亿美元的报酬。当银行陷入破产危机时，政府用纳税人的钱把银行救了回来，而他根本没有掏过自己的钱，他以随机性为借口，从中赚够了钱。银行没事儿的时候，他大把赚钱；银行出事儿的时候，他说这事儿要怪"黑天鹅"。罗伯特·鲁宾不承认他把风险转嫁给了普通纳税人，比如，西班牙语女教师、公立学校的文员、罐头厂的主管、素食营养顾问和地方助理检察官的秘书，是这些人替罗伯特·鲁宾承担了本应由他承担的风险和损失。最糟糕的还不止于此，公众由此对自由市场失去了信心。公众把腐败和任人唯亲归罪于放任自由的市场，而事实恰恰相反，是政府的干预造成了贪污腐败，尤其是政府主导的救援行动，使得整个金融市场的运行机制脱离了"决策者承担后果"的风险匹配原则，使得市场的受益者、决策者和参与者可以脱离"风险共担"，在不承担风险的情况下做出决定并攫取利益。

值得庆幸的是，尽管奥巴马政府也和前一届政府一样，努力想要保护类似于"鲁宾的勾当"和寻租①的银行家们，但是承担"共担风险"的业务开始向小型对冲基金这样的机构转移。这个转变源于原有的商业银行监管体系过度官僚化，令人不堪重负，监管部门每天处理文件就像洗牌一样（他们的工作就是像洗牌一样洗文件）。尽管他们出台了上千页的银行监管文件，却根本没有体现金融机构经营者的风险和收益应该互相匹配的"风险共担"原则。而现在的对冲基金管理者拿出自己一半的净资产和客户的资产放在一起。这就使得他们或多或少地匹配了风险和收益，亲身参与"风险共担"意味着船要是沉了，他们会一块儿完蛋。

---

① 寻租就是试图通过保护性条款获得某项特权，使得自己不必参与任何经济活动而直接获益，而且不增加他人的财富。后面内容介绍的胖子托尼是这样定义寻租的：寻租就像被迫向黑手党交保护费，却得不到任何好处。

学会做减法

如果你想要找出整本书的重点部分，那它就在这里了。干涉主义的案例是我们故事的核心，因为它展现了缺少风险共担机制会造成伦理方面和认知方面的双重影响。我们发现干涉主义者从不吸取教训，这是因为他们不是自己错误的受害者，并且就像我们在前面所说的那样，只有经历过疼痛才能体验并学会真知：

> 那个允许银行家向普通人转嫁风险的体系，就是那个阻止监管者亲历"风险共担"并学会真知的体系，这两者是同一个体系。

说得更确切一点：

> 你永远无法说服一个人他错了，只有现实才能教育他。

或者说得再准确一点，现实并不在乎对错和输赢，生存才是最重要的。因为：

> 人类文明进步带来的副作用就像诅咒一样困扰着我们，这个社会上有能力把问题解释得头头是道的人越来越多，但凭借亲身经历真正理解问题的人却越来越少。

所以，学习并不是我们在学校（其实它戒备森严得像监狱）中教给孩子们的东西。生物学认为，学习是通过代际筛选来实现的，进化筛选出来的幸运儿把他们这一代习得的知识遗传给他们的下一代。所以，从这个意义上讲，参与"风险共担"就是参与进化过程，而正如参与进化的物种始终面临着灭绝的风险，参与"风险共担"的人也必然要承担风险。所以，我认为：

没有"风险共担"，就没有进化。

最后这一点十分明显，我经常遇到那些从来没有亲身参与过"风险共担"的学者在奢谈什么进化论，与此同时，他们却拒绝真正符合进化论的"风险共担"的原则，即"决策者须亲历风险并承担后果"。他们拒绝接受洞悉一切的造物主早就安排好的进化机制，却想要改用自行设计的一套体系，难道他们能像造物主一样洞悉一切且预知后果吗？一般来说，人们越崇尚所谓的神圣不可侵犯的国家（或者同样神圣的大公司），他们就越讨厌"风险共担"；人们越相信自己的预测能力，就越讨厌"风险共担"；越是喜欢西装革履的人，就越讨厌"风险共担"。

回到我们的干涉主义案例上，我们会发现，这些人不从自己或他人的错误中吸取教训，其结果就是这个系统会自动筛选出那些不容易犯错的人，并淘汰其他容易犯错误的人。

整个"风险共担"系统会通过淘汰犯了错误的失败者来实现自我进化，这就是进化过程中筛选的力量[1]。

如同前文所提到的，许多不称职的飞行员现在躺在大西洋海底，许

---

[1] 筛选的力量，相较于什么是对的，我们更清楚什么是错的，并且这种认知会在筛选中累积。同样，知道事情错在哪里，然后再去弥补会比较容易。在检验系统是否正常工作方面，减法比加法更有效，因为给一个正在运转的系统做加法可能看不到什么效果，或者反馈回来的信息反而变得更复杂。有关内容在《反脆弱》一书中有更深入的探讨。

多爱冒险的司机现在躺在绿树环绕的安静墓地里。交通变得更安全并不是因为人类从错误中学到了什么,而是因为系统本身淘汰了犯错误的人,并由此得到了改善。系统的进化模式与人类不同,它建立在筛选的基础之上。

总结一下:

> "风险共担"用淘汰傲慢自大者的办法,约束了人类的傲慢自大倾向。

现在,让我们对绪论的第二部分进行更深入的讨论,考虑一下有关对称性的概念。

对称性

由超级专家来评判专家。娼妓、良家妇女和业余演员。法国人与汉谟拉比。大仲马永远是个例外。

————

从汉谟拉比到康德

直到最近的知识化浪潮到来之前,以"风险共担"为核心的对称性始终是有组织社会的主要规则。事实上,早在人类出现以前,这一规则就已经广泛适用于高度进化的自然界。换句话来说,自然界必须有这种对称性法则,否则,就会出现类似于"向无辜者转移风险"的行动,从而导致自然界的系统崩溃,乃至生物大灭绝。其实,古往今来,我们人类的任何一条法律、任何一项教谕,都是基于"对称性"原则的,我们试图纠正不平衡或弥补非对称性。

让我们跟随汉谟拉比和康德的脚步,简明扼要地梳理一下"风险共担"中的对称性规则是如何随着文明的进步而不断成熟起来的。

巴黎的《汉谟拉比法典》

约3 800年前,汉谟拉比将他颁布的法典镌刻在石碑上并放置于古巴比伦中心的公共场所，其目的是让所有识字的人都能读到这部法典，或者经由他们念给不识字的人听，以便共同遵守这部法典。这部法典共包含282条法令，被认为是人类现存最早的一部成文法典。它的核心思想是，在人与人的交往中建立对称关系，以防止有人转嫁隐藏的"尾部风险"或阻止罗伯特·鲁宾那样的勾当。实际上，罗伯特·鲁宾玩的勾当已经约有3 800年历史了，相应地，反制这种非对称风险的规则也约有3 800年了，二者几乎与人类文明同时出现。

什么叫"尾部风险"？它其实是指一件事情发生的概率非常低。从钟形的概率分布图上看，就是靠近两端的极低概率事件。我也不知道为什么人们一开始就把这种事件称为"尾部"，反正这个名词很早就被这么固定下来了。

《汉谟拉比法典》至今广为人知的一条法令是这样的："如果建筑师建造的房子倒塌了，并导致房屋主人死亡，那么建造房子的建筑师应该被处死。"

其中的道理其实与金融交易员是一样的。建筑师（或者交易员）隐藏风险的最佳地点就是在不为人知的"角落"里。他们试图掩盖那些只有他们自己才知道的罕见事件的脆弱性，并且随时准备在事件崩溃到来时远远地躲开。我快毕业的时候，一位满面红光、爱酗酒的英国银行家曾经主动给我一些职业建议，他告诉我："我只发放长期贷款，等贷款快要到期的时候，我就远远地离开。"他在某国际银行工作，并且每5年就换一个国家，以继续玩他的把戏。据我所知，他每10年换一任妻子，每12年换一家银行。事实上，他大可不必如此惊慌，因为直到最近，人们才开始打算追讨那些表现不好的银行家已经拿到手的巨额报酬。在这方面，瑞典在2008年成了第一个吃螃蟹的国家。

著名的"同态复仇法"，也就是"以眼还眼"的规则，同样来自汉谟拉比法典。当然，这里所说的"以眼还眼"是一个比喻，不是字面意思，你不必真的挖掉一个人的眼睛，所以这条法令并没有它看起来那么呆板。在某次关于犹太法典《塔木德》①（Talmud）的讨论中，一位犹太拉比提出这样一个观点，如果完全按照字面意思执行，那么一个独眼的人在弄瞎一个正常人两只眼的情况下，只需接受挖一只眼睛的惩罚，而盲人犯同样的罪行将完全不用付出任何代价。这样望文生义地执行法典的做法，反而违背了法典本身依据的对称性原则。再比如，某无名小卒杀死了一个英雄人物的案例也不能按照"以眼还眼"的字面意思去判决。同理，即使鲁莽的医生在手术中弄错了需要截肢的腿，你也不必去砍掉他的腿。拉尔夫·纳德②提供了解决此类事件的一条途径，那就是依据侵权法律为受害的一方寻求赔偿，依据法庭审判的结果而不是政府颁布的规章对犯错误的医生进行惩罚，这样可以充分保护消费者和公民免受政府机构滥用权力的侵害。当然，法律体系本身并非尽善尽美，也可能滋生寻租团体，但是我们即使对律师有再多的抱怨，也好过没有律师帮助我们。

实际上，一直有经济学家指责我想逆转近代以来建立起来的银行业破产保护制度，更有甚者指责我想把银行家们送上古老的断头台。其实我的本意并非如此，我只是希望通过施加某种程度的惩罚，使得罗伯特·鲁宾玩的那种勾当因风险过高而失去吸引力，从而保护社会公众的利益。

如果要列举只有在法国才能见到的奇珍异宝，那么镌刻着《汉谟拉比法典》的那块灰黑色玄武岩石碑残片绝对算得上是其中的一个。它被

---

① 《塔木德》是犹太人继《圣经》之后最重要的一部典籍，又被称为犹太智慧羊皮卷。——译者注
② 拉尔夫·纳德（1934年至今），美国著名社会活动家、作家、律师，积极投身于消费者保护法案、环保主义和政府改革。——译者注

安放在巴黎的卢浮宫里,不知出于什么原因,那些通常来说显得比我们更加博学的法国人,似乎对这块儿石碑知之甚少,或许只有那些手持自拍杆的韩国游客听说过它。

我参观《汉谟拉比法典》石碑之前,曾经在同一座博物馆的一间会议室里向法国金融家们讲解我在本书中提出的观点,也就是"风险共担"。在我之前发言的是美联储前主席本·伯南克,尽管他的相貌(甚至性格)像极了美索不达米亚雕像上的那些智者,但他的演讲却缺乏"风险共担"的思想。那真是一个令人啼笑皆非的场面,我不无讽刺地向现场听众说道:在4 000年前,我们对能够防范金融风险的"风险共担"思想理解得更深刻,也运用得更娴熟,而且那块儿蕴含着深刻智慧的石碑就在距离我演讲台300英尺①的地方。然而,令我大失所望的是,尽管那些法国金融家具备很高的文化素养,但他们都不知道我到底在说什么。没有人意识到《汉谟拉比法典》的意义不仅远远超越了美索不达米亚的地缘政治,而且蕴含着"风险共担"的思想以及银行家应该被追责的朴素真理。

表1展示了从汉谟拉比以来对称性规则的演进过程。

表1 对称性规则的演进

汉谟拉比同态复仇法	15世纪神圣正义法	银律	金律	普遍接受的法则
"以眼还眼,以牙还牙"(《汉谟拉比法典》《出埃及记》)	"爱邻如爱己"(《圣经》中的《利未记》)		"以你想被对待的方式去对待他人"(《圣经》中的《马太福音》)	"仅依据被普遍接受的法则行事"(康德,1785年)

资料来源:来源于塔勒布和桑迪斯,2016年整理。

① 1英尺≈0.30米。——编者注

对称性

银律胜于金律

我从左向右逐一解释一下表格的内容,《利未记》简直就像是抹了蜂蜜的《汉谟拉比法典》。"金律"的意思是,以你想被对待的方式去对待他人。而表格中未列出的银律却比金律更牢不可破:"己所不欲勿施于人。"① 为什么说银律比金律更牢不可破?

首先,它告诫你管好自己的事情,不要替他人决定什么对他有利(即金律没有排除这样一种逻辑可能:你单方面把你误以为对他有利的事情强加给了对方)。事实上,相对于判断什么是有利的,我们更清楚什么是不利的。其次,银律从另一方面提示了金律。我每隔三个星期去理一次头发,我发现让那位操着意大利口音的理发师在我原来头发的基础上剪短一些,远比让他给我尝试新发型更靠谱,而且也不容易出错。

现在我们来谈谈如何对待"其他人"。就像这里的"你"可以被视作个体的"你",也可以被视作集体的"你们"一样,"其他人"可以是一个人、一支篮球队,或者是美国东北部意大利裔理发师协会。"其他人"这个词,泛指个体的"他"和群体的"他们",当我们把"其他人"当作群体概念使用时,群体内的每个成员都可以是一个独立的单位,有可能与群体中的其他成员产生交集并形成新的群体,因此这一概念可用于各种规模的人群、部落、社会、社会群体以及国家等。正如个人应当以"待己之心"去对待他人,且避免虐待对方一样,家庭作为一个"单位"也应当以同样的方式去对待其他家庭。这一点同样可以且应该被应用于国家之间的交往。睿智的雅典演说家伊索克拉底早在公元前 5 世纪

---

① "己所不欲勿施于人",字面直译为"不要以你不想被别人对待的方式去对待别人"。(伊索克拉底,希勒尔,《摩诃婆罗多》)"你自己厌恶的事情,就不要对你的同伴去做"。老拉比希勒尔引用《利未记》:"如果某事加诸你身会给你造成痛苦,那就不要将其加诸他人之身,这就是道德的本质。"

非对称风险

就曾经告诫过我们，一个国家应当依照银律中"己所不欲勿施于人"的原则去对待其他国家（前面讲到的干涉主义者应该为此感到羞愧）。伊索克拉底写道：

> 你认为比你强大的国家应该如何同你打交道，你就用同样的方法去和比你弱小的国家打交道。

没有人比伊索克拉底更好地阐释了对称性的概念。他活了100多岁，在90多岁的时候还做出了巨大贡献。他赋予了金律一个生动的解释：你希望你孩子将来如何对待你，你就用这种方式对待你的父母。以直言不讳而著称的棒球教练尤吉·贝拉提出了对称关系的另一个例证：我去参加别人的葬礼，别人才会来参加我的。

当然，这个解释的引申版本也会同样直白有效：你希望你的父母如何对待你，那你就用这样的方式对待你自己的孩子。①

美国《宪法》第一修正案背后的理念，就是要建立一种类似银律的对称性。你拥有宗教信仰的自由，只要你也允许我拥有；你有权反对我，只要我也有权反对你。实际上，如果在表达己见方面缺乏这种无条件的对称性，那么民主就不能存在：民主制度面对的最大威胁是，以某些言论可能伤害他人为由，试图去限制这些言论。这种趋势一旦形成，就会使民主滑向深渊。这些限制并非都来自国家，也有可能来自用媒体引导舆论的"思想警察"所建立的强权文化。

---

① 《新约》中恶仆逼债的寓言是一个违反对称性的例子（《马太福音》）。一位慷慨的债权人放弃了一位仆人欠他的巨款，而这个仆人却转而对另一个欠他一笔小钱的仆人施加惩罚。绝大多数评论者似乎都忽略了这个故事真正想要表达的意思并不是宽恕，而是"对称性应该是互动的"。

摒弃普世主义

将对称性应用于个人与集体的关系之中,我们就能得出美德,现在则称之为"道德伦理"。表1最右一栏中的规则就是伊曼纽尔·康德的"道德律"[①]。我将其简化为:"如果其他人在相同条件下也会做出相同行为,那么你就去做吧!"康德还说:"对待自己一如对待他人,这不应该成为你做人的手段,而应该是你作为人的目的。"

康德那些深邃但拗口的教诲总是令事情变得很复杂,而太复杂的事情往往都在现实世界中存在着大问题。所以我们跳过康德那些极端复杂的方法,因为:

普世性的行为在书本上是伟大的,但在实际中是灾难性的。

事情为什么会被弄成这样?正如我们在本书中反复强调的那样,人类是具有领地属性且注重实际的动物,同时人类还对自己生存环境中的人口规模十分敏感。相对于普世的、抽象的、逻辑的道理,人们更加倾向于个人的、具体的和感性的事物。例如,我们认为微观作品要好于宏观作品,你在车库开派对的时候,最好直接开口和你的车库管理员打招呼,而不是说什么宏大普世的话。也就是说,我们应当将注意力放在直接所处的环境上,并且遵循简单实用的原则。但糟糕的是,凡是笼统的、抽象的和普世的东西总是能够吸引那些自以为是的精神病人,他们与前文中提到的干涉主义者是一伙儿的。

---

① 康德的道德律:"永远使你行动的准则能够同时符合任何普遍适用的法律原则。"康德提出道德律以下几个基本思想作为前提:(1)人生活在社会之中;(2)人有自由;(3)人人平等;(4)社会应该成为人性得以完满实现的共同体。——译者注

这也就是说，康德并没有提出"任何一个概念都有其适用规模"的问题，但是很多人却因此成了康德普世主义的受害者。正如我们所看到的，现代社会崇尚抽象而不是具体。那些捍卫社会正义的战士被指责为"将人当成目录里面的编号，而不是一个活生生的人"。除了宗教领域之外，在伟大的思想家埃莉诺·奥斯特朗姆[①]之前，很少有人能够真正领悟"适用规模"及其相关拓展性的含义。

事实上，本书要提醒大家的是普世主义被过度推广的危险性，它会导致我们把微观与宏观混为一谈。其实这也是发生"黑天鹅"事件的核心——人们往往有严重的"柏拉图化"倾向。人们在把具体事物转化为抽象概念的过程中，通常会遗失其中最关键的部分：具体事物所特有的生命和灵魂。其结果必然是一团糟。

从康德到胖子托尼

现在我们用现实中的例子进行阐释。在新泽西州的胖子托尼看来，对称性的意思就是：别对人扔垃圾，但也别让人朝你扔垃圾。他对此有更加实用的方法：

> 首先要友好地对待你遇到的每个人，但是如果有人试图对你来硬的，你就得给他点儿颜色看看。

胖子托尼是我在"不确定性"系列丛书中杜撰的一个人物，他的行为举止随心所欲，交谈、生活方式、腰围以及饮食习惯都与你所熟悉的

[①] 埃莉诺·奥斯特朗姆（Elinor Claire Ostrom，1933 年 8 月—2012 年 6 月），美国女经济学家，2009 年获得诺贝尔经济学奖。——译者注

公务人员或者经济学讲师格格不入。但他是一个心平气和且内心坚定的人，除非有人真把他惹毛了，否则他不会轻易动怒。他的主要工作是说服并帮助那些被基金管理人称为"冤大头"的普通人赎回资金，并与他们的基金管理人撇清关系（因为这些人总是拿别人的钱去赌博）。

对称性恰好也和我的职业期权交易直接相关。在期权交易中，买卖双方事先约定一个未来的行权价格，期权的买方在到期日可以享受超过行权价的收益，相应地，期权的卖方必须承担这部分损失。再比如，在保险合同中，投保人在缴纳保费之后，风险就依据保险合同转移给了保险公司。如果上述两个例子中的对称性原则遭到实质性破坏，那么这将会在系统内累积风险并最终导致灾难性后果，比如 2008 年的金融危机。

这种对称性还涉及交易中风险收益的一致性原则。让我们回顾一下之前的观点：如果银行家把预期利润计提一部分，变成他个人的奖金，而潜在的风险却转嫁给其他社会成员，比如前面提到的西班牙语女教师和公立学校的文员等，那么就会存在一个根本性的问题，即这种允许非对称性的制度实际上鼓励了银行家们隐藏风险，并使之不断累积，直至有一天突然爆发。然而那些所谓的"监管制度"，从纸面上看起来颇像救市良方，但是实际上它们只会加剧问题的严重性，因为这套所谓的"监管制度"纵容了隐藏风险的行为。

这就为我们引出了"代理人"问题。

骗子、傻子或两者兼具

关于银律（我再次提醒读者一下，银律是"己所不欲勿施于人"），还存在下面一种表达方法：

> 不要听从那些以咨询谋生的人给你的建议，除非他们会为自己提供的错误咨询接受惩罚。

首先，请回忆一下前面我们从道德和知识两个方面对"我相信你"这种心理的分析。在有关不确定性的问题上，总会有两种人：一种人是被随机性愚弄的傻子；另外一种是利用随机性从中牟利的骗子。前者对现实世界的不确定性缺乏了解，错误地将自己以前的成功经历归因于自己的技能而非运气，从而甘愿去冒无知的风险；后者则纯粹是为了钱而把风险转移给其他人。经济学家在谈到"风险共担"的时候，往往只关注第二种情况。

现在让我们关注一下在保险领域常见的代理人问题。简单来说，你比任何保险公司都更清楚自己的健康状况，那么你完全可能有动机在别人知晓你患病之前，赶紧去买一份保险。在这种情况下投保，你不但省去了大笔的保险费，而且能够得到保险公司大笔的赔偿。但是，你这样做却会导致其他无辜的人（比如那个倒霉的西班牙语女教师）今后要支付更高的保险费。对此，保险公司也采取了诸如设定高免赔额等筛选措施来抵消这种因信息不对称而造成的损失。

代理人问题（或者委托/代理问题）阐明了在交易过程中因利益不一致而导致的后果。举例来说，如果在"一生难得一次"的买卖中（比如，买房买车），这种一次性交易对于你的供应商来说你不可能是他的回头客，他的利益与你的利益不可能因长期合作而一致，那么他们可能会对你隐瞒某些关键信息。

对此，仅仅抑制"骗子"的动机是远远不够的，因为现实中"傻子"实在太多了，而且他们根本意识不到自己的愚蠢，归根结底是因为他们不了解自己的利益之所在，比如瘾君子、工作狂、被错误利益关系纠缠的人、支持大政府的人、出版商、书评人或某些令人尊敬的官员，他们都没有意识到他们的行为正在损害自身的利益。不过，幸好存在一种筛选机制会把这些人淘汰掉，使得他们的无知不再危及其他人。这正是进化的机制：系统会筛选愚蠢的人，从而使系统自身变得聪明起来。

由此引出了另外一个观点：我们或许无法预知某一行为是否愚蠢，但是现实可以预知这一切。

随意掩盖和故意披露[①]

现在我们从更高的层面来理解"风险共担"，它关注事物的本质，而不是其表象。正如胖子托尼的座右铭：

你并非想要赢得一场争论，你真正想要赢得的是一场胜利。

事实上，你确实需要去赢得你所追求的东西：金钱、土地、西班牙语女教师的芳心，或者一辆粉红色的敞篷跑车。而一味地纸上谈兵会把人推向危险的境地，因为：

相比于理解，我们更善于行动。

当然，江湖骗子和那些真正拥有技能的社会成员之间是有很大区别的，比如，信口雌黄的宏观政治经济学家和管道工，有社会正义感的记者和黑手党成员。我们之所以获得了成功，是因为我们采取了实际行

---

① 这一段技术性很强，初读者可以跳过。

动，而不是因为我们学会了说服别人。在某些领域，比如经济学和其他社会科学领域，由于缺少亲身参与的"风险共担"，经济学家奢谈所谓的科学方法，导致他们越来越脱离实际，这也连累了其他学科，使得它们看起来像是骗局。第9章将讲述他们是如何发展了一整套完整的仪式、头衔、规范和公式来掩盖他们对解决现实问题的无能为力。

你起身之前并不确切知道自己要去往何方。①

经济学是建立在人的"显性偏好"基础之上的。一方面，人的想法其实和他实际的行动之间并无多大关联，因此你要避免掉到含混不清的心理学陷阱里面。人们总会为自己的行为辩解，其实那不过是他们自己编织的自圆其说的故事罢了，它和科学方法并没有什么关系。另一方面，人们的行为是具体的、可测量的，也是我们应当关注的重点。这一认识虽然很有说服力，却很少有研究者遵循。事实上，订婚的人最能理解这种"显性偏好"：一颗昂贵的钻石胜过千言万语的誓言。新郎用这种可衡量的（昂贵的价格）且不容反悔的方式，展示了他对新娘的承诺。

忘掉那些预测吧！

停留在语言层面的预言和投资者所需要的预见毫不相干。

我认识一些预测错误但是赚了钱的人，也认识一些预测准确但是输

---

① 英文原文是"You may not know in your mind where you are going, but you know it by doing"，似乎在中文语境中更好的翻译是"草鞋没样，越打越像"，达雅之间，请读者度之。——译者注

了钱的人。这是因为在生活中，重要的并不是你预测准了多少次，而是在你预测准确的那一次里，你真正赚到了多少钱。同理，即使做出了错误的预测，只要造成的损失不太大，其实就无关紧要，这类似于研究过程中采用的试错法。

现实生活中的例子往往过于复杂，很难被简化成一个精致的模型，然后用三言两语解释清楚。而且现实生活中的结果也不像棒球比赛那样，可以被简单地归结为输或赢。在很多情况下，我们面对的风险是非线性的，比如农夫可能会受益于降雨，但若降雨持续下去并演变成洪水，那么结果农民可能就从受益变成了受损。有关风险的非线性分布问题的专业讨论在本书后面的数学附录部分。我认为所谓的预测，尤其是那些打着"科学"幌子的预测，通常都是江湖骗子可以依赖的终极手段，自古已然。

此外，数学中被称为"反向设计"的工程学问题似乎只能通过"风险共担"来解释。其实投资领域并不像工程学那样，给工程师一台机器，他能够反向设计出所有的零部件和驱动程序。对于我们来说，"反向设计"极为困难。首先，进化的结果对于我们来说是不可预见的。其次，我们无法逆转时间，我们真正能做的其实就是继续把这种"风险共担"玩下去，理解并接受进化最终筛选出来的结果。

"风险共担"有助于解决类似"黑天鹅"的突发事件以及其他层面的（包括个人或者集体所遭遇到的）不确定性事件。那些在"风险共担"中存活下来的个体或者集体，证明了他们抵御"黑天鹅"事件的韧性，我们如果人为地排除"风险共担"，就会破坏这种筛选机制。如果没有"风险共担"，我们就无法理解"造物主"通过"时间"显示出来的伟大智慧（后面将有一章专门讨论涉及"时间"的"林迪效应"，其中包括了两个方面的内容：第一，时间筛掉了脆弱的个体，留下了强韧的个体；第二，那些强韧个体的生命由此得以延长）。其实很多思想也是实践的产物，所以拥有这些思想的人必须懂得亲身参与"风险共担"的道理。

时间是伟大的智者，它通过"风险共担"塑造了理性——这是一种任凭深思熟虑后仍然无懈可击的理性。设想这样一个场景：对于法国某规划部门的公职人员（他因受过太多的教育而变得天真，但每天准时上班）来说，某项惯例可能看起来并不合理，但它已经运行了很长时间。也许他会问：这是否是理性的？尽管他心里有这样的疑问，但是他并没有充足的理由去推翻这项惯例。相对而言，我们更容易知道哪些事情是明显非理性的——首先是那些威胁集体生存的事情，其次是威胁个体生存的事情。从统计学角度来看，如果某自然规律符合统计学意义上的显著性特征，那么违背这个自然规律就是明显不理性的（除了由杀虫剂公司赞助的反对者以外，其他人都对此深信不疑）。我们的惯性思维使我们相信，那些有效的做法不可能是不合理的。天哪！这些年来我遇到的每一个最终投资失败的人都会被这个思维定式所害，他们无法理解为什么某些愚蠢的做法（可能在相当长的一段时间内）不仅有效，而且能让你赚到钱。他们坚信，一个做法只要有效，就不可能是愚蠢的。

在一个符合"风险共担"的系统中，自我牺牲很可能是很关键的一个理念。这样做的目的是确保集体或者更高层级的个体能够存活下去。从某种意义上讲，这就是"成王败寇"的游戏，用胖子托尼的话来说，"赢的人说什么都对，哪怕他们说狗屁会飞也是对的"。

别理会胖子托尼的粗俗语言，其实他的意思是：

> 所谓理性就是首先保证自己所在的集体生存更长时间。

对称性

很多不严谨的心理学或社会科学书籍中声称的"理性",其实根本就不是那回事。① 与心理学家告诉你的情况正相反,事实上,无论从哪个标准来衡量,对某些尾部风险的"过高估计"不能说是非理性的,这种由于过高估计风险而始终保持警惕的状态,从根本上保证了集体的生存。在现实中,有些风险我们无法承担而只能选择回避,还有一些风险(尤其是学者们策略性地回避的那种风险),恰恰是我们必须承受的。这就是风险的"遍历性",我们将在第19章中详细讨论这个话题。

不要把"风险共担"教条化

"风险共担"总体来说是必需的,但是我们也不要教条地将其应用到日常生活的所有事情上去,如果后果不严重,我们就完全可以忽略"风险共担"。前文中的干涉主义者发表的强硬声明,不同于普通人在日常交流中的无足轻重的意见,就像算命先生用来给你提供心理安慰而胡编乱造的那些话(即使它们全都是谎言),也绝对不能和干涉主义者的决策声明相提并论。毕竟,后者导致地球的另一端有成千上万的无辜者惨死。我们要关注的是那些大权在握的人,因地位的特殊性,他们发表的言论通常会导致严重的后果,如果他们不必为此负责,结果就会很糟糕。

古往今来,那些"做出决策的权力"和"承担后果的责任"相互不对称,乃至那种相互分离的工作岗位往往是行政系统顶端凤毛麟角的少

---

① 事实上,那些将"理性"概念化的人,例如数学家、博弈论专家肯·宾默尔,后来更倾向于认为并不存在一种严谨的、自圆其说的"理性",能够将一个活生生的人置于其中。在正统的新古典经济学中,你甚至都找不到这样的主张。我们在那些堆砌辞藻的文学作品中读到的"理性",似乎不具有任何严谨性。

数岗位。普通人在生活中不太可能遇到这种情况。你在现实生活中遇到的绝大部分人，比如面包师、修鞋匠、管道工、出租车司机、会计师、税务顾问、清洁工、牙科助理、洗车工（这次我就不提西班牙语女教师了）等，都会为他们自己的错误决策承担后果，并付出代价。

现代主义

本书中"公正"这个概念的内涵与古老的传统观念一脉相承，因此在秉承对称性的问题上，我不得不和近一个半世纪以来的现代主义思想分道扬镳。这种所谓的现代主义思想其实是一种唯智主义，或称为"唯智论"（intellecutalism）。唯智主义者认为，行为与结果可以相互分离，理论与实践可以完全割裂，他们甚至还认为建立一套严格的等级制度就可以用程序化的方法解决一个复杂系统的问题。

唯智论还有一个姊妹：唯科学论。唯科学论主义者将科学推崇为一个复杂而神秘的事物，而不是将其视作"好奇、质疑、探索和实践"的过程。他们坚持在根本不需要数学的地方使用数学，其实那并不是一个科学方法，而是唯科学论。比如，让你放弃自己灵活自如的双手，转而使用人工智能的机械臂，他们居然会认为这就是科学。抛弃那些经过亿万次高强度考验和多维度检测的自然形成的方法，转而依赖"同行评议"出来的学术期刊，这些期刊自身或许都无法经受再版和统计验证的考验。因而，用后者的方法替代前者，这既不科学，也不正确。我在撰写本书的时候，科学已经成为商贩们兜售商品（比如人造黄油或转基因产品）的把戏。具有讽刺意味的是，本应具有质疑精神的科学事业，竟被用来抑制人们对这些商品的质疑。

今天我们看到的那些用简洁而精美的语言所表达的知识，其实是历史上多少代人用他们的实践总结和打磨出来的。你当然不会从你生活的当地小报中读到或者从当地学校里学到如此简洁精美且有洞见的知识。这一切来自更高层次的质疑能力、对自身智力的自信、对统计显著性更深刻的理解，此外，你还需要有敏锐的思想和严谨的思维，甚至你还要有在露天市场卖地毯或佐料等方面的丰富经验。因此，本书延续了"质疑－探索－实践"这一解决问题的悠久历史传统——"不确定性"系列丛书的忠实读者，应该还记得我在《黑天鹅》里面提到的塞克斯都·恩披里柯[①]，他早在2 200年前就在《驳教师》一书中阐述了与我类似的观点：

说的人应该去做，做的人应该来说。

不过，这一原则对某些学科可以例外，比如数学、哲学、诗歌、艺术，以及其他不需要与现实有紧密联系的学科。正如伟大的博弈论专家埃里尔·鲁宾斯坦所告诫的那样：学者们应该埋头研究自己的理论和数学表达式，千万别告诉人们如何在现实世界中应用这些东西。他说得对！应该让亲身参与"风险共担"的人自己去选择所需的理论、模型和方法。

让我们面对现代化进程带来的副作用吧！随着一切事物变得越来越专业化，理论诞生的假设环境和其应用的实际场景之间的偏差会越来越大。

聚光灯下的演讲者

凡是做过大型演讲的演讲者都会发现，自己还有其他讲演者在台

---

① 塞克斯都·恩披里柯（Sextus Empiricus），罗马帝国时期的希腊哲学家。——译者注

上很不舒服。我花了 10 年的时间才弄清楚原因：舞台上的灯光会照射在你的眼睛上，从而使你的注意力不能集中（以前警察审问犯罪嫌疑人时就用这个办法：用一束光照射犯罪嫌疑人，然后就像等合唱团唱歌一样等犯罪嫌疑人自己招供）。但是，演讲者大多数并没有意识到自己注意力不集中，这是因为他们在讲台上被灯光照射的缘故，或者说真正的原因是做大型演讲的演讲者不干灯光工作，而灯光工程师又不做大型演讲。

再来看一个类似的例子。纽约市对连接市区和北郊之间的北线轻轨车辆进行了全面整修，整修后的车厢看起来更现代化，颜色也更鲜亮，甚至车上还安装了充电插座等便利设施。但之前在车厢墙上有一个小的搁板，早晨在车厢里读报、看手机的人可以把咖啡杯放在这块儿搁板上，毕竟，拿着咖啡杯看东西很不方便。负责整修的设计者要么从不坐地铁，要么他坐地铁时从不边喝咖啡边读书，也许是出于美观考虑，设计师将原来的搁板改造得稍微倾斜了一些，结果就是大家没有搁板放咖啡杯了。

这个例子体现了当今设计和建筑行业存在的一个极为严峻的问题：设计师试图用他们的作品震撼其他设计者，而不是用他们的作品取悦真正的用户。其结果就是今天的建筑设计得千奇百怪，却没有很好地满足用户的实际需求，而且它们还很难拆除重建，只能进行一系列的修补。除了设计师以外，某些城市规划部门的专家从未在社区居住过，他们也会为了实现所谓的改进，犯和轻轨车厢设计师同样的错误，只不过他们影响的范围更大。

我下文还会再提到，专业化会带来副作用，其中之一就是劳动和劳动成果相分离。

简单化

"风险共担"实现了简单化——那种解决问题、赢得胜利的"至简之道"。那些只会用复杂方法解决问题的人,很不喜欢用简单的办法。正如我们所知道的,宣扬干涉主义的人,往往热衷于复杂的解决办法,往往来自一个复杂且混乱的官僚体系。所以他们只会用复杂的方法,这是他们的利益所在,他们就是这样被训练出来的。

由缺乏实战经验和务实精神的人设计出来的系统会越来越复杂,直至崩溃。

如果我们评价人的体系不是依据他工作的结果,而是依据大家对他工作的感受,那么这个人就有足够的动机把他的工作复杂化,这样可以使他显得很忙、很努力、很敬业。在这种情形下,采取简单方法绝不会给他带来任何好处。所有向学术期刊投过稿的人都明白,一定要把论文写得复杂一些,而且要使论文的复杂性远远超过"把事情说清楚"所需要的程度,这样反而会增加论文发表的可能性。如果我们任由这种不必要的复杂性非线性地增长,那么就会产生严重的后果:

不亲历"风险共担"的人,不懂得"大道至简"。

我就是个笨蛋!

让我们回忆一下前文提到的"pathemata mathemata"(在痛苦中学习),然后考虑一下这样一种可能:在兴奋和快乐中学习。人的大脑在参与"风险共担"时的状态和平时不一样,当你亲身参与"风险共担"时,平时那些无聊的事情也会变得不那么乏味,比如对飞机的安全性做例行检查的时候,如果你必须要乘坐这架飞机,这事儿对于你来说就不再无聊了。如果你投资了一家公司,那么阅读财务报表的注解(真正有用的信息往往就在那里)这种极其枯燥的事情也会变得有趣了。

不过,我还有一个提醒,让一个人去做与他切身利益相关的事情未必就能做得很好。许多智力愚笨、头脑迟钝的瘾君子——也许可以称他们为外交政策专家,始终能找到巧妙的方法购买毒品。在接受戒毒治疗时,常有人告诉他们,如果他们能把用于寻找毒品一半的精力用在赚钱上,他们早就成为百万富翁了。但那么做无济于事,没有了毒品,他们那神奇的魔力就消失了。就像是那种传说中的神奇药水,它只会给寻找它的人非凡的力量,但当它被喝下去以后,魔力就消失了。

坦率地说,当我不参与"风险共担"时,我就会变成一个笨蛋。我的专业知识,比如风险和概率,最初不是来自书本,也不是来自对崇高哲学和科学的渴求,甚至也不是来自好奇心,而是来自在市场交易过程中的兴奋感和荷尔蒙刺激。我之前从来不觉得数学有趣,直到在沃顿商学院一个朋友给我讲了上文提到的期权(以及由期权推导出来的复杂衍生品),我立刻决定要从事这项事业,将期权交易和复杂概率分布融合在一起,这是一片无人涉足的新领域。我深知传统"钟形"概率分布函数是错误的,它们忽略了尾部事件(极端事件)的影响。我知道那些学者根本就不理解什么是风险。所以,为了找到用概率方法评估证券价格的错误,我必须要学习概率论。不可思议的是,我刚一接触这方面的内容就觉得概率论有趣极了,而且它还让我深深着迷。

当出现风险时,我的大脑立刻开启了第二种运转方式,分析和运用复杂的概率函数马上就变得毫不费力了。这也难怪,发生火灾时,你会比在平时任何比赛中都跑得快；还有在高山速降滑雪时，我的一些动作也会变得流畅自然。但是不采取实际行动时，我又变回笨蛋了。还有一点，作为交易员，我们所用的数学知识必须和现实问题完全吻合，就像滑雪运动员给自己找一副滑雪手套一样，我们不能像学者那样只想着把现有的模型运用到实际问题中，他们就像是拿着滑雪手套找运动员一样。有时候，我们不得不在空气稀薄且呼吸困难的山顶凭空创造一个模型，用以解决我们此时此地遇到的麻烦，而且我们清楚地知道，一旦这个模型的等式错了，我们就将付出惨痛的代价。用数学解决交易中的实际问题完全不同于在学院中学习数学，我们在写下方程式之前，一定要深刻理解问题本身。

你为了救一个孩子而徒手举起了一辆汽车——这当然是你平时力所不能及的事情，但是事后，你的力量仍然存在于你的体内，当面临风险时，你会高度紧张，全身心地投入，而不会像瘾君子那样——他们的聪明才智会和药物一起消失。你在那种紧张和专注的环境下所学到的东西会永远属于你。你的大脑也许不会再表现得那么聪慧和睿智，但是没有人能拿走你已经学到的东西。这就是我反对传统教育体系的主要原因：它完全是一个"任由书呆子制造更多书呆子"的体系。如果我们把数学变成和孩子们自身兴趣和利益切身相关的事情，他们中的很多人就会爱上数学，长大以后会自觉地运用数学方法，并及时发现数学在哪些领域被滥用了。

监管措施 vs 法律体系

有两种方式可以保护公民不受大公司那样的强大掠夺者的伤害。第一种是制定监管措施。不过，监管措施不仅会限制公民的个人自由，而且会带来另一种形式的掠夺。掠夺者包括州政府、州政府的代理人和代理人的亲信们。更糟糕的是，那些雇用优秀律师的人可以把监管体系玩弄于股掌之中，他们的办法就是雇用原先的监管者，支付给他们高额的报酬，并弄得尽人皆知，这就在无形之中给现任的监管者发出了隐含的贿赂信号。更糟糕的是，"请神容易送神难"，监管措施一旦开始实施就会被越搞越复杂，即使有证据表明某些监管法规荒谬透顶，但是在体制内受益者的压力下，政客们也不敢废除这些监管措施。于是，监管措施不断膨胀，其复杂程度超出想象。为了应付这些监管措施，企业丧失了创造力，人们失去了生活的乐趣。

总有寄生虫会从监管措施中获利。商人会利用政府，通过保护性监管和设置行业门槛使自己的生意获利。这种机制被称为"监管套利"，这种做法违背了监管的初衷。

相较于让监管体制告诉人们什么能做，什么不能做，另外一种保护公民的方法也许更有效。那就是把"风险共担"置于《合同法》的保护下进行，未能如约履行责任的一方将会受到法律的惩罚。在盎格鲁－撒克逊人建立的英美普通法的世界里，自古就有"假如你伤害我，我就可以起诉你"的法律基石。普通法经过了多年实践和反复试错之后，操作性强，适用性广，已经以一种自下而上都接受的方式确立了权利与义务对等的原则。人们在交易时，总是倾向于援引英美普通法作为仲裁的依据。在亚洲，中国香港，以及新加坡是首选的仲裁地，在西方则是英国伦敦和美国纽约。普通法早已深入人心，成了人们自觉的行动标准，而监管体系还停留在严格的文字上。

如果一家大公司在你居住的社区制造了污染，你就可以和邻居一起提起法律诉讼。在利益驱动下，律师会早早地为你准备好相关文件，这家公司的竞争对手也会很愿意帮助你们。而结案所需的巨额费用，足够震慑该公司以后不敢再犯。

但这并不意味着我们永远都不要建立一个监管体系，有些会产生系统性影响的领域仍需要监管（比如环境被破坏以后隐含的尾部风险，需要很长时间才会显现）。只有在无法进行有效的法律诉讼的情况下，我们才考虑监管。①

尽管监管体系可以为社会带来一小部分净收益，但是我还是希望选择法律体系而不是监管体系。只有这样，我才能尽可能地保持我的自由，但是我会履行作为公民的责任，接受命运的安排，如果我伤害了别人，我就应该接受惩罚。这种态度被称为"道义自由主义"（道义一词源于"责任"）：监管会剥夺人的自由。而自由是人的第一要义，其中也包括犯错误的自由（只要你伤害的是你自己），这种自由的神圣之处在于我们绝不会为了经济利益而出卖自由。

将灵魂投入"风险共担"

最后，也是本书的核心部分，在"风险共担"的亲历者们看来：第一，得到的荣耀和付出的承诺是一体的；第二，勇于承担风险（某些特定类型的风险）事件的后果，不仅是人和机器的区别，而且是将人区分成不同等级的依据（有些人可能不爱听这句话）。

> 如果你不能为自己的言论承担后果，那么你等于什么都没说。

下文我还会提到，我对成功的定义就是过上一种挺直脊梁充满荣誉

---

① **本书献给推动法律体系保护消费者和公民权利的拉尔夫·纳德，他偶尔也会呼吁建立监管体系。**

感的有尊严的生活，绝对不能让别人替我们去承担由我们的错误所造成的损失。

尊严就是有些事情你永远都不会去做，无论报酬有多么诱人。比如一位有尊严的女性，她不会为了500美元向浮士德出卖自己的身体，这同时也意味着即使给她100万、10亿甚至10 000亿美元，她也不会这样做。但是，尊严不仅是不去做什么，它还意味着你会无条件地去做某事，而且无论结果如何，比如决斗，伟大的俄国诗人普希金、法国数学家伽罗瓦，还有很多人都在决斗中英年早逝（伽罗瓦去世时实在是太年轻了），他们为了捍卫尊严，都不惜冒险决斗，将自己置于死地。他们不会选择像懦夫一样活着，他们宁可从容赴死，即使是伽罗瓦这样年少有为的数学家也是如此。[1] 一位典型的斯巴达母亲会这样对即将奔赴战场的儿子说，"要么凯旋，要么捐躯"（当地的习俗是将战死英雄的尸体平放在他的盾牌上面，扛回来）。只有懦夫才会为了逃得更快，丢弃自己的盾牌。

如果你想了解现代化是如何摧毁人类价值观的，你就可以将上文中那些无条件牺牲自己的古代英雄与现在从事游说职业的人进行对比，那些令人作呕的游说者（假设他们代表的是沙特阿拉伯在美国的利益），还有那些学术不端的人，他们居然用"我还要供养孩子上大学"来为自己辩解。那些缺乏道德独立性的人，往往通过曲解道德标准来解释他们职业操守的正当性，而不是改变他们的职业操守使之符合道德标准。

还有另外一种尊严：和其他人一起参与到"风险共担"中去，并甘愿为共同的事业牺牲自己的利益。当然，还有一种荣誉感就如同手工匠人那样，自豪地传承着某种手艺，而无须做出巨大的牺牲。

---

[1] 有一种观点赞成决斗，称其用最小的代价解决了冲突，避免了更多人参与大规模战争，决斗把冲突局限在两个决心亲历"风险共担"的人之间。

手工匠人

如果你做一件事的时候总想着如何优化流程、寻找捷径、提高"效率",那么这说明你今后迟早会讨厌这件事。而手工匠人则不会,因为:

> 手工匠人将自己的灵魂置于工作之中。

第一,手工匠人首先考虑的是他的生存,然后才是满足财务和商业需要,他们所做的决定并不全都以营利为目的。第二,他们的职业带有某种"艺术色彩",置身于现代工业化社会之外,直接将艺术和商业相结合。第三,他们是有灵魂的。他们不会卖次品,在达到自己内心的艺术标准之前,他们不会对产品质量妥协和折中,因为这里有他们的尊严。第四,他们遵奉神圣的戒律,对有些事情,即使利润很高,他们也绝对不会去做。

拉丁语有句名言:品德低劣的人抄近路,品格高尚的人绕远路(Compendiaria res improbitas, virtusque tarda)。换句话说,"抄近路"就是一种不诚实。

以我自己的职业为例,显而易见,作家实际上也是手工匠人:销量不是最终动机,只是次要目标。你有强烈的动机去抵制那些粗俗的诱惑,以捍卫你作品的神圣。比如,21世纪初,珠宝连锁品牌宝格丽出资赞助作家菲·维尔登的新作品,让她把这个珠宝品牌植入小说中,借此推广该品牌。但此事最终演变成了作者的丑闻和赞助商的噩梦,公众普遍对此感到厌恶和抵触。

我还记得20世纪80年代,一些人试图免费派发图书,但是这些图书的正文会插有广告,就像杂志一样,整个活动最终失败了。

我们也无法将写作工业化。如果我为了提高效率而雇用其他作家"帮忙",那么你一定会感到很失望。有些作家,比如约瑟·科辛斯基,曾尝试以分包的方法来写书,事情败露后,他被读者彻底抛弃了。知名作家担任总承包商然后分包给其他人完成的作品,很少能流传后世。但也有例外,比如大仲马,据说他开办了一个为自己代笔的作家工作室(有 45 个成员),这使得他的小说的产量高到了惊人的 150 多部。因此,有个笑话称,大仲马其实是他自己作品的读者。一般来说,作家的产量(而非销量)是不可扩充的,大仲马或许是个例外吧。

我们来谈一些实际的吧!尤素·瓦尔帝是一位成功且快乐的资深企业家,他曾建议我不要助理,这是我迄今为止收到过的最好的建议之一。哪怕只有一个助理,都会妨碍你的大脑去建立一种筛选过滤机制——没有助理会迫使你只去做你自己喜欢做的事情,并逐渐引导你的生活朝着快乐的方向发展。这里所说的助理不包括那些帮你完成某些特定工作的人,比如批改试卷、处理会计问题、浇灌植物,而是指那些充当守护天使、监视你一举一动的人。这需要一种逆向思维:你到底是想要更多自由支配的时间,还是完成更多的工作?我衡量一个人"成功"与否的标准,就是"他有多少自由支配的时间"。如果你雇用助理,那么最终的结果是你在协助你的助理工作,被迫向他"解释"怎么做事情,而这比做事情本身要累得多。事实证明,这个建议不仅对我的写作和研究工作很有帮助,而且在投资上也十分有效,因为我变得更自由,思维更敏锐,轻易不会决定去做某些事情。而我的同事们则每天都忙着开无用的会议,回无益的邮件。

助理(除非绝对必要),会把你的灵魂从"风险共担"中带走。

试想一下，你到访墨西哥，拿着一个手持式翻译器，而不是用娴熟的西班牙语和当地人交流，结果会怎样？助理就像这台手持设备一样，让你得不到真实的体验。

学者有时候也可以是匠人。然而，那些误解了亚当·斯密的经济学家一方面宣称人类会本能地追求"收益最大化"，另一方面，他们又在免费地表达自己的这个观点，还说自己并不寻求哪怕最低的酬劳。他们难道没有发现自己言行的矛盾之处吗？

对创业者的警告

创业者是我们社会的英雄。他们为其他人承担了失败的代价。但是在现有的融资和风险投资机制下，许多人相信创业者的目标无非是将其创立的公司出售给其他投资人来变现，或者通过上市来最终套现。因此，人们误认为创业者不会真正参与"风险共担"，公司创造的真实价值以及长期发展的前景，与这种创业者本人没有利害关系。这种人只是纯粹的融资专家，单纯追求上述目的的人，不属于风险承担型的"创业者"，这种人就像是（在古罗马奴隶市场上）圈养了一个容貌姣好、招人喜爱的孩子，其目的只是等他长到4岁时可以卖个好价钱。只要看到这些人展示给我的花里胡哨、激情澎湃、充满说服力的商业计划书，我就能很容易判断出他们不是真正的企业家。

过了创业阶段以后，企业就开始走下坡路。公司的消亡率几乎和癌症病人的死亡率一样高。其主要原因是，在成熟的大公司里，人们承担的责任都是有时效性的。一旦你完成了你的职责，转到其他岗位，或者跳槽到其他大公司时，你就会和罗伯特·鲁宾一样对隐约可见的风险说："这事儿和我无关。"卖掉你创立的公司时，你的心态也是这样的。所以，请记住：

> 能够成功地创立一个好公司的人，和能够成功地把一个公司卖出好价钱的人，一定是两种完全不同的人。

傲慢也行

如果某产品或公司的名称包含公司所有者的名字，那么这相当于大声告诉你，产品质量不仅和公司利润挂钩，而且和创始人的名誉紧密相连。公司的命名方式体现了创始人对公司承担的责任，以及对产品的信心。我的一位朋友保罗·威尔莫特（Paul Wilmott）经常被人称为"自大狂"，因为，他以自己的名字命名了一份金融数学期刊 *Wil-mott*，在我撰写本书时，他的这份期刊无疑办得很好。"自大狂"对产品和公司的发展是有好处的：你热爱这项事业，所以你会去捍卫它。如果你无法使自己变成"自大狂"，那么变得傲慢一些也行。

公民身份是一种荣誉

许多成功人士选择到美国定居，他们虽然在美国长期居住，但是避免成为美国公民。他们获得的永久居住许可是一项权利，而不是义务，个人可以通过简单的法律程序申请注销该许可。他们为什么不愿意在法官面前宣誓效忠美国宪法，然后在乡村俱乐部举行一场盛大的酒会庆祝自己成为美国公民？答案是：税。一旦你成为美国公民，你即使居住在其他国家，也要为你在其他国家取得的收入交税。而且公民身份几乎是不可逆转的（放弃美国公民身份远比放弃美国永久居留权困难得多）。这也就是说一旦成为公民，你就丧失了税收义务的灵活性。但其他西方国家，比如法国和英国，会允许居住在某避税天堂的公民获得纳税豁免权。这就吸引了一大批人来这些国家投资或在那里居住一个最短期限——相当于用钱来"购买"这些国家的公民身份，然后他们再搬去其他不用交税的地方定居。

一个国家不应该容忍那些"避税候鸟"型的公民或者居民。他们只享受拥有某国国籍所带来的权利，比如在不同国家间自由往来，却不亲身参与这些国家的"风险共担"，这种人的存在，对于热心参与国家发展并推动国家进步的其他公民来说，是一种冒犯。

我的父母都是法国公民，几十年前我就可以非常容易地加入法国国籍。但是，我觉得这样做不对，我甚至觉得这样的做法带给我的是屈辱或冒犯，除非我亲身参与法国的"风险共担"，对法国建立真情实感。一想到在法国护照上看到我那长满络腮胡子的脸，我就会觉得很不舒服。我唯一考虑过的是希腊（或塞浦路斯）的居住许可，因为我一直觉得自己与古希腊文化之间有一条紧密的纽带。

但是我来到了美国，拥抱了这个国家，并且把我的美国护照视作我对这个国家的承诺，无论它好与坏，无论缴不缴税，这就是我的身份。许多人嘲笑我的决定，因为我大部分的收入来自海外，如果我取得其他国家的身份，比如塞浦路斯或马耳他，而不是美国公民，我就可以缴更少的税，赚更多的钱。我确实也想（在税法许可的情况下）尽可能地减少纳税义务，而且我也应该为此奋斗和抗争，不仅是为我自己，也是为我的同事以及客户，但是这是我应该承担而不能回避的义务，这是我的"风险共担"。

英雄不是书虫

你如果想要学习经典作品，学习其中的勇气或者斯多葛派的坚忍精神，就别去图书馆翻阅研究经典的学者们的作品——他们成了学者而不是伟人，其中不会没有原因。你不能指望从学者的解释性和介绍性的作品中学到先贤的品质。你应该去翻阅真正从事这项事业的人的作品，去了解该领域的原著，读那些真正践行古典主义价值观的英雄留下的作品，比如塞内加、恺撒或马可·奥勒留。或者你也可以阅读法国作家蒙田的作品，毕竟他在隐退著书之前，曾经亲身参与古典主义价值观的"风险共担"。尽量不要读别人转述的作品，而要读亲历者自己的著作，实在不行，你就自己凭着勇气去实践探索。

你在书本中学到的勇气并不会使你变得勇敢，就像吃牛肉不会让你变得像牛那样蠢一样，两者是一个道理。

由于某种难以理解的心理影响，人们未能意识到，你从教授身上学到的主要是如何成为一名教授，而在人生导师或激情澎湃的演讲家那里学到的，是如何成为人生导师或演讲家。古代的英雄不是古代的学者，更不是现代图书馆的书虫。他们并不生活在文字里，那些英雄为使命而生，他们的精神和意志只有当你和他们承担过相同的风险之后，你才能真正体会。因此，你并不需要什么教授来向你解释什么是坚忍刚毅的斯多葛[①]精神，他们几乎不能理解这种精神（事实上，他们从未理解过）。从我个人的经验来看，那些和我打过交道的所谓的"古典主义学者"，总是能够在吃早餐的时候对那些英雄人物的传奇事迹如数家珍，比如亚历山大大帝、埃及艳后、恺撒、汉尼拔、朱利安、莱昂达斯和芝诺比娅

---

① 令我感到惊奇的是，塞内加的思想主要是关于对称性和选择权的，我在另外一本书《反脆弱》中详细讲述过他的思想，但我惊讶地发现学者们完全忽略了他的主要思想。

等。但是，我们在学者身上根本找不到类似这些英雄人物的一丝一毫的勇气。本书最重要的一章是"承担风险的逻辑"，它就是最后一章，里面讲述了一些在实践者看来十分重要的风险因素，是如何被学者们整整忽视了两个多世纪的。

全球化和保护主义的兴起

现在让我们把这些观点应用到现代社会。我们再回想一下建筑师与实际住户需求相脱节的故事。我们把它推广到系统性效应上，比如保护主义和全球化。这样看来，保护主义的兴起可能有着深层次的原因，比如现实的经济利益。

我打算回避一些争议的话题，先不讨论全球化浪潮是否是人类建造巴比伦通天塔的又一次尝试。每个工人的内心深处都有一颗匠人之心。大型跨国公司收买了一批说客，想要让我们相信保护主义是错误的。但是，与此相反，针对这种匠人的保护主义和新古典经济学的思想并不矛盾，也符合经济决策所依赖的数学原理。这些匠人在做个体决策的时候，并不完全依据使其个体利润最大化的原则，他们有自己的理性和诉求，而且这些诉求并不伤害其他人的利益。正如我在前文中所说的，在个人荣誉感和责任心的驱使下，我们即使做出某些不以追求利润最大化为目的的事情，也仍然是符合经济学所谓的"理性"的。如果把目光局限于经济利益，我们就无法理解为什么人们会有动机去追求其他方面的利益。这是因为人的诉求有许多方面，不仅只有经济利益。[1]

---

[1] 瑞士的一些地方政府很早以前就通过民主投票的方法，立法限制外国人购买当地的房产，以防止那些从不参与当地"风险共担"但拥有私人飞机的外国富豪炒高当地房价，从而导致年轻人买不起房子。这难道不是违背了利润最大化的原则吗？但这难道不是更理性的决定吗？可能只有当地的房产中介不这么想。

仅从统计数字来看，将生产转移到劳动力成本更低的国家是正确的决定，也是有利可图的。打个比方，我写作是因为这就是我想要做的事情，我想做的事情就是我的一部分，就像一把刀被生产出来就是用来切东西的。我是从亚里士多德所提倡的美德角度看待这个问题的：将我的研究和写作转包给中国或突尼斯（或许）能够提高我的劳动生产力，却会让我迷失自我，失去自我认同。

所以人总是想做点儿什么，有了一份工作他们才有身份认同感、社会认同感，才会感觉自己没有被社会抛弃，仍然被社会需要，自己仍然在参与"风险共担"。美国纽约州韦斯切斯特县的鞋匠就只想好好去做一名鞋匠，享受自己的劳动成果，看到自己的产品被陈列在商店橱窗里的时候，他就会感到很自豪。他不会把工作分包给一家中国工厂来代替他制作鞋子，然后去从事其他职业，即使这样做会改善他所谓的经济条件，这样做他就可以买得起平板电视、更多的全棉衬衫和更便宜的自行车。因为放弃鞋匠身份，他会觉得自己失去了什么。剥夺人们所从事的职业是残忍的，人们希望自己的工作中有自己的灵魂。

从这个意义上来说，分散化和碎片化除了可以稳定系统以外，还可以增强人们与劳动之间的关系。

以身正法

让我们以一个历史故事来结束本章。

有人可能会问：法律确实有效，但如果主审法官腐败无能，我们该怎么办？他可能成为法律体系中的漏洞，而且可能免受惩罚，这样的法官会成为法治的阻碍吗？我的答案是未必，至少从历史上看，并非如此。我的一位朋友曾给我看过一幅荷兰画家的作品，名为《冈比西斯的审判》，这幅画取材于古希腊史学家希罗多德关于腐败的波斯法官西桑尼的故事。冈比西斯国王下令将西桑尼活活剥皮，作为他违背法律正义的惩罚。画中描绘的场景正是西桑尼的儿子继承父业，坐在他父亲曾经坐过的大法官座椅上，那把椅子上铺着用他父亲的皮做的垫子。这个故事提醒人们，执法者如果以身试法，那么他就得按照"风险共担"的规则，让自己"以身正法"。

不确定性的共同基因

每次只读7页,这是最佳的阅读速度。这值得反复阅读,需要反复回味。

到目前为止,我们已经大致介绍了本书的轮廓,那么本书和"不确定性"系列丛书的关系是怎样的?我们都知道,上帝从亚当身上取下一根肋骨创造了夏娃,这一系列丛书之间也存在着同样的关系。每一本书都传承了前一部作品的基因,《黑天鹅》的创作始于《随机漫步的傻瓜》中一次相关的讨论;《反脆弱》里面谈到的随机事件的凸性问题,在《黑天鹅》一书中亦有所论述;本书也如出一辙,在《反脆弱》一书中就有专门的一章讨论不能牺牲他人利益来增强自身的反脆弱的能力。简单说来,不同的市场参与者所承担的风险－收益极不匹配,风险在不同的承担主体中呈现极强的非对称性,久而久之这会导致系统的不平衡,进而可能导致"系统性风险"的爆发。

罗伯特·鲁宾式的勾当碰巧和我的交易员工作有些关联(当赚钱的时候,他们当然把利润装进自己的兜里;当遭遇亏损的时候,他们让别人替自己承担,而他们自己却将责任归咎于黑天鹅事件)。这样的事情层出不穷,因此也成了"不确定性"系列丛书的主要内容。比如,金融机构的奖金派发周期是一年一次,而统计显示的金融危机的周期差不多是10年一次，这两者存在差异。于是，代理人就会玩起罗伯特·鲁宾的勾当，把风险掩盖起来或者转移给其他人去承担，这样就不会影响他们每年的年终奖了。由于金融系统内有越来越多的人想要像罗伯特·鲁宾那样，搭上这班赚快钱的大巴，其结果便是系统内"黑天鹅"事件的风险迅速积累。然后，"砰"的一声，整个系统崩塌了。①

我的探索之路

人们总是容易记住那些生动活泼的例子，就像胖子托尼和伊索克拉底所体现的巨大反差一样，非对称性在道德层面很好理解。我和能言善辩的哲学家康斯坦丁·桑迪斯（他也是我的散步伙伴）讨论之后，对这一问题有了更深入的了解。侵权责任法同样也很简单易懂，我本以为侵权法会占据本书的大量篇幅，谢天谢地，最终我没有这样做。为什么？

侵权责任法对于没有法学功底的人来说是枯燥乏味的。受拉尔夫·纳德的影响，我书房的咖啡桌上堆积了将近20本有关合同法和侵权责任法方面的书，但我后来才发现读这些书需要大力神般的勇气，我每次坐下来，读不过7行，便开始浑身难受（上帝发明社交媒体和推特上的口水战，想必是出于仁慈想要解救我们）。法律不同于数学和科学的地方，不在于其严谨性，而是它从不会给人带来惊喜，毕竟法律不是儿戏。每次一看到这堆书，我就会想起曾经和美联储一位前任理事共进午

---

① 隐形的风险转移不仅仅发生在银行体系中，在普通人的生活中它也很常见。比如，住在海边的居民比住在内陆的居民更容易由受到飓风影响而蒙受损失。那些地方的居民在风灾过后的电视节目中尽管看起来像是可怜的受害者，但其实他们和当地的地产开发商都获得了政府的补贴，这也就意味着其他未受飓风影响的内陆州的纳税人替他们承担了损失。

餐的事，这真是我一生唯一的一次经历——这意味着我不希望此生再有一次这样的午餐了。接下来我把侵权法的问题一笔带过。

前文我们谈到过一些有趣话题（比如异教信仰、宗教仪式、系统复杂性原理、古代史和中世纪史、概率和风险），这些都能体现我所说的自然筛选机制，即你如果无法全身心地投入某件事，就趁早放弃让别人来做吧。

说到全身心地投入"风险共担"，我首先需要用一段忏悔来克服我内心的羞愧感。那个镌刻着《汉谟拉比法典》的黑色玄武岩石柱，就陈列在法国的卢浮宫博物馆，我伫立在它面前（周围都是举着自拍杆的韩国人），却无法读懂上面的内容，我不得不求助于专业人士，这让我感到很不自在。我还是个专家吗？我若只是来旅游的，那么寻求专业人士的帮助倒也无妨，但我来这里是为了写书的，而且在书里我提倡身临其境才能理解事物的本质，我还鼓励大家要全身心地投入一项事业。而我自己此刻却在无法直接阅读并理解法典内容的情况下，就直接写下有关它的内容，这让我感到愧疚，我感觉自己仿佛欺骗了读者。更何况我还自诩对闪米特人的哲学颇有兴趣，有一个念头曾经困扰着我，我是否应该去学习阿卡迪亚语①，然后用闪米特语②背诵《汉谟拉比法典》，这样才算是全身心地投入我的事业。这样做，也许或多或少地会拖延本书的完成，但每当提及汉谟拉比的时候，我就不会再感觉良心不安了。

一群牛对着我弹琴

本书的创作完全是我在漫无目的地思考有关数学问题时，突然灵光

---

① 阿卡迪亚语（Akkadian），公元前 3 000 年前在美索不达米亚一带使用的语言，后逐步演变成东闪米特人的语言。——译者注
② 闪米特语，西亚地区使用的一种古老语言。——译者注

一闪，然后才开始写作的。本来，当我完成《反脆弱》之后，我决定短期内不再写作，我想活得惬意一些。我想到大学谋求一份兼职教授的工作，每天和美食家们一起享用美味的墨鱼汁面，和我的蓝领朋友们一起举重，每天下午打打桥牌，过上19世纪绅士们的那种无忧无虑的生活。

我万万没有想到的是，这种平静的生活只持续了短短几周，无论是打桥牌、下象棋、猜乐透，还是去参观墨西哥金字塔，我发现我在退休生活中笨拙不堪，没有任何技巧。碰巧有一次，我试着解决一个数学方面的脑筋急转弯问题，从此一发不可收拾，此后的5年我一直被一种内心的冲动驱使着去想数学问题，我抑制不住要在生活中找出问题来思考，以便用这种数学思考来获取心理的满足和片刻的宁静。就在这种密集思考的生活中，我发现有一件事令我越来越难以忍受了。每次我听到市场上有人（主要是专业学者）口若悬河地宣传一些荒谬却又广受欢迎的观念时，我就像是一只实验用的小白鼠，被科学家塞到一个密封的箱子里，被迫听各种刺激的声音（直至死亡）。我终于意识到了我最厌恶的事情并不是普通人听不懂我的话（无非是对牛弹琴），而是被迫听专家对着我胡说（一群牛对着我弹琴）。听心理学家斯蒂芬·平克谈论有关知识的问题，就像是在国家地质公园登山途中突然遇上了一家专供车主的汉堡王快餐店一样令人失望。

正是由于我实在受不了这群对着我弹琴的牛，我被迫提起笔写了这本书。

书评家们

结束本书的绪论部分之前，我来谈谈自己在读书写作方面的心得体会。虽然大多数书评家都是智慧、诚实且坦率的，他们也宣称自己代表大众读者，但书评家与公众之间还是或多或少地存在着冲突。比如那些由风险承担者本人写的书，大众读者（和极少一部分书评家）多少都能从中读到对自己有价值的内容，但是由纸上谈兵的作者写的有关风险的书却根本做不到这一点，因为他们自己从未参与过繁忙而真实的交易，他们甚至都不知道自己为什么无法理解风险。

书评家们读一遍书之后就发表评论是不恰当的，熟悉我之前的作品《反脆弱》的读者都知道其中的"非线性凸性效应"，把一本书读两遍的收获要远大于读两本不同的书，这就是"非线性凸性效应"（前提当然是这本书的内容是有深度的）。"凸性"一词在闪米特语中是"mishnah"，这个词在希伯来语有文字记载之前，口口相传的意思就是"重复"。犹太经典著作 *Midrash*（《米德拉什》），该词本身就有"反复研磨"和"留下印记"的意思。与之对应的是，古代阿拉伯人的孩童学校"马德拉撒"（madrassa），这个词也有类似的含义。

一本书应该按照读者的需求来组织编写，同时也应该遵循作者的意图（即作者本人希望把问题解释到什么程度），而不是为书评家提供谋生的手段。书评家是很糟糕的中间人，在优步公司掀起的去中介化浪潮中，书评家这一职业很快就会消失得无影无踪。

书评家和作者的关系与"风险共担"有关，很明显的是，职业书评家与读者之间存在着利益冲突。书评家认为他们有权指导作者应该如何写书，有权教育读者应该怎么看书。而读者只是出于个人爱好喜欢阅读而已。书评家宣称自己有不受约束的权力对作品进行主观解读。但读者只有亲自读过书以后才知道他们是一派胡言。由于可以不参加"风险共担"，可以不对自己的言论负责，像《纽约时报》的书评家角谷美智子（现已退休）和《卫报》的专栏作家大卫·朗西曼之流，他们以为可以用"捏造的事实"或者"连篇的废话"来糊弄读者（角谷美智子则两者兼备）。要写出一篇好的书评应该考虑的问题是，作品的内容是否符合逻辑，文字是否优美，而绝不是任由自己的臆断给书贴标签，除非书评家对自己的误读承担责任。①

好在自"不确定性"丛书的第一部问世以来，已经有20年时间了，我也学会了如何直接与读者进行互动了。

本书的组织架构

第一卷绪论，共有三个部分：安泰俄斯之死；对称性；不确定性的共同基因。

第二卷，"初探代理人问题"。它深入阐述了对称性和代理人应该如何承担风险的问题，弥合了商业利益与道德伦理之间的冲突。本卷还简要介绍了扩展的概念以及个人与集体之间的差异，进而展示了全球化和普世主义的局限性。

第三卷，"最大的非对称性"。其中主要提到了多数服从少数的现象，这使得少数人可以将自己的主张强加给大众。本书附录1展示了：（1）若干个体的集合为什么不能成为一个集体，而且这个集合其实还有一个自行其是的"头脑"；（2）研究社会问题时运用科学方法的后果和影响。

第四卷，"狗群中的狼"。它主要探讨依赖性问题。我们应当直言不讳，正视现代社会的奴隶制度。为什么雇员受害的可能性比承包商大得多？即使你很有钱很独立，但由于你所关心的人成了某些邪恶公司的目标，你也会被牵连受害。

---

① 我的第一本书《随机漫步的傻瓜》整整花了三年时间才被读者接受。一开始，书评家认为我说的内容是"如何误打误撞碰运气"，这本书最后能够在如此无知和苛刻的批评中生存下来，让我感到我的运气真是好极了。

第五卷,"活着就要承担风险"。第 5 章谈到了承担风险会使得你看起来更平凡,却更令人信服。本章澄清了真实的生活和臆想的生活的区别,解释了为什么耶稣是一个人,为什么唐纳德的不完美反而使他赢得了大选。第 6 章"聪明的白痴",指出那些聪明人不理解亲身参与"风险共担"(包括骑自行车)会远比课堂更能够了解世界。第 7 章解释了风险的不平等和工资的不平等之间的区别,你完全可以变得更富裕,只要你去做一个真实的人并承担一定的风险。本章还提出动态地看待不平等的问题,而不是像知识分子那样静态地看待这个问题。不平等的根源来自我们社会中那些身居高位的公务员和享有终身职位的学者,而不是企业家。第 8 章向读者介绍了林迪效应,它使我们明白为什么专家中的专家认为管道工才是真正的专家,而临床心理医师和《纽约客》的评论员却算不上。林迪效应区分了被时间所成就的事业以及被时间所毁灭的事业。

第六卷,"再探代理人问题"。它探讨了隐含的非对称性。在第 9 章中,读者会发现,如果我们从实践角度来看世界,一切会变得简单且真实可靠,真正的专家不会像演员那样表演。本章还分享了如何辨别伪专家的经验。第 10 章讲述了富人如何掉进一个购买复杂金融产品的圈套,成了别人的猎物。第 11 章解释了口头的威胁和真实存在的威胁这两者之间的区别,这也许还能帮你化敌为友。第 12 章揭露了新闻记者这类代理人的动机,他们为了取悦读者或者震撼同行,不惜牺牲真相并虚构故事。第 13 章解释了美德需要承担风险,而在互联网扮演白衣骑士或者给某些可能毁灭世界的非政府组织捐款等行为,都不是美德。第 14 章谈到了地缘政治学者中的代理人问题,还有历史学家的问题,他们总是倾向于记载有关战争的消息,而对和平则惜墨如金。他们的主观判断塑造了我们对历史的认识,导致我们以为历史充满了各种可能的概率路径。我们如果抛弃这些专家，整个世界也许就会变得更加安全，很多冲突也许就能自然消解。

第七卷，"宗教、信仰和风险共担"。它解释了"风险共担"的各种信条，并揭示了无神论者与基督徒之间其实并没有区别（但是与萨拉菲派穆斯林还是有区别的）。宗教有时候并不仅仅是一种宗教信仰，而是一种哲学或者一套法律制度。

第八卷，"风险和理性"。它主要由两章组成，这是我特意留到最后的两章。如果离开了亲身参与的"风险共担"，我们就根本无法严格定义理性。理性只与行动有关，而不是脑子里的想法，更不是高谈阔论。第19章"承担风险的逻辑"，总结了我对风险的看法，也指出了人们在小概率事件上容易犯的错误。这一章还区分了个人层面和集体层面的风险，并试图证明当一个人为了集体利益而牺牲自己的时候，勇气和鲁莽并不矛盾。这一章还解释了一个悬而未决的话题：遍历性（ergodicity）。最后，本章还罗列了预防风险的原则。

日常生活中的非对称性

表2列出了《反脆弱》的遗留问题。

表2　社会中的非对称性

不参与"风险共担"的人	参与"风险共担"的人	为了他人的利益而参与"风险共担"的人
自己拥有利润，别人承担损失，拥有向别人转嫁风险的权力	自己拥有利润，自己亲历风险，自己承受损失。	为了其他人的利益或者普世主义，为其他人承担风险
官僚、政策智囊	普通公民	圣人、骑士、勇士、战士

（续表）

不参与"风险共担"的人	参与"风险共担"的人	为了他人的利益而参与"风险共担"的人
自己拥有利润，别人承担损失，拥有向别人转嫁风险的权力	自己拥有利润，自己亲历风险，自己承受损失。	为了其他人的利益或者普世主义，为其他人承担风险
咨询顾问、诡辩家	商人	先知、古代哲人
能获得国家资源的大企业	手工匠人	艺术家、部分手工匠人
西装革履的公司高管	企业家	企业家或者创新者
只会八股文的科学家、理论家、大数据工程师	实验室研究员、野外工作的科研人员	不受传统思维羁绊的杰出科学家
中央集权政府	城邦制政府	自治城市政府
编辑	作家和某些编辑	真正有才华的作家
做分析和预测的记者	投机商	冒险披露企业丑闻和其他真相的记者
政客	支持某项政治运动的人	革命者
银行家	对冲基金	（他们对钱没兴趣）
追求虚荣、奖状、荣誉证书，喜欢参加颁奖仪式，希望和英国女王喝下午茶，获得学院的名誉头衔，想和奥巴马握手的人		最高且有时是唯一的回报——为自己的信仰和责任献身，比如苏格拉底、耶稣、圣凯瑟琳、西帕提亚、圣女贞德

第二卷

初探代理人问题

第1章
为什么每个人都必须吃掉自己捕到的海龟：
不确定条件下的公平性问题

> 海龟的味道。新客户在哪儿？伊斯兰教教义与非对称性。域外人和其他人。瓦·萨夫拉和域外人。

有句古老的谚语是这样说的：你如果抓到海龟，最好就自己吃掉它。[①] 这则谚语最早起源于一个神话传说：从前有几个渔民一下子捕获了许多海龟，但是煮熟之后，他们发现海龟远不如想象中的那样美味，结果几乎没有人愿意吃。碰巧这时候，信使神墨丘利（Mercury）经过此地（在罗马神话中，墨丘利不辞辛劳地担任信使，因此他的名字就用天上运转最快的水星命名，他主管商业、繁荣、传信以及阴间，也是小偷和强盗的保护神，毫不意外的是他同时也是幸运之神）。于是这伙渔民便邀请墨丘利分享海龟肉。但是，墨丘利很快察觉到这些渔民其实只是想摆脱自己并不需要的食物，于是他起身命令这些渔民把海龟肉全部吃掉。由此，墨丘利制定了一条规则，那就是"想让别人吃什么，你自己先得吃"。

[①] 这句话的原文是 Ipsi testudines edite, qui cepistis。

每天都有新客户

幼稚带给我的教训：

> 那些给你提供建议告诉你哪些事情会对你有利的人，不会告诉你的是，他也会从这件事情中获利，而且这件事情的不利后果只会伤害你。

这些建议通常都是不请自来的。其中隐含的非对称性，会使得任何不利的后果都只作用在你身上，这些人要么是想向你推销什么，要么是想让你娶他的女儿或雇用他的女婿。

多年以前，我收到了一位应聘讲座助理者发来的求职信。他在信里清楚地列出了大约十个问题，例如，"您有时间亲自处理各种邀请吗？""您能亲自安排旅行计划吗？"我想这样一位助理将极大地改善我的生活，那些琐碎的事情交给别人去做，我就可以腾出时间来汲取知识或者做些其他我感兴趣的事情，比如深入了解园艺、集邮、地中海地区的生态，或者墨鱼汁的烹饪方法。听完他的描述，我甚至觉得他不只是一个讲座助理，而且似乎只有他才能处理好这些琐事。也可能是因为他经常读书，所以他对知识分子（我那时候还没觉得被人称为"知识分子"是一种羞辱）的想法和诉求十分了解。不过，对这些不请自来的建议，我还是从中嗅出了一丝不安，因为在交谈中他总是不遗余力地想说服我"一切对我有利"。

我真是个傻瓜，尽管我不相信他吹嘘的那些东西，但我最终还是与他有了生意上的往来。我让他去他之前待过的一个国家，帮我的新书（或演讲）做预售。事情进展得还算顺利，直到六年前，我突然收到

第 1 章 为什么每个人都必须吃掉自己捕到的海龟：不确定条件下的公平性问题

了那个国家的税务部门的一封信。我立即与他取得联系，询问是不是他以前雇用的美国公民在该国引发了这场税务争议，或者他是否听说过类似的情况。他的回答是迅速而草率的："我又不是你的税务代理人。"他没有告诉我他的其他美国客户是否遇到过类似的问题，或者他们是怎么解决的，总之，他没有提供任何建设性的意见——这就是那个曾经声称"一切都对我有利"的人！

事实上，我有许多类似的经历，我可以得出如下结论，这种人向你兜售的建议并不一定真正对你有利，或者现在对你有利以后对你不利，但是肯定会对他们自己有利。作为交易员，你需要辨别出那些正直的人，然后去和他们打交道。对那些打电话向你推销产品的人，你对付他们的方式就是直接问他们："你自己是否参与其中？"那些打电话向你兜售某产品，却还伪装成给你提建议的人，你应当尽量避免与他们发生任何交易。上文提到的海龟的故事其实就是人类交易史的缩影。

我曾经供职于美国一家大名鼎鼎的投资银行，这家投资银行的许多合伙人都加入了同一个门槛很高的"贵族"高尔夫俱乐部。他们经常穿着白色的鞋子一起去打高尔夫球，因此这家投资银行也被戏称为"白鞋"银行。这样的公司会培育人的职业道德、敬业精神和专业素养，这个公司的文化倡导和捍卫的正是这些品质。但是，绝大多数金融机构的销售人员穿的都是黑色鞋子，他们的工作是"去库存"，也就是说他们需要根据公司交易员的指令，卖出许多他们公司不需要的证券以降低风险。但是把这些股票卖给其他交易员是绝对不行的，因为专业的交易员，尤其是那些非高尔夫俱乐部成员，会敏锐地嗅出其中一定有问题，他们会意识到你所面临的风险和你出货的动机，然后提前动手，从而导致证券价格下跌（而你还没有卖出）。所以销售员需要把这些证券卖给一些被称为"买方"的客户。完成某些交易销售人员会得到一定比例的销售奖励，而且越是那些急于抛售的证券，其销售奖励的提成比例就越高。销售人员会带这些买方客户出去吃饭，给他们点菜单上最贵的酒，然后把公司不需要的证券卖给客户，销售员支付的几千美元的晚餐账单很快就可以给他自己带来巨大的回报。一位经验丰富的销售员曾经向我坦承："对于一个平时在政府财政部门工作，只能在新泽西州郊区百货商店买衣服的普通人来说，如果我请他喝一瓶价值2 000美元的红酒，那么在接下来的几个月时间里，他就可以为我所用。从他身上我至少可以获利10万美元，这样丰厚的回报在市场上是不多见的。"

销售员总是大声宣称某股票对于客户的投资组合来说是完美的，或者某股票肯定会涨，或者诱导客户"如果这次错失良机"将会追悔莫及。他们是操纵客户心理的高手，总能够让客户心甘情愿地与他们达成交易，而且对他们感激涕零，对他们所代表的公司产生好感，而真相却是这些交易经常会损害客户自身的利益。我知道有一个公司的顶级销售员是一位充满个人魅力的人，他每天乘坐配备专职司机的劳斯莱斯上班，他曾经被问道："如果客户最终发现他们的自身利益受损，那么他们会不会不高兴？出现这种情况，销售员又该怎么办？"他回答道："要榨干，而不是惹怒他们。"他还补充了一句，"要记住，每天都会有新客户诞生。"

罗马人早就洞悉了这一点，他们说：如果一个人拼命赞美某商品，那么他一定急于卖掉它。①

罗得岛粮食的价格

所以，把"推销产品"伪装成"提供建议"是不道德的，销售产品

---

① 这句话出自古罗马诗人贺瑞斯（Horace，公元前65—前8年），"过于夸赞必是急于摆脱"。

第 1 章　为什么每个人都必须吃掉自己捕到的海龟：不确定条件下的公平性问题

不是提供建议——我们可以放心地得出这个结论。你可以提供建议，你也可以销售产品（比如用广告来宣传你的产品），但两者必须严格区分。

但是在交易过程中还有一个相关问题：卖方应该向买方披露多少信息呢？

"明知某商品的价格即将下跌，仍然将其卖给客户，这种行为是道德的吗？"这是一个古老的问题，却一直没有直截了当的答案。这个问题最早可追溯到两位斯多葛派哲学家之间的争论。他们分别是来自巴比伦的第欧根尼（Diogenes）和他的学生——来自塔尔苏斯（Tarsus）的安提帕特（Antipater），后者站在更高的道德层次上意识到非对称信息对交易的影响，我赞成他的观点。两位智者的原始著述早已湮灭，我们只能从其他人转述的资料中了解他们的思想，西塞罗在《论责任》中是这样转述的：假设由于短缺和饥荒导致罗得岛上的粮食价格高涨，于是就有人从亚历山大港购买了一大船粮食，并运往罗得岛。假设此人知道此刻还有其他人在做同样的生意，有很多货船正满载粮食从亚历山大港驶往罗得岛，那么他应当把这一信息向罗得岛上的居民披露吗？在这种情况下，怎样做是光荣的，怎样做是可耻的？

交易员对这个问题有本能的回答："什么？大批货船马上要到港了？赶紧出货！"——尽快把粮食卖给当地人，而不要告诉他们有大量货船满载粮食正往这里赶来。正直的交易员不会对其他交易员下此毒手，这绝对是行业禁忌，这样做的后果将是被同行永久驱逐出去。但是，如果出货的对象是一台冰冷的电脑，一个没有人性的市场，而不是一个活生生的人（绝对不是你身边的同行交易员），而是我们称之为"域外人"的那种离我们很远且谁也不知道他是谁的可怜笨蛋，这种抛售行为在某种程度上就是被允许的。我们与某些人之间存在着情感联系，与另外一些人则只是交易关系。这两种关系之间有一堵道德的高墙，就像我们呼吁保护家养的动物，却对蟑螂毫无怜悯之心。

第欧根尼主张卖方应当依据《民法》，尽可能多地向买方披露信息。安提帕特则认为卖方的披露义务不仅限于法律的范畴，而应该披露所有信息，从而使得交易达成时，买卖双方所知晓的信息是一致的。

显然，安提帕特所持观点的基础更为牢固，它使得交易可以不分时间、地点、情形以及交易者而达成。由此我们可以得出这样一个结论：

> 道德的要求往往比法律的规定更牢固更可靠——从长远来看，法律应逐渐向道德看齐，而不是相反。

因此可以说：

> 法律易改，道德难移。

"法律"的概念其实很模糊，法律所主张的正义依赖于判决而不是法律条文本身。得益于消费者保护运动的兴起，美国《民法》中加入了上文提到的信息披露条款，但是其他国家的法律尚未有此规定。这一点在美国《证券法》中表现得最明显——有关内幕信息的规定是美国《证券法》的强制要求，而欧洲在很长时间里没有类似的规定。

其实当我还在投资银行工作的时候，投资银行的大部分工作是与各种监管制度周旋，并试图发现法律的漏洞。而且与常识相悖的是，监管的法规越多，投资银行就越容易赚钱。

不确定性中的公平性问题

不确定性中的公平性问题，为我们指出了"风险共担"的核心概

第1章 为什么每个人都必须吃掉自己捕到的海龟：不确定条件下的公平性问题

念——非对称性。于是问题就变成了：交易中的双方可以存在多大程度的信息差呢？古代地中海地区的人们，包括部分现代人，都倾向于安提帕特的观点。然而在盎格鲁-撒克逊人的世界里，他们普遍提倡"买者自负"的原则，这其实是一种新的观点，暂未具备普遍意义，而且常和旨在保护消费者的"柠檬车"法案相抵触（"柠檬车"最早是指长期趴在修理厂怎么也修不好的二手车，谁买谁上当，我有过一辆"Mini"品牌敞篷车就是这样的，后来"柠檬车"一词泛指所有"金玉其外，败絮其中"的事物）。

我们再来回顾一下西塞罗转述的两位斯多葛派学者的辩论，"如果一个人明知他销售的葡萄酒已经变质，他应该告诉他的顾客吗？"事实上，经过几个世纪的尝试，这个问题的答案已经浮现在我们眼前。我们并不一定要通过更强的监管来要求卖方披露更多信息，侵权法以及买家对卖家欺诈行为的追溯，迫使卖家自觉地提升了产品信息的透明度。侵权法的存在迫使卖方更深地参与到"风险共担"中，也正因为如此，侵权法被许多企业责骂和憎恶。但是侵权法也有副作用，它只适用于相对成熟的市场环境和相对理性的买卖双方，否则就可能引发以营利为目的的诉讼游戏。在接下来我们将要谈到的就医案例中，我们会发现侵权法被滥用了。

伊斯兰教的法律，特别是管辖交易和金融的法律，对于我们来说很有参考意义，因为它部分保留了早已失传的古代地中海和巴比伦地区人们处理类似问题的司法实践——我希望沙特王子读到这里不要信心爆棚。它融汇了希腊罗马的法律（就像闪米特人的法律，受到了这一地区最古老的贝鲁特法的影响）、腓尼基人的贸易规则、巴比伦的立法体系以及阿拉伯部落的商业习俗，同时它也成了古代地中海文明和闪米特人思想的宝库。因此，我把伊斯兰教的法律看成一座有关交易对称性思想的博物馆。伊斯兰教的法律确定了"加拉尔"①(gharar)原则，人们如果严格执行该原则，就足以制止任何一笔交易。加拉尔是一个非常复杂的术语，而且在英语中没有对应的词。它的含义包括不确定性和欺诈，我个人的理解是，加拉尔超越了买卖过程中信息不对称的问题，进而要求买卖双方所面对的不确定性必须相等。简单来说，在一个随机过程中，交易双方所面临的不确定性是一样的，因此该交易就符合加拉尔原则。此外，加拉尔原则认为如果买卖双方面对的不确定性是非对称的，那么其中承担不确定性较少的一方即犯有盗窃罪。这个原则是这么总结的：

> 交易中不能由一方享受确定性的结果，而由另一方承担不确定性的结果。

和其他所有法律一样，伊斯兰教的加拉尔原则也有不足之处，那就是它不像安提帕特原则那样向交易中弱势的一方提供强有力的保护。如果某方在交易全过程享有确定性，那么他是违反加拉尔原则的，但是如果不确定性以一种较弱的形式出现，比如有人知悉了一项内幕信息，但他无法据此判断其他人是否知道，也无法因此而确切地预知未来的价格走势，那么在这种情况下，他就没有违反加拉尔原则。因为除了真主以外，没有人能够提前知道未来的价格，因此对于交易双方来说，即便一方掌握了内幕消息，交易本身仍然存在足够的不确定性。所以，从这个角度来说，销售明知已经变质的葡萄酒是违反加拉尔原则的，因为葡萄酒变质是一个一方已知的确切事实，而向罗得岛上的买家隐瞒其他船只信息的粮食商人却没有违反加拉尔原则，因为他所掌握的信息尚不足以

---

① "加拉尔"，在阿拉伯语中是风险、危险、不确定性和机会的意思。——译者注

第1章 为什么每个人都必须吃掉自己捕到的海龟：不确定条件下的公平性问题

明确其他船只到港以后的粮食价格。

正如我们所看到的，非对称性问题非常复杂，不同的学派给出了不同的道德解决方法。接下来我们来看一下《塔木德》中记载的犹太人的方法。

瓦·萨夫拉和"域外人"

犹太教的道德规范在处理有关交易透明度的问题上，更倾向于安提帕特而不是第欧根尼。他们认为在交易过程中，不仅应该披露商品的全部信息，而且卖方还有责任披露他的全部真实想法。所罗门·依撒克（Shlomo Yitzhaki）是中世纪的一位犹太拉比，人们尊称他为拉什（Rashi），他讲述了这样一个故事：瓦·萨夫拉是一位生活在3世纪的巴比伦学者，同时他也是一位活跃的商人。有一天，他在市场上出售一批货物，当他安静地做祷告的时候，一位买家正好经过，他给萨夫拉出了一个价格，但萨夫拉默不作声（其实他是在做祷告），他便又给出了一个更高的价格。但是萨夫拉拒绝了第二个更高的报价，他认为自己应当按照对方最初的出价完成交易。现在问题来了：萨夫拉有义务按照最初的价格卖出自己的货物吗？还是他可以接受那位买家第二次给出的高价呢？

这样的故事在现实交易中既不荒唐也不罕见，我在当交易员的时候，常常会遇到类似的情况，而且我会采用故事中瓦·萨夫拉的做法。请先回忆一下前文所讲述过的贪婪的销售员。有时候我会向买方出价5美元，但是交易是通过销售员完成的，交易员本身并不直接接触客户，销售员经过一番"勾兑"之后会回来告诉我，他已经把价格提高到5.1美元了，这额外的10美分让我很不舒服，对于做生意来说，这种行为绝非长久之计。万一这位客户后来发现我当初的要价其实是 5 美元，我该怎么办？我内心承受的羞愧感，既没有得到补偿，也无法被消除。如果我按照这个更高的价格和客户成交，那么这就相当于趁着其他船只还未进港，赶紧把粮食高价卖给饥饿的罗得岛人。现在回到瓦·萨夫拉的故事，如果他以高价将货物卖给这位顾客，而之前他刚刚以原先的价格把相同的货物卖给另一位顾客，而这两位顾客碰巧相互认识，或者他们俩本来就是同一位顾客的代理人，那该怎么办？

从道义上来看，并没有这样的要求，但是为了免除自己的内疚和负罪感，最好的办法就是向买家披露包括自己动机在内的全部信息。

但是，这则故事并没有告诉我们，如果买家是"域外人"，我们该怎么处理，对这些"域外人"，我们的亲情、友情和羞愧感似乎都不适用了，他们离我们的现实世界是那样地遥远，以至我们感觉可以对他们放松甚至放弃道德标准。想想我们之前关于康德的讨论，"理论"对于人类来说总是太"理论"了。如果把问题局限在人类感性认识所及的道德领域，那么问题就容易多了。就像我们在本章后面要谈到的埃莉诺·奥斯特朗姆的例子一样，我们的系统并不能始终运转良好。现在，我们先看一下我们的老朋友弗里德里希·尼采的观点：

那些同情关心陌生人的人，对自己的亲友却冷酷无情。

如果一个人整天关心那些远在天边和素不相识的人（就像上文的"域外人"），他的亲友或多或少地就都会受到冷落。这在尼采看来是违背人性的。顺便说一下，胖子托尼对我说，只要听说某句话是尼采说的，他就绝不争辩。

第1章　为什么每个人都必须吃掉自己捕到的海龟：不确定条件下的公平性问题

自己人和外面人

把"域外人"排除在我们的道德体系之外并非小事一桩。因为我们任何一个道德观念都有一个适用范围，这个适用性问题对知识分子解释起来总是困难重重。国家不是放大版的城市，城市不是放大版的家庭，而地球村更不是放大版的村庄。其中包含着我们即将在此以及第二卷中所要讨论的适用范围的问题。

当雅典人标榜他们对所有观点一视同仁并大谈所谓的"民主"的时候，雅典的言论自由和民主制度仅适用于自己的公民，奴隶和居住在雅典的外国人都不在此列（这种情况和持有美国绿卡或者 H–1B 工作签证的人，在美国的情况一样）。狄奥多西（Theodosius）法典规定了与"野蛮人"通婚的罗马公民将会丧失公民权利，从而在道德上失去与其他公民平等的地位，也就是说他们不再是"自己人"了。而在犹太人的道德观念中，他们也以血缘远近确定关系亲疏：所有人都是我的兄弟，但有些兄弟比其他兄弟更亲近。

在古代以及中世纪，自由公民的概念类似于一个"权力俱乐部"的会员，他们遵奉的仪式、规则和行为模式与当今的"乡村俱乐部"类似，其核心就是用限制规模和对外封闭的办法来提高会员的福祉并增强俱乐部的凝聚力。比如，斯巴达人可以因训练去伤害并杀死奴隶，但是他们与其他斯巴达公民是平等的，并随时愿意为斯巴达慷慨赴死。在基督教时代以前的黎凡特和小亚细亚地区，充斥着各种兄弟会和俱乐部，还有其他各种公开或秘密的社团，甚至还有一个"葬礼俱乐部"，其会员平摊丧葬费并参加俱乐部其他会员的葬礼。

今天生活在罗马的吉卜赛人对自己的族人有一套严格的规则，而对其他非吉卜赛人的外族人［他们称之为"帕约斯"（payos）］则适用其他规则。除此之外，人类学家大卫·格雷伯经过观察发现，即使在以贪婪自私著称的投资银行高盛，由于合伙人体系的存在，其内部竟然像共产主义社会。

所以，我们在执行道德规范时，始终应该注意这些规范的适用范围，一旦超出其适用范围，某些规则可能就会失效。很不幸，事实就是如此。"在一个人身上能否同时体现民族性和共同价值性？"答案是：这仅在理论上可能，而在实践中则几乎不可能。这是因为一旦"我们"这个概念被扩大到超出个体所熟悉和接受的范围，就会成为一个空泛的概念。扩大范围后，集体内部原有的凝聚力就会丧失，个体开始为私利而争斗。要把这个现象抽象成一个公式，写出约束群体规模的数学表达式实在是太难了。但我已经意识到这个问题了，这也就是为什么我提倡政治体系应当以城市为基础，然后将各城市逐步联合起来，而不是与此相反。实践证明，设计一个庞大的国家方案，然后将其运用到每个小城市的模式在许多地方均已失败。我推崇的由小及大的模式在瑞士已经成功实现了，瑞士人就像我之前提到的那些"域外人"，他们的国家就像是世外桃源。在某种程度上让人保留人类最原始的"部落成员"的本性并非坏事——我们应当以部落形式把人组织起来，并在部落之间维持松散但有组织的和谐关系，而不是将所有部落合并成一个更大的部落。

对无节制的全球化以及中央集权的多民族大国，我始终是持怀疑态度的，而这背后的原因其实就是对扩大规模后原有的规律是否适用的一种担心。物理学家、复杂系统研究者亚尼尔·班杨（Yaneer Bar-Yam）曾经做过一个非常令人信服的比喻，"扎紧篱笆才有好邻居"。然而近东地区的政府和政策制定者都没有意识到这一点。"适用规模"很重要！我会不遗余力地大声重复这一点，直到我把嗓子喊哑了为止。强行把什叶派、基督徒以及逊尼派拉在一起，让他们为了人类的团结，以兄弟之名手挽

第1章 为什么每个人都必须吃掉自己捕到的海龟：不确定条件下的公平性问题

手，绕着篝火齐唱赞歌《昆巴亚》(Kumbaya)，这种做法注定是失败的。干涉主义者至今还没有意识到一个国家不可能按照他们设想中那份完美的、"理应如此"的蓝图来构建。干涉主义者最愚蠢之处就是他们总是谴责别人秉持"教派"观念，而不能意识到这其实是人们固有的"部落"归属感。将不同的部落分开来给予一定的自治权（奥斯曼土耳其人的做法[①]），不仅会使国家治理变得容易，而且会使部落之间的关系变得好起来。黎凡特曾经并且正在遭受的厄运，完全是由那些从不亲身参与当地"风险共担"的西方阿拉伯问题专家（目前主要是盎格鲁－撒克逊人）造成的。他们似乎背负着某种邪恶的使命，总想彻底破坏当地固有的文化和语言，将黎凡特特有的地中海文明的历史渊源连根拔掉。[②]

其实我们也不必绕弯子来说明"适用规模"的重要性，我们每个人都有类似的经历，你和住在隔壁寝室的同学的关系总是比和自己同寝室的室友要好——我猜对了吗？

这是一个非常浅显的，甚至是老生常谈的道理，你只要对比一下"大城市里的匿名人群"与"小村庄里的乡里乡亲"两者之间的关系就明白了。我曾经在我祖先诞生的那个小村庄住过一段时间，我感觉整个村子像是一个大家庭。人们会自愿且悲痛地去参加别人的葬礼（"葬礼

[①] 有人认为，当年奥斯曼土耳其人的民族自治政策仍然不够彻底，按照小说家拉菲（Raffi）的观点，如果执行更彻底的民族自治，1890年和1915年发生的针对亚美尼亚人的暴行本来是可以避免的。

[②] 阿盟秘书长阿穆尔·穆萨对我提出的"扎紧篱笆才有好邻居"的演讲感到震惊，他甚至认为我所提倡的"部落自治"是一种冒犯。逊尼派主导的阿拉伯国家广泛提倡建立"部落自治"，奇怪的是，这些部落领袖一旦变得有钱就离开部落去瑞士买房子。当你是多数派的时候，你总是倾向于鼓吹普世主义。他们还会轻易地指责你是种族主义者，只要他们听到你有哪怕很轻微的一点儿支持部落自治的言论。而"种族主义者"这个称谓在中东似乎已经"贬值"了，你会发现反对库尔德独立的伊拉克人和寻求独立的库尔德人都相互指责对方是种族主义者。

俱乐部"主要存在于大城市），会相互帮忙，也会关心邻居（尽管他的狗可能令人讨厌）。而在大城市里，"其他人"对于我们来说，只是一个理论上的"存在"，我们对"其他人"的感情或者他们本身的行为举止都基于某种道德规则，而不是基于有血有肉的亲情。我们其实很容易就认识到这一点，但是我们没能总结出原因。其实根本原因就是：道德自其诞生之日起，就基于"本地化"的社会关系。

现在你明白普世主义的问题了吧？人类的现代化进程在我们的头脑中建立起了两个概念：个体的人与全球社会。如果从这个意义出发，"风险共担"只是你个人面对一个毫无感情的、广袤无垠的现实世界。事实不是这样的，我所参与的"风险共担"都发生在"一定范围"或"一定规模"的人群中，包括家族、社区、部落或者兄弟会等，但绝对不是全体地球人。

"我们"的最佳规模

下面我们来探讨一下奥斯特朗姆的"集体悖论"。公共土地作为一项集体财产，可能是一片森林、一汪水塘或者一个公园，作为集体成员，农民们都希望避免过度放牧和过度捕捞，避免资源枯竭和生态退化。与此同时，作为个体的农民却都想通过过度放牧或过度捕捞获利（当然其他农民不能这样做），这其实就是所谓的"大锅饭"的"烦恼"：在集体主义原则下，人们不会全力以赴地努力工作，因为他们很难实现个人利益。但是，如果你认为在私有产权制度之下，个人和集体就能运转良好，那么也绝对是一个严重的错误。

奥斯特朗姆的贡献在于她发现了存在着一个最佳团体规模，如果一个团体的人数等于或者略低于这个最佳规模，人们就会像集体主义者那

第 1 章 为什么每个人都必须吃掉自己捕到的海龟：不确定条件下的公平性问题

样愿意做出自我牺牲，愿意捍卫集体利益，而且集体和个体的行为都井然有序。集体的规模不能过于庞大（这其实就像组织一个俱乐部一样，你把所有人都拉入同一个俱乐部一定是一场灾难），不仅个体在不同规模的群体中的表现截然不同，而且不同规模的群体自身的表现也千差万别。这种差别很好地解释了为什么在一个城市的政府和一个国家的政府之间存在运转效率的差异。这个理论也从根本上解释了部落的组成方式：个体隶属于某群体，群体比单独的个体规模大，但它比全体人类的规模小。很重要的一点是，在群体里面，人们会分享某些特定的东西，但绝不会分享所有的东西。同时，群体有对外交往的严格规定，比如阿拉伯游牧部落对那些不威胁他们的陌生人有热情款待的习俗，但是如果他们视外来者为不速之客，他们就会变得相当暴力。

> "风险共担"对群体的定义是：某空间内存在一种机制，即别人会以你对待他们的方式对待你；该空间内还普遍存在一个规范，即个体奉行银律之"己所不欲勿施于人"的戒条来对待他人。

"公共利益"其实是一个来自教科书的抽象概念。第 19 章中我们会阐述"个人"其实是一个定义得非常模糊的概念，而"我"的定义则更像是一个群体而非个体。

你在对角线上吗？

杰夫·格拉汉（Geoff Graham）和文森·格拉汉（Vince Graham）兄弟俩的一段俏皮话，道出了不区分受众规模的政治普世主义的可笑之处：

> 在联邦层面上，我是一个（推崇个人权利的）自由主义者；在州层面上，我是一个（主张加强联邦的）共和党人；在地方县域层面，我是一个（主张各州权力的）民主党人；在家族和朋友层面上，我是一个（提倡个人服从集体的）社会主义者。

如果上面这段文字还不足以让你明白乱贴"左派"和"右派"标签有多么愚蠢，那么你真是无药可救了。

瑞士人痴迷于治理体系的建设，他们的政治确实既不左也不右，而是以加强政府治理为基础的。思维缜密的数学家汉斯·哥斯巴赫（Hans Gersbach）曾经在苏黎世组织了一次有关政府治理的研讨会，研究如何对那些自身利益与他所代表的人民的利益不一致的政客施以恰当的惩罚或激励。在研讨会上，我突然恍然大悟，明白了政治制度之所以能够在瑞士和其他日耳曼语系国家运行良好，并不是因为它们建立了问责制，也不是因为这些国家的人口数量正好达到了容易治理的最佳规模，而是它们的治理机制把政客们置于"风险共担"之中。

下面我们进一步阐述风险共担的问题。

所有人在一条船上

希腊语是一种十分精确的语言，它有一个专门的词"Synkyndineo"（风险共担），作为"风险转移"的反义词，在希腊语中的意思是"共同承担风险"，这也是海商法的原则之一。①

《使徒行传》记载了圣徒保罗搭乘一艘货船从塞顿前往克里特岛和

---

① "今日生死与共者皆为兄弟。"（莎士比亚的《亨利五世》）。

第 1 章　为什么每个人都必须吃掉自己捕到的海龟：不确定条件下的公平性问题

马耳他。途中，他们遇到了风暴，"留下足够的口粮之后，他们把剩余的粮食扔到海里，以减轻船的重量"。

尽管他们扔下去的是某个商人的货物，但是船上所有的商人都会平摊这个商人的损失，而不会让他独自承担。他们遵循的是可以追溯到至少公元前 800 年的罗得岛法律中的一项规定，这部法律源自爱琴海上著名的商业城邦罗得岛。这部法律的原文已佚，但其精神至今仍被援引。它规定了出现上述情况时，意外事件所带来的风险和损失应当由全体成员平摊，而不应考虑某一个人的具体责任。《查士丁尼法典》是这样表述这个原则的：

> 援引罗得岛海事法的规定，为减轻船舶重量而抛弃商品造成的损失必须由全体受益者共同承担。

同样的风险共担机制还适用于穿越沙漠的商队，如果途中有商品被盗或不慎丢失，所有同行的商人就都需要分担损失，而不会让失主一人承担。

Synkyndineo 这个词被古籍经典大师阿曼德（Armand D'Angour）翻译成拉丁语的 compericlitor，因此，如果要把它翻译成英语，它应该是compericlity，而它的反义词，也就是罗伯特·鲁宾玩的风险转移勾当，应该用 incompericlity 一词来表达。

下面，我们将从"风险共担"的角度出发，谈谈几种违背该原则的案例。

对别人的书评头论足

有一次我在电视上宣传我的新书，却在演播厅里陷入了尴尬，当时我和另外两名记者以及一位主持人一起进行圆桌讨论。那天的话题是关于微软公司的（那时候的微软公司可谓如日中天），在场所有人包括主持人在内，大家依次发言。轮到我的时候，我说："我并不持有微软公司的股票，也不持有该股的空头（使我在微软股票下跌时获利），所以对微软的股票我无话可说。"（我提醒读者回忆我之前的告诫"别告诉我为什么，你只要告诉我你自己买什么股票就行了"）听到我的发言，他们面面相觑，一脸的迷惑不解，他们总以为根据回避利益冲突的原则，记者是不能谈论自己持有的股票的，却从来没有从"风险共担"的原则出发，想过不能谈论自己没有的股票。更糟糕的是，记者总是喜欢对自己根本不知道的东西评头论足。记者本应是公正的"法官"，而实际却是……好在现实世界和《冈比西斯的审判》所描绘的场景不同，不会有人用"不公正"记者的皮去做椅垫。

对某一股票"评头论足"有两种情形：一种是出于自己的喜好而买入某一股票，然后对其发表评论（这相当于主动披露自己的持股情况）——对产品最有力的宣传是用户的口碑[①]；另一种是买入某公司的股票，然后大肆宣传该公司的价值，以期把股票高价卖出去，这就是所谓的市场操纵行为，当然也是一种利益冲突。我们不允许记者讨论自己所持有的股票，其实就是为了防止这种市场操纵的情况，这样做当然是对的，但是其导致的另外一个后果是，我们由此把记者的切身利益从"风险共担"中排除出去了。本书的一个观点是，市场操纵以及利益冲突相较于给别人糟糕的投资建议而自己又免责而言，前者对社会的危害更

[①] 用户的反馈是对产品更可靠的评价。我买过一辆特斯拉电动车，因为我的邻居买了特斯拉以后赞不绝口（他自己亲身参与了"风险共担"），几年过去了，他对特斯拉的热情仍未减退，我由此确信这辆车值得购买，对于产品营销来说，多少钱的广告都不如用户的口碑有效。

第 1 章　为什么每个人都必须吃掉自己捕到的海龟：不确定条件下的公平性问题

小。其主要原因在于一旦记者被排除在"风险共担"之外，为了保险起见，他们就会照搬其他记者的观点，这就会形成单一思维和集体臆想，由此加剧市场动荡。

一般来说，"风险共担"或多或少会导致"利益冲突"。我想要说明的是，前者比后者更重要。如果一个人承受着某一股票下跌的风险，那么在充分披露其持股信息的情况下，他鼓吹这只股票的投资价值也无可厚非。

短暂的就医经历

对于医生而言，其实并不存在安泰俄斯那样的问题。[①]医生尽管有科学的辅助，但从根本上说仍然是以其学徒经验为基础的，就像工程师一样，基于实践经验而不是依靠实验和理论。经济学家开口说话之前，总是先说"假设……"，然后创造出许多奇怪的理论，医生可绝对不能那样做，他不能在假设的情况下给病人用药。除了将客户与供应商割裂开来的代理人制度之外，"风险共担"或多或少地存在于各行各业。但是，如果我们把医生置于一个由监管部门确定规则的"风险共担"之中，反而会给病人带来一定的负面影响，因为这种监管规则会鼓励医生把不确定性由自身转移到病人身上。

> 法律体系和监管措施，很可能将医生置于错误的"风险共担"之中。

这是怎么回事儿呢？问题在于对医生的考核标准上，其实每种量

---

① 这里指像安泰俄斯脱离大地母亲一样脱离实际情况。——译者注

化的考核标准都可能演变成为数字游戏，比如在之前提到的例子中，单纯考核胆固醇指标会让医生走极端。我们再来看一个更现实的例子，假如我们用癌症病人的 5 年存活率作为考核医生和医院的指标，那么医生每天面对病情各不相同的病人时就需要不停地思考：应该给他用哪种治疗方式呢？比方说，激光手术和放疗都能被用来治疗癌症，前者的精度高，而后者在杀死癌细胞的同时也会对人体的正常细胞造成伤害，医生需要权衡这两种治疗方法，从统计数字上来看，激光手术在 5 年存活率指标方面不如放疗，但是后者会在随后的周期内诱发新的肿瘤，从而导致癌症病人的 20 年存活率低于激光手术。由于考核指标是 5 年存活率而不是 20 年，这样就可能会激励医生更倾向于选择放疗。

医生很可能根据自己的考核指标，而不是病人的实际情况，决定给病人实施"次优方案"来转移自己面临的不确定性。

> 现行制度迫使医生将风险从自身转移给病人，或者从现在转移至将来，抑或从较近的将来转移至更远的将来。

你需要记住，当你去看医生的时候，尽管他有权威的举止，但其实他身处脆弱的境地。他不是你，也不是你的家人，他不会因你的健康状况恶化而感到痛苦。他本能的动机只有一个，那就是避免可能对他的职业生涯造成灾难性影响的官司。

还有些考核指标可能会置你于死地。比如，你去看一位心脏病专科医生，他发现你所面临的风险相对来说比较温和，也就是说你目前的状况还不会很快患上心血管疾病，或者情况尚未恶化到令人担忧的地步（这种情况呈现出非常强的非线性特征：被诊断为糖尿病或者高血压的潜在高危人群有 90% 的指标接近正常人，而不是接近于糖尿病或者高

第 1 章　为什么每个人都必须吃掉自己捕到的海龟：不确定条件下的公平性问题

血压患者）。但是医生迫于某种压力仍然会对你进行治疗，以规避潜在的诉讼风险，从而更好地保护自己。这是因为如果病人在就医几周之后死亡（当然这种概率很低），医生就会因疏忽而被起诉，理由是没有及时给病人开出对他有效的他汀类药物以预防他发病，其实他汀类药物究竟是否有效尚存疑问。实际上，医生甚至可能知道他给你开的他汀类药物是有害的，因为药物一般都会带来长期的副作用。但是制药公司已经成功地使人们相信那些尚未明确的副作用其实是无害的，而正确的预防方法是把那些尚未明确的副作用当作潜在的危险来处置，而不是选择忽略。事实上，除了部分确实病征很明显而且病得很重的人，给病征不明显的人使用长期副作用尚不明确的药物是弊大于利的（这么做与其说是预防病人的健康风险，不如说是预防医生的法律风险）。遗憾的是，药物副作用的长期风险通常是隐蔽的，它们会在很长时间以后才给病人造成影响，但是对于医生来说，法律风险却可能近在眼前。这其实与罗伯特·鲁宾转移风险的把戏如出一辙，都是推迟风险的发生并使它在表面上看起来不存在。

我们有办法降低医学领域的非对称性吗？答案是没有直接的方法。我在《反脆弱》以及其他专业场合曾经提出过一种解决方法，那就是在患者病得不重的时候不要接受治疗，而是在遇到"尾部风险"，也就是确诊患上重病的时候才寻求医学帮助。但问题是"病得不重的人"远远多于"身患重病的人"，而且前者的预期寿命更长，也就有可能长期服药，因此制药公司显然有十足的动机把注意力放在健康人身上（重病患者吃药的时间短，而死人根本就不吃药）。

不过总的来说，尽管有这样那样的问题，医生和病人都是亲身参与"风险共担"的。然而，监管者没有参与其中，他们才是医疗体系运转不畅的罪魁祸首。整个地球现在到处都是监管者，在任何一个行业、任何一项事业、任何一个历史时期中，监管者从来都是灾难的根源。

这一章我们从商业和道德两个角度讨论了代理人问题和风险共担，我们还介绍了适用规模的问题。接下来我们要深入探讨隐含的非对称性问题——它已经制造了大量的洪水猛兽。

第三卷

最大的非对称性

第 2 章
最不宽容者获胜：顽固少数派的主导地位

为什么你不必在吸烟区里吸烟？沙特国王退位庆祝会上的食物。如何防止朋友变成工作狂？奥马尔·谢里夫的改宗。如何使市场崩溃？

复杂系统之所以复杂，是因为它无法通过系统部件的功能和状态来预测系统的行为。不同部件之间的互动比其最初设计的功能更加重要。研究单只蚂蚁的行为永远不可能揭示整个蚂蚁帝国的运作模式。这是因为，我们要把蚂蚁作为一个整体来研究，而不是拆分成个体，或者将其视作个体的简单组合来研究。部件之间的相互关系和互动机制——尽管这种互动往往遵循着简单的规则，是系统整体最重要的特征。

本章我们要讨论的是堪称所有"非对称现象之母"的少数派主导规则。在任何一个群体中，只要有 3%~4% 永不妥协的少数派，他们就会全身心地投入"风险共担"，捍卫自己的切身利益（有时候甚至拿灵魂来捍卫），最终，整个群体的人都会服从于少数派的偏好和选择。需要进一步说明的是，人们容易产生一种误解（尤其是缺乏经验的观察者，可能会从简单的统计指标中得出这一结论），以为这个选择是群体内多数派做出的，然而事实并非如此。如果你觉得这事儿听起来有些荒唐，那是因为我们的科学直觉不习惯处理这类问题。忘掉你的科学直觉或学术判断吧！这些都不管用。你所熟悉的那些知识在面对复杂系统问题的时候无能为力，你还不如相信你祖母的直觉判断呢！

其实在很多事情中，都有少数派主导规则存在：那一小部分人绝不轻易妥协，而且又品德高尚，他们凭着勇气参与到"风险共担"中，他们的抗争和坚持使得社会（作为一个整体系统）运转良好。

有趣的是，在帮助新英格兰复杂系统研究所组织夏季烧烤活动的时候，我突然遇到了一个少数派主导的例子。当时工作人员正在摆放餐具，分发各种饮料。一个严格奉行犹太教规只吃符合犹太教规定食物的朋友，走过来和我打招呼。我顺手递给他一杯柠檬水，我本以为他会囿于宗教仪轨而婉拒，但出乎我的意料，他竟一饮而尽。看我一脸惊讶，旁边另一个犹太朋友解释道："这里所有的饮料都是符合犹太教仪轨的。"他拿起柠檬水的包装盒，指给我看底部印着一个圆圈，圈里有字母"U"，这个标志表示这是符合犹太教仪轨的食品。我估计只有那些特别留意食品是否符合宗教仪轨的人，才会刻意去寻找这个小标志。我就像莫里哀戏剧《贵人迷》里的中产阶级绅士，在很多年之后才发现自己原来一直用散文体①说话一样，突然发现自己在不知情的情况下其实一直在喝符合犹太教仪轨的饮料。

对花生过敏的罪犯

我恍然大悟，犹太人在美国总人口中所占的比例少于0.3%，但是为什么市面上几乎所有的饮料都符合犹太教仪轨？简单来说，全部符合这一标准可以免去生产商、零售商以及餐厅的许多麻烦，他们不需要再区分哪些饮料符合犹太教规定了，否则，他们就要对部分饮料进行单独标

---

① 这里说的散文体是相对于当时流行的另外一种诗歌体而言的。——译者注

记、单独运输、单独储存，还要提供特别的销售柜台。这一现象能够存在的原因在于：

> 犹太人绝对不吃不符合犹太教仪轨的食品，而非犹太人则可以吃符合犹太教仪轨的食品。

或者，我们再举一个例子：

> 残疾人不能使用常规卫生间，四肢健全的人却能够使用残疾人专用卫生间。

不过，在现实生活中，我们有时候对使用带有残疾人标志的卫生间感到很犹豫。我们会误以为凡是带有这一标志的卫生间都仅供残疾人使用，就像停车场里面有残疾人标志的车位仅供残疾人停车一样。

> 对花生过敏的人绝对不能吃含有花生酱的食物，但不过敏的人却可以吃不含有花生的食物。

这就是为什么你在美国的航班上很难找到花生，而且美国的学校通常也不供应含花生酱的食物。其结果是美国孩子的消化系统长期处于没有花生酱刺激的环境中，这反而在一定程度上增加了对花生过敏的人的数量。

这个原则有时候也让我们啼笑皆非：

> 遵纪守法的老实人永远都不会触犯刑法，但罪犯在一生的大部

分时间中都在做合法的事情。

我们将上文例子中的少数派称为顽固派或者僵硬派，多数派称为温和派或者灵活派。两者的关系体现了选择的非对称性。

我曾经和一个朋友开过这样一个玩笑。很多年前，大型烟草公司还在试图掩盖和打压二手烟有害的证明，那时候，纽约的餐厅刚开始分吸烟区和非吸烟区（甚至在飞机上也有吸烟区）。我带一位欧洲朋友出去吃饭，但是当时餐厅只有吸烟区的座位了。于是，我对这个哥们儿说，我们俩得去买一包烟，因为在吸烟区里吃饭就必须要吸烟。他竟然表示理解和赞同！

发生少数派主导现象有两个主要因素。首先，人口的空间分布很关键。如果顽固派集中生活在某一特定区域内，那么，少数派主导现象就不会发生。如果少数派平均分散在人群中，这个现象就会发生。比方说，少数派在社区中的比例和在村子中的比例相同，在村里的比例和在县里的比例相同，在县里的比例和在州里的比例相同，在州里的比例和在全国的比例相同，在这种情况下，在全国占绝大多数的温和多数派就会表现出灵活性，屈从于少数派的选择。第二，成本也很关键。回到我们举的第一个例子，按照犹太教仪轨生产柠檬水不会显著提高成本，只需要避免使用某些添加剂就可以了。需要指出的是，如果生产成本因此大幅增长，少数派主导现象就会随着成本的提高而呈现非线性下降。如果生产柠檬水的成本由此提高10倍，少数派主导现象就不会发生。当然，某些非常富有的社区例外。

穆斯林也有他们的饮食仪轨，但是适用范围要窄得多，通常仅限于肉类。穆斯林和犹太人的动物屠宰仪轨大致相同（在过去的一个世纪里，对于大部分逊尼派穆斯林来说，所有符合犹太教仪轨的食物都同

第 2 章 最不宽容者获胜：顽固少数派的主导地位

时符合伊斯兰教仪轨，但是反之则不然）。请注意！这些牲畜屠宰仪轨也蕴含着早期人类参与"风险共担"的痕迹，这种仪轨起源于古代地中海东部的希腊和黎凡特地区的献祭活动，这种献祭仪式往往所需不菲，只有那些亲身投入"风险共担"的人才会用隆重的祭品向神虔诚祈祷——神不喜欢夸夸其谈。

现在我们来看一下少数派主导的情况。尽管穆斯林占英国总人口的比例仅为3%~4%，但市场上符合穆斯林仪轨生产的清真食品的比例却相当高。从新西兰进口的羊肉有近70%是清真食品，而且有近10%的地铁便利店只销售清真食品，尽管这样可能意味着店主会失去某些爱吃火腿的顾客（比如我）。同样的情况在南非也存在，其穆斯林人口比例和英国相差无几，但是清真食品的比例却高得出奇。在英国以及其他基督教国家，出现如此高比例的清真食品可能不是一件完全中性的事情，因为可能有人会感觉自己被迫遵奉别人信仰的仪轨，从而在心理上产生抵触情绪。事实上，如果一个人是纯粹的"一神论"者，那么接受和遵奉其他宗教的戒条，在某种程度上就意味着背叛了自己的信仰。例如，7世纪信仰基督教的阿拉伯诗人艾赫泰勒（Al-Akhtal），在他的诗篇中就宣称自己基于基督教的信仰不吃清真食品。

艾赫泰勒的诗歌真实记录了从3世纪到4世纪基督徒们的处境。那时的罗马帝国还没有奉基督教为国教，当时占统治地位的"万神教"为了打压基督教，折磨基督徒，强迫他们去吃万神殿上的祭祀品，在基督徒看来，这是强迫他们背叛信仰，是亵渎神的行为。因此，许多基督徒宁可饿死殉道，也不吃这种他们认为不干净的食物。

随着穆斯林人口在欧洲乃至整个西方世界不断增加，对别的宗教的抵触情绪可能也会有所增加。

由于少数派主导的原因，商店里清真食品的比例会远高于清真人口

095

占总人口的比例，当然清真食品在有些地方会受到一定程度的抵触。但总的来说，少数派主导现象是存在的。对于某些与宗教无关的饮食习惯来说，少数派主导可能导致少数派的饮食偏好在市场上所占的比例接近100%（或者接近于此）。以美国和欧洲为例，有机食品的销量与日俱增，这是因为那些普通的不带"有机"标签的食品可能被认为是含有杀虫剂、除草剂或者是转基因的，这些食物在某些消费者看来含有未知的风险。此处我提到的转基因专指转基因食品，也就是说需要移植其他物种的基因产生一个新物种，而这种新物种在自然状态下，不会通过杂交方式产生。当然，有机食品销量增加也可能是因为某些其他原因，比如受到伯克式①保守主义的思想影响，有些人因此不愿意放弃从祖辈那里继承的传统饮食习惯。但是不管怎么样，给食品贴上"有机"标签是一种委婉的告知方式，消费者会默契地理解这不是转基因食物。

许多大型农业公司希望通过游说、买通国会议员，或者雇用一个看上去严谨、刻板而且颇有权威的科学家在电视上宣传以推销他们的转基因食品。他们愚蠢地认为只要赢得多数人的认可就能成功。他们简直是愚蠢透顶。这种牵强的"科学"论断几乎不会改变人们对转基因食品的态度，也无法影响他们的购买决定。他们应该意识到，接受转基因食品的人会接受非转基因食品，反之则不然。因此，只要有不超过5%的不接受转基因食品的人均匀地分布在全国，他们就会迫使其所在的群体逐步演变成只吃非转基因食品的群体。怎么会这样呢？设想一下，有公司年会、婚礼或者奢华派对（假设是为了庆祝沙特政权的更迭、寻租腐败的投资银行高盛的倒闭，或者是为了公开谴责科学和科学捍卫者共同的

---

① 埃德蒙·伯克（Edmund Burke，1730—1797年），英国下议院议员，辉格党人，哲学家、演讲家，主张捍卫传统的道德，认为传统的价值观是社会稳定的基石。——译者注

敌人、卑鄙的凯旋公关公司主席雷·科切尔），这时候你会提前发放问卷调查一下哪些人愿意接受转基因食品，然后根据调查结果安排菜单吗？你当然不会这样做。只要非转基因食品的价格高得不太离谱，你肯定会选择全部供应非转基因食品，而不是让大家分开就餐。事实上，价格因素确实影响不大，因为在美国，新鲜食品的成本绝大部分（80%~90%）来自运输和仓储，而不是食品生产环节。得益于少数派主导规则发挥作用，有机食品的需求量居高不下，食品的运输和仓储的成本反而因规模效应下降了，价格下跌反过来又使得非转基因食品更具吸引力了。

许多大型农业公司没有意识到它们其实被迫参与了一场特殊的游戏，在这个游戏中你得分比对方高还不能赢得胜利，除非你获得97%以上的市场份额才能确保胜利。然而这个行业的许多公司在科研以及宣传上投入了数以亿计的美元，雇用了数百位自认为比一般人聪明的科学家，但令人难以理解的是他们却偏偏忽略了非对称性中的"少数派主导"这一关键因素。

再举一个例子。不要以为自动挡汽车的普及是因为多数人喜欢开自动挡汽车，真正的原因是会开手动挡的人也一定会开自动挡的汽车，反之则不然。

这里我们用到的分析方法是"重整化"，它是数学物理学中一个非常强大的工具，可以帮助人们观测事物规模扩大（或缩小）的过程。接下来，我们将用简单易懂的方法演示这个概念。

重整化

现在假设每一个正方形就是一个四口之家，家里的女儿是一个顽固的少数派，她只吃非转基因食品（或有机食品）。由于她的坚持和抵制，家庭其他成员都被她改造过来了，他们现在也只吃非转基因食品。当这一家子参加邻居的烧烤派对时，邻居为了照顾他们的偏好，不得不全部采购非转基因食品；接着，本地的超市就会发现当地居民的饮食习惯偏向于非转基因食品，于是供应的食品也相应调整；最后，大型食品批发公司为了适应这种变化，简化自己的业务流程，全部转向了非转基因食品。

参加波士顿烧烤活动的前一天，我在纽约街头闲逛。顺道拜访了我的老朋友拉尔夫·杜阿迪，我一直劝他不要变成工作狂（因为，沉溺于抽象思维不仅会让人头脑变得迟钝，而且会让人举止失态、相貌丑陋）。当天一位名叫塞尔·格兰的法国物理学家恰好也到访他的办公室，我们俩还一起品尝了拉尔夫味道不佳的浓缩咖啡。格兰率先把重整化的方法应用到社会和政治科学领域。我听说他的名字已经很久了，因为我很早以前买过一本他写的书，但是这本书一直躺在地下室里，连包装都没有被打开。他向我展示了他的研究成果，那是一个计算机选择模型，该模型显示只要少数派达到某一特定的水平，那么他们的选择就会成为压倒性的全体选择。

同样的幻觉存在于政治领域，政治科学家运用他们的统计手段测出"极左"或"极右"政党获得了10%的人口的支持，因此，他们推断这些政党也会获得差不多10%的选票。然而事实并非如此，支持极左或极右政党的选民应当被视为顽固的少数派。他们会始终如一地把票投给自己支持的党派，但是其他在政治上更宽容也更摇摆的选民，有可能受到他们生活中顽固少数派的影响而把票投给极左或极右政党，就像非犹太人也会去吃符合犹太教仪轨的食物一样。这些"摇摆"的选民才是最值得警惕的人群，因为他们有可能助推极端政党成为选举中的"黑马"，且事先的民意调查可能毫无征兆。格兰的模型在政治科学领域产生了一大堆与人的本能直觉相抵触的结论，但他的模型比那些天真的统计预测更

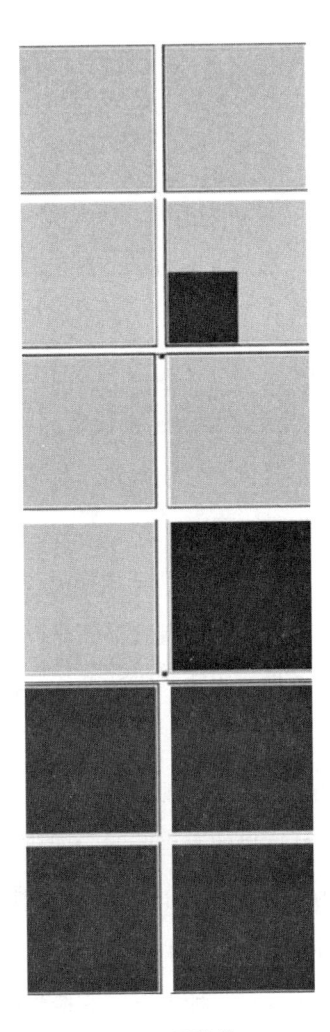

第 2 章　最不宽容者获胜：顽固少数派的主导地位

图 1　重整化

注：图 1 从上到下包括了三组正方形，每一组里面包含了 4 个正方形。请想象一下，每个正方形里面又包含了 4 个小的正方形。重整化的规则是只要有 1 个正方形是深色的，那么与其相邻的其他正方形也会变成深色。由此，只要三步，就能把全部的正方形变成深色。请把图 1 中深色的正方形想象成顽固少数派，把浅色的正方形想象成温和多数派，"重整化"帮助我们演示了少数派主导现象。

加接近于现实情况。

否决权

重整化展示的核心意思是非对称的"否决权"效应,即群体中的某个人可以用反复否决其他人偏好的办法来最终使得群体内其他具有适度灵活性的成员接受他的选择。一个过着精致生活的广告明星罗瑞·苏特兰,曾经向我解释过麦当劳这样的连锁快餐品牌能够发展壮大的原因。他说这些企业的成功并不是因为它们提供了优质的产品,而仅仅是因为它们没有被某特定的社会群体否决。①

当你在陌生环境中面临仅有的几个选择时,尤其当你知道这些地方的食品安全监管体系并不可靠,而且食品安全问题频发的时候,麦当劳似乎就成了你最安全的选择。当我写下这些文字的时候,我正坐在米兰火车站的麦当劳餐厅里,我说的这些话可能对于那些花了许多钱来意大利旅游的人来说不那么中听,不过现实就是,这个地方除了麦当劳以外几乎没有其他餐厅,而且这里的麦当劳非常拥挤。令人震惊的是,意大利人大概是把麦当劳当成食品安全的避难所了,他们可能很讨厌麦当劳,但他们更讨厌食品安全问题中的不确定性。

举个比萨的例子。比萨是一种大家普遍接受的食物,只要不是在伪"鱼子酱左派"的聚会上,就没有人会否决比萨的供应。

罗瑞还曾经告诉我一个啤酒和葡萄酒之间的由非对称性导致的聚会普遍选择葡萄酒的例子:"只要女士占到来宾的10%以上,你就不能只提供啤酒,幸亏男士也喝葡萄酒,所以如果你只提供葡萄酒,你就只需

---

① 这句话用数学语言来说的话,就是麦当劳的方差和均值都很低,前者说明麦当劳的质量很稳定,后者说明其产品质量一般。

要准备一套杯具,大家会接受这种安排的。"

有时候这个方法也可以用来帮你做决策,卡扎人在选择宗教归属的时候就采用了这种策略,他们周围有伊斯兰教、犹太教和基督教。传说当时这三大宗教都派了高级代表团去游说卡扎人,卡扎人首领问基督教代表:"如果让你从犹太教和伊斯兰教中选一个,你会选哪一个?"回答是:"犹太教。"卡扎人首领又问穆斯林代表:"如果让你从犹太教和基督教中选一个,你会选哪一个?"回答是:"犹太教。"于是卡扎人决定皈依犹太教(因为这是最容易和周围三个邻居共存的一种选择)。

通用语

如果在一家德国公司总部的条顿风格的会议室里举行一场跨国公司的会议,而且这家公司足够欧洲化甚至国际化,如果与会人员中有一个人不会说德语,那么整场会议就只能说英语了——对,就是那种全世界范围内很多跨国公司会议室里面普遍使用的那种蹩脚而又奇怪的英语。这种场面既羞辱了日耳曼人的条顿祖先,又亵渎了英语。出现这种情况和非对称性有关,很多母语不是英语的人都会说一点儿糟糕的英语,反之则不然,以英语为母语的人一般不太会说其他国家的语言。法语曾经是外交场合的专用语言,早年的英国贵族或者公职人员也普遍使用法语。但是,其他"粗俗"的同胞却使用英语进行商业沟通。在两种语言的竞争中,由于商业活动日益占据了现代生活的主导地位,尽管法语被认为更优美、更拉丁化、逻辑更严谨,但英语成了最后的赢家。这与法国的威望无关,和法国公职人员推广法语的努力无关,当然也和住在英吉利海峡对岸的、爱吃肉饼且拼写规则十分混乱的英国人无关。

我们由此可以知道"少数派主导"是如何使某种语言最终成为当今

世界的通用语言的,而语言学家往往意识不到这一点。阿拉姆语是黎凡特地区流传的一种和阿拉伯语相近的语言,属于闪米特语系,它由迦南语(即腓尼基-希伯来语)演化而来,而且耶稣说的正是阿拉姆语。阿拉姆语之所以能够成为黎凡特和埃及的主导语言,既不是因为某个强大的闪族政权强制使用阿拉姆语,也不是因为阿拉姆人长着有趣的鼻子,反而是因为说着印欧语系的波斯人的传播(波斯人也是阿拉姆语在亚述、叙利亚和巴比伦地区的传播者)。波斯人为什么没有向这些地区的人传播自己的语言?简单说吧,当波斯人攻入巴比伦的时候发现,管理城市的文职人员只会讲阿拉姆语,他们不会其他任何语言(包括波斯语),因此阿拉姆语便成了国家的通用语言——如果你的秘书只能讲阿拉姆语,那么阿拉姆语就会成为你主要使用的语言。这也可以解释为什么蒙古竟也匪夷所思地使用阿拉姆语,因为蒙古的文字记录都是用叙利亚语写成的(叙利亚语是阿拉姆语的东方分支)。几个世纪之后,同样的故事以相反的版本重新上演,阿拉伯人在7世纪到8世纪统治时期使用希腊语。这是因为在希腊化时代,希腊语取代了阿拉姆语成了黎凡特地区的通用语,大马士革的历史记载也开始使用希腊语,然而希腊语在地中海地区的传播并非希腊人自己所为,而是由罗马人推动的,因为他们在东罗马帝国以及黎凡特沿海地区的行政机构中使用希腊语,而且《圣经·新约》也是用希腊语写成的。

我的法裔加拿大朋友让-路易斯·雷诺(Jean-Louis Rheault)来自加拿大法语区的蒙特利尔,他曾经这样哀叹法语在加拿大日渐式微:"在加拿大,如果我告诉别人我是说英法双语的,结果对方马上就说英语;如果我告诉别人我是说法语的,那么结果就是英法双语都使用。"

第 2 章　最不宽容者获胜：顽固少数派的主导地位

基因 vs 语言

我和研究合作伙伴基因学家皮埃尔·扎罗（Pierre Zalloua）观察来自地中海东部地区的基因数据时，我们发现无论是土耳其人还是阿拉伯人，作为入侵者，都没有在这片土地上留下自己的基因，而来自中亚的土耳其部落却给整个地区带来了一种全新的语言。这些来自东方的入侵者至今仍然生活在小亚细亚，只不过改了一个新的名字。扎罗和他的同事还发现，今天的黎巴嫩人和他们 3 700 年前的祖先迦南人有 90% 的基因是相同的。考虑到这一地区历史上曾有多次外族过境、入侵或占领，这也就意味着有很多外族基因融入的机会，然而事实并非如此，当地黎巴嫩人的基因中只有极少一部分（10%）是外来的。但是从语言方面来看，无论是土耳其人还是地中海地区的其他民族，现在都使用一种源自东亚的语言。[①] 同样令人感到惊奇的是，法国的阿维农人（Avignon）虽然大部分起源于北欧，使用的却是源自地中海地区的语言。

因此可以说：

> 基因遵循多数派主导的规律，语言则遵循少数派主导的规则。
> 语言行走四方，基因落地生根。

让我们来看看根据语言来区分种族所犯的错误，有人基于语言不同而把人们区分为"雅利安人"和"闪米特人"。这个做法是德国纳粹主义的核心思想，他们想以此证明自己种族的优越性（直至今日，这种做法仍然在以某种温和的形式延续着）。讽刺至极的是，那些人为了证

[①] 英国的情况与之类似，诺曼人占领英国以后留下的大都是文字和图片，而不是基因。

非对称风险

明雅利安人是优等民族，一方面极力贬低闪米特人，另一方面援引他们的语言源自希腊文作为证据，试图和辉煌的古希腊文明扯上关系。殊不知，古希腊人其实在基因上和他们的地中海近邻闪米特人更接近。最近有研究表明古希腊人与青铜时代的黎凡特人（包含在闪米特人概念内）有着共同的安纳托利亚起源，只是两者使用了不同的语言而已。

宗教单行道

同样，伊斯兰教在基督教根深蒂固的近东地区（基督教诞生于此）的传播，可归因于两个简单的非对称性原因。最早的伊斯兰教统治者并不打算迫使基督徒改变信仰，以便可以继续向他们征税。最初伊斯兰教的改宗运动，并不包括那些据称已经成为亚伯拉罕信徒的人。我的祖先在穆斯林法律之下已经生活了13个世纪之久，他们发现不改信伊斯兰教有很多明显的好处，主要是可以避免服兵役。

非对称性包括两个方面：第一，依据穆斯林法律，如果一个非穆斯林男人娶了一个穆斯林女人为妻，那么他必须改信伊斯兰教，而且只要新生儿的父母中有一方是穆斯林，那么小孩就要成为穆斯林；[1]第二，成为穆斯林是一件不可逆的事情，因为在伊斯兰教法中叛教是最重的罪行，会被判处死刑。著名的埃及演员奥马尔·谢里夫（Omar Sharif），本名米哈依·德米特里·沙尔霍布（Mikhael Demetri Shalhoub）来自一个黎巴嫩的基督教家庭。为了与另外一位著名的埃及女演员结婚，他改信伊斯兰教，并给自己取了阿拉伯名字。后来他和那位女演员离婚了，但是他并没有改回自己原先所信仰的宗教。

---

[1] 这条法律在各地执行时有些差异，最初的要求是如果娶了穆斯林妻子，丈夫必须改信伊斯兰教；后来在绝大多数国家执行该法律时，夫妻双方都必须成为穆斯林。

第2章 最不宽容者获胜：顽固少数派的主导地位

理解了上述两条非对称性规则之后，我们就能比较容易地模拟出一个原本规模很小的伊斯兰教发展为在埃及占统治地位宗教的路径，而原先占统治地位的科普特人反而成了少数派。人们只要在足够长的时间里，保持一个很小概率的跨教通婚，就可以实现上述转化。同样，我们也可以来分析一下历史悠久且传播广泛的犹太教为什么始终是少数派，这是因为犹太人有关通婚的规则不利于其传播，犹太人要求母亲必须是犹太教徒。对跨教通婚更为严格的规定导致了近东地区三种诺斯底教派的没落，分别是德鲁兹派（Druze）、雅兹迪派（Ezidi）和曼底安派（Mandeans）。诺斯底教派极为封闭，除了极少数年长信徒掌握着教派的秘密以外，绝大多数成员对本教派的事务一无所知。相比之下，伊斯兰教要求父母任意一方为穆斯林，犹太教要求母亲必须是犹太教徒，然而诺斯底教派却要求新生儿的父母都必须是教徒，否则该新生儿连同其父母都会被驱逐出去。

在黎巴嫩、加利里和叙利亚北部这些山区，基督徒和其他非逊尼派穆斯林的分布都比较集中，因此，两者之间直接接触的机会很少，从而避免了通婚。然而，埃及地势平坦，各民族各宗教的人口分布都比较平均，这就使得重整化现象得以发生（即"少数派主导"的非对称性规则得以发挥作用）。

埃及的科普特人还面临另外一个问题，那就是伊斯兰教改宗的不可逆性。很多科普特人最初改信伊斯兰教仅仅是履行一种仪式和程序而已（并没有真正信仰伊斯兰教），有了教徒身份以后，他们找工作或者打官司的时候就会比较方便，况且伊斯兰教与正统的基督教之间并不存在明显的冲突。但是，几代人以后，后辈们或许已经忘记了祖辈们当初改宗的初衷乃是无奈之举。久而久之，马拉诺（Marrano）式改宗的基督教徒和犹太教徒会彻底接受伊斯兰教，从而完成信仰的转变。

105

所以在这一地区，伊斯兰教凭借自身更强的顽固性取代了基督教。其实基督教当年在罗马帝国的传播，在很大程度上也归因于早期基督徒的顽固性。他们对其他人信仰的宗教有一种盲目的不妥协和不包容，表现为无条件地、蛮横无理地劝化其他人改宗。罗马的万神教徒起初并不排斥基督徒，因为罗马人的传统就是与帝国的全体成员一起供奉各自的神。但是后来罗马人发现情况不对，基督徒们完全是另起炉灶，自己搞一套独立的宗教，他们既不接受帝国万神殿里其他民族的神，也不把自己信奉的神像请进万神殿。罗马人暗忖："难道我们的神不如你们的神吗？"其实，早期罗马帝国针对基督徒采取的宗教迫害主要起因是基督徒不能容忍罗马万神教的其他神，而不是因为万神教不容忍基督教。但是我们今天读到的历史绝大多数讲的都是基督徒无辜受迫害的故事，相反的记载却很少见。毕竟我们读的历史书是基督教徒，而不是罗马万神教徒写的。

罗马人当初是怎样看待基督教崛起的呢？对此，我们知之甚少，因为我们今天读到的记载主要都是圣徒传记，里面包含了大量殉道者的故事。比如殉道的圣徒凯瑟琳直到被押上断头台前一刻也不忘劝她的狱友改宗，另有一种说法是历史上或许根本就没有圣徒凯瑟琳这个人。但是迦太基主教圣徒西普里安（Cyprian）被送上断头台的故事确实是真实存在的。记述基督教殉道者和圣徒的英勇故事不胜枚举，但是万神教方面的英雄人物却鲜有记载，即使是那些早期遵奉诺斯底教派传统的基督徒事迹也未见记载。叛教者尤里安曾经想要恢复古代的万神教，他的处境就像是在新泽西州南部叫卖法国大餐一样——无人问津。这就像是在水下拿住气球一样困难，但是出现这种情况并不是因为万神教徒（或称异教徒）在智力上有缺陷，恰恰相反，我倒是认为一个人越能够宽容地对待异教，越说明他头脑聪明，处理复杂、模糊和抽象事务的能力越高。

而信奉纯粹一神论宗教的人，如基督教新教、萨拉菲（salafi）派的伊斯兰教徒和宗教激进主义无神论者，往往智力平庸，无法处理模糊概念[①]。

事实上，通过关注和研究地中海地区的宗教，或者干脆研究这一地区人们的礼仪、行为和信仰的历史变迁，我们发现这一演变过程实际上由一些最不宽容的少数派主导着，直至演变成我们今天看到的各种宗教。由于采取了母系规则，且传教限制在部落内部，犹太教几近失传。但基督教不仅没有重蹈覆辙，反而占据了统治地位，此外还有伊斯兰教。伊斯兰教原来有过很多派系，而且最终流传下来的与早期伊斯兰教有很大差异。今天的伊斯兰教被静修派（purists）所主导（属于逊尼派的一个分支）。创建沙特阿拉伯的瓦哈比派（Wahhabis，又称萨拉菲派），曾经在19世纪毁掉了国内几乎所有的圣殿。他们持续推行不宽容的政策，这种做法的结果就是每次出现的新教派往往都是比现有教派更不宽容的派系。

重申去中心化

"去中心化"有一个特性，而且是那些反对英国脱欧的"知识分子"至今没有意识到的。假设在某一政治事件中，少数派主导规则发挥作用的阈值是3%，如果全国的顽固少数派恰好代表了总人口的3%，但是顽固少数派在各州各市各县之间并不是平均分布的，这就意味着有的州在阈值以上，有的州在阈值以下。那么在这种情况下，就会出现部分州屈从于少数派主导规则，而另一些州因其少数派没有达到发挥作用的阈值

[①] 基督教确实删除过历史记录，当然在这个过程中，其自身历史的完整性也遭到了破坏。现在人们发现基督教早期的诺斯底教派对有些事情的记载和我们今天的认知有所不同。但诺斯底教派是一个封闭的神秘宗教，很多秘密不为人知。

而不会发生少数派主导现象。从这个角度讲，如果美国把所有州合并在一起，那么少数派主导规则就会在整个国家大行其道，幸亏美国没有这样做，这也是美国能够至今运转良好的原因。正如我经常向听众强调的那样，美国是一个联邦制国家，不是一个共和国。用我在《反脆弱》一书中的话来讲就是去中心化会极大地降低系统的不确定性。

我的道德，你的约束

有时候"一根筋"的思维方式可以帮助我们揭开问题的真相，澄清许多误解。比如，一本书怎么就变成了禁书？可以肯定的是某些书被禁，并非因为它们冒犯了普罗大众，因为绝大多数人要么是胆小懦弱的，要么是被动承受的，要么是满不在乎的，即便有些人很在意，感觉自己被某本书冒犯了，但他们也不至于要求把相关书籍直接封禁。我们发现禁止某些书的传播或者将某些人列入黑名单，其实只需要少数几个热情高涨的积极分子就行了。伟大的哲学家、逻辑学家伯特兰·罗素，曾经因为一位愤怒而固执的母亲给校方写信而丢掉了其在纽约城市大学的工作，这位母亲在信中说，她不希望自己的女儿与行为不检点、思想不规矩的人同处一间教室。

热情高涨的少数派能推动各种禁令，美国历史上那次声名狼藉的禁酒令就是这么来的，其结果呢？合法的酒类专营许可被注销以后，黑社会顺利地接管了酒精买卖。

我们由此可以推断当今社会的道德并非是由大多数人的共识演变而来的，而是由社会中那些最顽固的少数派把他们所推崇的道德强加给了社会，又因为少数派的极端不容忍，最终成了全社会普遍接受的美德。同样，公民权利也是通过这样的途径争取来的。

第 2 章　最不宽容者获胜：顽固少数派的主导地位

上面我们介绍了宗教、道德和饮食偏好是如何因"重整化"机制而广泛传播的。从这些例子中我们可以看出，社会最终会屈从于某个强硬且绝不妥协的少数派。本章稍早些的部分提到过守法和犯法之间的非对称性，即遵纪守法的老实人永远不会触犯刑法，但是对于另一些人来说，即使他们是重罪惯犯，或者法律意识淡薄的普通人，他们也不会一直处于违法犯罪的状态。我们以之前讨论过的符合伊斯兰教仪轨的清真食品为例，把少数派主导和非对称性结合起来看，就比较容易理解道德的演化了，在古代阿拉伯语中，清真（halal）有一个反义词——禁忌之事（haram）。任何违反法律或者道德规则的事情（不仅是违反饮食仪轨）都演变成了禁忌之事，它规定了和邻人之妻私通、放高利贷（仅获取利息收入而不承担贷款人的风险）、谋杀自己的老板等行为不仅是违法的，也是禁忌的。

所以，道德标准一旦被建立起来，只需要满足几个条件就足以在全社会维护整个道德体系：（1）极小部分人对道德禁止的事情极为厌恶，对道德提倡的事情极为热衷；（2）这一小部分约占总人口的3%~4%；（3）这部分人永不妥协，极为固执；（4）这部分人平均分布在社会的各个阶层和国家的各个地区。在揭示这个规律的同时，我也告诉了你一个坏消息，那就是我们绝大多数人并不热衷于捍卫道德体系，我们并不会自觉地、自发地和自愿地想成为更崇高、更美好、衣着更优雅和口气更清新的人，真相是我们只想摆脱顽固少数派不停的骚扰，于是不得不按照他们定的规矩行事。

顽固少数派不仅会捍卫道德，有时候他们也会造成灾难。现在有一种观点认为，"二战"时期普通波兰人充当了纳粹迫害犹太人的同谋，历史学家彼得·弗里泽（Peter Fritzsche）曾经被问及"为什么华沙的波兰人没有帮助他们的犹太邻居"。他的回答是，绝大多数波兰人是同情犹太人的，而且他们（指在华沙的波兰人）大多用某种方式帮助过犹太人，但是在纳粹严酷的统治下，需要七八个波兰人才能救出一个犹太人，而只要有一个波兰人告密，就会出卖十几个犹太人。由此，我们不难想象由于波兰存在着少数顽固且恶劣的（反犹）代理人，最终导致了糟糕的结果。

从统计概率看少数派主导现象的稳定性

纵观人类社会发展史，你会发现某些道德规则是普遍存在的，当然在不同历史时期或不同地区之间略有差异。比如，不能偷盗（至少不能偷本部落的东西）；不能屠杀婴儿以取乐；不能以练习口语为目的故意惹怒你的西班牙语女教师；练习搏击技能时使用沙袋而不是奴隶（即便你是斯巴达人，也只能因训练之需杀死数量有限的奴隶）；等等。随着时代的发展和进步，我们发现这些道德规则也在不断地向普世化方向演进，其适用范围和对象也在逐渐扩大，比如，奴隶、其他部落、其他物种（动物和经济学家）等先后被纳入其中。而且这些道德规则都有共同的特点，即执行起来非黑即白、二元对立（要么是"0"，要么是"1"），没有灰色地带（用数学语言来说就是离散的，而不是连续的）。偷一点儿东西或者温柔地谋杀都是被禁止的，就像你不能一方面宣称自己遵奉宗教仪轨，另一方面又在星期天烧烤派对上吃违禁食品，哪怕"一丁点儿"也不行。

我不相信你在健身房里偷偷摸了别人老婆或者女朋友的胸部之后，能够从一场嘈杂的冲突中顺利离开，你也很难说服那个要和你拼命的举重教练，告诉他你"只是轻轻摸了一下"——情况只会更糟糕。

这些道德规则应该是从少数派群体中诞生的，而不是在多数人群体中逐步演化出来的。为什么？请看下面的解释：

> 令人颇感意外的是，少数派主导下推行的规则在执行中往往更稳定，不同的人在执行这些规则时的差异非常小，而且能够使得原本孤立不相关的群体都默契地执行同一条规则。

少数派主导下产生的规则都是非黑即白和二元对立的。

举例说明，假设有一个坏人（一个经济学教授），他想毒死自己的同事。现在他有两个选择：第一个是购买氰化物，这种毒药符合少数派主导规则，只要在当天晚宴的饮料里投入一滴就足以使喝饮料的人毙命；第二种毒药用量大且药性差，符合多数派主导规则，凶手需要确保谋杀对象喝下去的饮料里 50% 以上的成分是这种毒药。理性的经济学家当然会选择用氰化物杀人了，但是结果呢？现在我们再次来到晚会现场，当地的大侦探夏洛克·福尔摩斯根据当天所有喝苏打水的人都已死亡这一事实推断出凶手用的一定是氰化物，而不是第二种"多数派毒药"。简而言之，多数派主导的规则会导致结果的波动率居高不下（用数学语言说就是方差在历史均值以上；用福尔摩斯的话说就是，"现场情况参差不齐，有的人死了，有的人还活着"）。与之不同的是，少数派主导的规则往往会导致结果惊人的一致（来宾全都成了经济学家的牺牲品）。

波普尔-哥德尔悖论

我参加过一个大型宴会，有许多来宾，大家分桌而坐。由于人太多，所以你只需要在素食和非素食菜单之间做出简单选择就好了。然后我突然注意到有服务员推着一个像飞机送餐车似的小推车给我的邻座送单独为他制作的食物（包括专用的银餐具），而且菜肴全部用铝箔密封着。很显然，他是一位严格遵奉教规的人。然后我注意到他并不为此感到尴尬和难受，即便旁边坐的是我这样一个爱吃意大利熏火腿，还会把黄油和肉美滋滋地搅拌一下的家伙。他只希望不要被打扰，遵循自己的喜好就够了。

对于犹太教和穆斯林少数派，比如什叶派、苏菲派等，以及其他一些相关的教派，如德鲁兹派、阿拉维派等而言，他们的目标就是不被干扰，当然历史上也有例外。但是，倘若我的邻座是一位逊尼派穆斯林，他就可能会要求整个房间里的人都吃清真食品，或许会是整栋楼的人，整个镇上的人，甚至是整个国家的人，当然最理想的状态是整个地球上的人都吃清真食品。事实上，由于伊斯兰教的教义对教会和国家不做区分，他的价值观里面只有神圣与亵渎两种区分，因此，不按照宗教仪轨饮食（照字面解释）既是亵渎也是非法的，也就是说整个屋子的人都在做违法的事情。

当我写下这段文字的时候，人们正在争论为了对付宗教激进主义而引入的某些限制性政策是否会破坏西方文明捍卫个人自由的基石。

民主，字面上的定义是按多数人的意见做决定，但它可以容忍敌人的存在吗？或许下面这个问题更有助于你的思考："如果有一个政党在其章程里明确提出要禁止言论自由，那你同意剥夺该政党的言论自由吗？"再换一个问题："如果我们建设这个社会的初衷是保持宽容，那么我们是否应该对威胁这种初衷的事情保持宽容呢？"这实际上涉及逻辑大师库尔特·哥德尔在参加公民入籍考试时发现的美国《宪法》中的存在的逻辑悖论。传说哥德尔当时就这一问题与主持宣誓仪式的法官展开辩论，最终还是一起等着宣誓成为美国公民的爱因斯坦把他从辩论中解救了出来。科学哲学家卡尔·波普尔也在民主政治体系所依赖的逻辑中发现了这个悖论。

有些人误以为"对怀疑主义持怀疑态度"也是一个类似的逻辑悖论，其实不然，怀疑主义依据其本身的定义并不排斥被怀疑，所以，如果有人认为这是一个逻辑悖论的话，反而是一个逻辑错误。所以当我被问到"伪造伪证"是否算逻辑悖论时，我的回答和波普尔一样：径直走开。

我们还是来看有关社会容忍和言论自由方面的问题吧！我们可以用少数派主导规则来预见未来的结果，一个在政治上不宽容的少数派可能会操纵进而毁灭民主制度，直至最终毁灭世界。

因此，我们不能对某些不宽容的少数派保持宽容，原因很简单，他们违反了银律，尤其在对付那些极度不宽容的伊斯兰激进主义者的问题上，鉴于他们彻底否定了别人拥有自己选择宗教的权利，我们如果仍然对其坚持所谓的"美国价值观"或"西方人权原则"，就是行不通的——那不是捍卫自由和民主，而是自杀。

科学和市场的偏锋

现在我们来说一下市场。市场不是全体参与者的总和，市场价格变动仅仅是由其中最积极的买方和卖方驱动的。是的，就是由他们这些人决定的。在这个问题上，似乎只有当过交易员的人才能理解，为什么仅仅因为卖家的某个行为，市场价格就能瞬间下跌10%。事实上，只要存在这样一位固执的卖家，这种情况就可能发生，而且市场的反应程度与其所受刺激的猛烈程度是不成比例的。全球股市的总市值大约是30万亿美元，但是在2008年，仅仅500亿美元的交易，还不到总市值的2‰，就导致全球股票市值下跌了10%，由此给投资人造成了3万亿美元的损失。我在《反脆弱》一书中曾经提到过这个例子，当时法国兴业银行发现了自己雇用的一个"流氓"交易员未经授权就做了一笔秘密交易，法国兴业银行想撤回这笔交易，由此激活了相应的抛出指令。为什么市场反应会如此剧烈？因为那笔卖出指令是单向的、不可撤销的，法国兴业银行的管理层不顾一切地要抛出，没有任何办法劝他们住手。我自己总结了一句谚语：

> 市场像一个巨大的电影院，但出口很窄。

鉴别一个笨蛋最好的办法，就是观察他到底是关注电影院的大小还是出口处的大小。只要有人喊一声"着火了"，恐慌性撤离就会在瞬间演变成拥堵，因为人们都想逃出去而不想被困在里面。这其实跟恐慌性抛售是一样的道理。

科学探索过程中也有类似的案例。就像我们刚才提到的卡尔·波普尔的思想背后就是少数派主导规则。但是波普尔实在太严肃了，所以我们把他留到以后探讨，先来看科学界的轻松达人——理查德·费曼（Richard Feynman），他是那个时代一个剑走偏锋的科学家。他在《你干吗在乎别人怎么想》一书中用诙谐调侃的口吻写了很多有关科学的奇闻轶事。从他的叙述来看，科学探索其实是一个由少数派主导的过程。科学并不是科学家思想的总和，而是如市场一样，充满了固执的偏见，一旦某领域的真相被揭示以后，我们才突然发现我们以前掌握的都是错的。如果科学探索奉行多数人共识的原则，我们现在就可能还在中世纪，爱因斯坦可能终其一生都是一个"有爱好，没成果"的专利局职员。

第2章 最不宽容者获胜：顽固少数派的主导地位

一头狮子就够了

亚历山大大帝曾经说过，一头狮子带领的一群羊要比一只羊带领的一群狮子战斗力强得多。亚历山大（或者那个真正总结了这句谚语的人）理解那些狂热、偏执、积极和勇敢的少数派的价值。汉尼拔带领一支雇佣兵部队历经大小22次战斗，威震罗马帝国15年，而且每次他都是以少胜多。汉尼拔大概受到亚历山大谚语的启发，在坎尼会战时，吉斯科曾担心罗马军队的数量优势，汉尼拔这样鼓励他："比起数量庞大的罗马人，我们的优势更明显，他们只有千军万马，却没有一个吉斯科。"

小部分人固执的勇气带来的成就不仅局限于军事胜利。"永远不要怀疑一小群有思想的公民会改变世界，实际上，人类历史就是这样写成的。"玛格丽特·米德这样写道。革命，毫无疑问是由偏执的少数派推动的，整个社会的进步，无论是在经济还是道德层面上，都源于一小部分人的推动。

总结与展望

我们来做一个总结，社会进步并不来自共识、投票、多数派、委员会、雄辩的讨论、学术会议、茶和黄瓜三明治。只要有顽固少数派发挥与其数量不相称的作用就能推动社会进步。我们需要的只是非对称性，以及全身心投入"风险共担"的少数人。由于非对称性在现实世界几乎普遍存在，因此，我们真正需要的就是固执己见的少数派。

在绪论中我说过要详细解释为什么奴役比我们想象的更普遍——确实相当普遍。我们将在附录1里探讨这个问题。

第四卷

狗群中的狼

第 3 章
如何合法地控制他人

教会也有嬉皮士。科斯不需要数学。慕尼黑啤酒节期间躲开律师。外派总有一天会结束。被雇用的人总有被驯化的痕迹。

在基督教的早期，教会刚开始着手在欧洲建立一套完整的教会体制，那时的欧洲有一群四处漂泊的教士，他们被称作云游僧侣。这些僧侣四处游荡，不属于任何机构。他们遵循的是自由（无固定场所）的修道制度，这种秩序依靠其成员的乞讨和好心居民的施舍来维持，当然这种制度的可持续性是脆弱的。任何一个由独身主义者组成的群体都很难做到可持续，群体成员的数量无法实现自然增长，只能靠新人的不断加入。好在人们总是乐意为云游僧侣提供食物和临时住所，他们总算是成功地活下来了。

5 世纪左右，这群人的数量开始减少——现在已经绝迹。这些云游僧侣很不受教会的待见，5 世纪时，教会召开迦克墩公会议（the Council of Chalcedon），决定对云游僧侣群体实行禁令。300 年后，第二次尼西亚会议（the second Council of Nicaea）再次颁布了禁令。在西方，努尔细亚的圣本笃（Saint Benedict）对该组织的批评最为激烈，他希望建立一个规范化和制度化的教会体系，最终他制定的规则成了教会的指导规范，被写成法典用来规范僧侣的行为，他还建立了等级森严并严格监管的修道院体系。圣本笃亲自制定的规范都集中在修道手册里，手册规定了僧侣的财产要由修道院掌控（第 33 条规定），而第 70 条则规定禁止愤怒的僧侣殴打其他僧侣。

为什么这些云游僧侣遭到了禁止？其原因很简单，因为他们太自由了。他们的财务既自由又安全，但这并不是因为他们省吃俭用，而是因为他们缺少需求。具有讽刺意味的是，他们仅靠乞讨就能赚到钱，我们却要从社会最底层开始打拼积累——他们比我们自由多了。

如果你负责运营一个有组织的教会，你最不希望看到的就是僧侣拥有完全的自由；如果你经营的是一家公司，那么完全自由的员工对于你来说绝对是噩梦。因此，本章我们来谈谈员工自由的问题，以及公司的组织特性。

圣本笃明确提出了"稳定来自个体行为的转变与顺从"（stabilitate sua et conversatione morum suorum et oboedientia）这一原则，他编撰的修道手册，很明显是要剥夺僧侣的个人自由。根据这份手册的要求，僧侣们首先需要经历一年的观察考验期，从而确定他们是否足够顺从。

其实每个机构都希望其成员失去一部分自由，只有这样才能把人"组织"起来。那么你用什么办法才能把人"组织"起来呢？第一，以培训的名义对他们进行心理操纵。第二，把他们拧在一起，让他们在某种程度上参与"风险共担"，和公司共担风险；让他们明白如果不服从组织权威，就会失去某些重要的东西——你现在明白了吧？为什么你很难控制那些以乞讨为生的云游僧侣，因为他们轻慢地对待任何物质财富，以至你很难让他们失去什么。在黑手党的组织体系中，事情就变得简单了，如果一个小头目怀疑某马仔（正式受戒入道的成员）不忠诚，就可以把他"做掉"，让他在汽车后备厢里安静一段时间。然后，大头目会出席他的葬礼，这样做的目的是让其他马仔更忠诚。

除了修道院和黑手党以外,其他行业会用更温和更微妙的手段让员工参与到"风险共担"之中。

控制飞行员

假设你有一家小型航空公司,而且你是一个有着非常先进的管理理念的人,参加了许多管理论坛,在和许多管理咨询顾问交谈之后,你认定传统的公司组织模式已经过时了,把工作岗位外包出去反而能更高效地运营一个公司,对此你很有信心。

鲍勃是一名飞行员,他不是你公司的雇员,而是你的飞行承包商,你和他签订了一份外包合同,这是一份明确而详尽的法律协议,很早就约定好了他具体负责哪个航班的飞行以及他应该承担的责任,当然也包括对他违约的惩罚条款。鲍勃还要负责提供一名副驾驶,如果有人生病,他还要提供一名替补飞行员。明晚你有一班飞往慕尼黑的临时包机,这是为慕尼黑啤酒节增开的专线。机上的乘客都充满期待,早早就做好了这次旅行的预算和安排,一些人甚至为此提前减肥,机舱里将满是欢声笑语,乘客们面对即将开始的啤酒节已经等了足足一年,他们期待着一次尽情享受啤酒、椒盐脆饼和德国香肠的狂欢。

下午5点,鲍勃打电话告诉你,他和副驾驶,嗯……你知道的,他们仍然爱你,但是,他们明天不能为你驾驶飞往慕尼黑的航班了。一位沙特阿拉伯的酋长给了他们一份新的合同,嗯……你知道的,这位虔诚的人想去拉斯维加斯参加一场特别的派对,需要鲍勃和他的团队来驾驶飞机。鲍勃这辈子滴酒不沾,只喝酸奶饮料,行为举止十分得体,这些品质让那位酋长和随从对鲍勃很满意,他们告诉他钱根本不是问题,嗯……你知道的,对方出价太慷慨了,足以抵销鲍勃因违约而可能导致的赔偿责任。

嗯……我知道的,你被他们气疯了,此刻就想踢自己的屁股。啤酒节包机上有很多律师,更糟糕的是,他们还都是退休的律师,这意味着他们没有别的爱好,就喜欢用发起诉讼来打发时间,而且不太在乎结果如何。想一下接下来的连锁反应:如果航班不能按时起飞,你就没有别的办法去把那些胖了一圈啤酒肚的乘客从慕尼黑接回来,而且你还不得不取消许多已售的机票,替客户改签机票的费用奇高无比,而且无法保证能在这个高峰时间解决问题。嗯……你知道的,那些胖律师有的是时间。

你打了一圈电话,结果发现找一个飞行员远比找一个满嘴念叨常识性问题的经济学家要困难得多,因为找不到后者的概率为零(找到了也不解决任何问题)。你把自己全部身家性命都投在了这家正在面临严重危机的航空公司上,你感觉自己要破产了。

你开始想,要是鲍勃是一个奴隶该有多好啊!如果他是一个你可以拥有和控制的人,这种事就不可能发生了。奴隶,嗯……你知道的,他们只能听你的,但是等等,鲍勃的所作所为不是那些正式员工会干的事情,那些靠劳动合同谋一份稳定工作的人,是不会如此机会主义的。外包合同的承包商相对自由,他们也爱冒险,他们最怕的是法律。而正式员工不仅有被解雇的风险,还要始终维护自己的声誉,做出鲍勃那样的事情,只会使新雇主担心他们的忠诚。

你会发现凡是接受正式雇用合同的员工,都喜欢固定工作带来的稳定收入,他们喜欢在月底最后一天看到桌子上那个特殊的信封。没有了工资,他们就像是断奶的婴儿。你现在意识到了,如果鲍勃是一名正式员工而不是看起来更便宜的承包商,你就不会遇到这些麻烦了。

但是正式员工成本很高,即使在没有活儿的时候,你也得给他们付工资，这样你就失去了灵活性。但他们毕竟是你的员工，他们的成本虽然高，但是喜欢固定工资的人通常是安于现状的人，他们不会是鲍勃那样的机会主义者，因此不会发生上述情况，他们不会让你失望。

正式员工不会临阵逃脱，是因为这份工作是他们亲身参与的"风险共担"，事关他们的切身利益，他们必须共担风险，而甩手不干的风险大到可以震慑他们灭掉这个念头。他们会因不可靠的行为，比如不能按时上班而受到惩罚。实际上，你给他们创造的工作使他们对你产生了依赖性，这种依赖性使得他们变得可靠，你支付的工资正是在购买这种可靠性。

可靠性是许多交易背后的推动力量。在乡间买一个别墅的性价比远不如去宾馆租房间或上网租民居，但是仍然有人会去买别墅，他们希望无论什么时候——比如自己一时兴起，都有房子可以用来度假。一位交易员曾经说过三个"不该买"原则（这三种东西因性价比差，所以只要能租到就尽量不要买），它们分别是海上漂的、天上飞的，还有床上躺的。但是仍然有很多有钱人买了游轮和飞机之后，最终和自己的飞机游轮一起被那最后一个"不该买"的控制起来了。

当然，承包商也会面临风险。他们如果违约，除了名誉损失外，还要承担合同规定的相应惩罚。但是，相同的名誉损失和金钱惩罚，对于你的正式员工来说意味着更大的风险，因为一个人愿意签署劳动合同成为正式员工，说明他一定是一个厌恶风险的人——成为正式员工，从某种程度上来说，意味着他们表现出愿意服从的信号。

一个人被雇用了一段时间以后，就会表现出极强的服从倾向。

服从倾向表现在许多方面，他们常年放弃自己的自由时间，每天工作9个小时；他们规律性地每天按时到达办公室；他们遵循工作时间表，而不是个人娱乐时间表；他们不会因为这一天工作不顺利，而在下班的路上殴打路人发泄；他们就像是温顺的被驯服的宠物狗一样，乐于服从。

从公司雇员到公司正式员工

即使一个人不再是公司的雇员，他依然会想着捍卫公司的利益，他仍然会怀念为公司勤勉工作的日子。他在公司待的时间越长，他在工作中投入的感情就会越多，在离开公司的时候，就会有一种自发的荣誉感推动他"光荣隐去"。①

公司正式员工降低了你的尾部风险（不会像鲍勃那样突然离开），你同样也降低了他们的尾部风险（保障他们的生活稳定），至少他们是这样认为的。

我在撰写本书时，在标准普尔500强公司中名列前茅的大公司，平均在榜时间大约只有10~15年，这些公司因收购兼并或缩减业务而跌出了标普收入排行榜，而这两种行为都会导致裁员。然而在整个20世纪，大公司的平均在榜时间超过60年，大公司的寿命长是一件好事，有的人一辈子都在大公司里度过。可以说，他们从公司雇员演变成了公司正式员工。

一旦成了公司正式员工，他的行为举止就得完全符合公司的要求，

---

① 在大学设立终身教职的初衷是捍卫知识分子的言论自由，免除其后顾之忧。不幸的是，目前这一制度在某种程度上违背了这一初衷，越来越多的人文学科和社会科学的教授，因为顺从于这个体制而得到了终身教职的保障，这些人不会为社会公众捍卫自由，他们只会服从于这个体制。

而这其实也符合他本人的愿望和审美。他的穿着打扮，甚至使用的语言都符合公司的规定和文化，他的全部社交生活都与公司业务相关，离开这个公司对于他来说是巨大的痛苦和羞辱，就像是被《陶片放逐法》驱逐出了雅典一样。周六晚上，他和其他公司正式员工以及他们的配偶一起外出应酬，一起分享公司趣事。IBM公司要求员工穿白衬衫，浅色的不行，条纹的不行，哪怕是不显眼的杂色或者条纹都不行，只能穿纯白色的衬衫和深蓝色的西装。IBM公司不允许员工在服装上标新立异，或者有一丁点儿与众不同——你不是一个人，而是IBM的一部分。

我们对公司正式员工的定义是：

> 如果一个人感觉自己若不像公司正式员工那样工作和生活，就会遭受巨大的痛苦，那么这说明他已经全身心地参与这个公司的"风险共担"了。

作为回报，公司要履行义务，签署长期协议，尽可能地保留这些公司正式员工的工作，让他们一直工作到法定退休年龄。退休以后，这些人会和以前的同事一起打高尔夫球，享受丰厚的养老金。但这一切有两个前提：一是大企业的寿命必须很长；二是人们要相信大企业的寿命甚至会比单一民族国家更长，而且这种信念构成整整一代人的价值观。只有这样，整个体系才会运转起来。

然而进入20世纪90年代，人们突然认识到大公司正式员工这一职业不再是安全的了，硅谷发生的技术革命给技术转型慢的传统公司带来了财务困难。比如，微软和个人电脑兴起以后，IBM公司，这个象征着员工忠诚度的大本营，不得不解雇一部分拥有长期合约的"公司正式员工"。这些失业的人突然意识到，他们稳定的工作和安逸的生活并不同时意味着低风险。他们很难找到别的工作，即便找到了，也很难适应。离开了IBM公司，他们一点儿价值都没有，甚至他们的幽默感也只能在那个特定环境里产生效果。

如果一个"公司正式员工"走了，那么替代他的将是"公司雇员"。这些人更独立更自由，不再被公司操纵，但这也有其他方面的副作用：他们知道自己不可能在一个公司待很久，因此他们始终很在乎他们作为职业经理人的市场价值。现在整个行业都充斥着这样的人，他们不会像"公司正式员工"那样全身心地参与公司的"风险共担"，因为他们既不想让现在的雇主失望，也不想让将来潜在的雇主失望。[1]

科斯的理论

或许你在历史书上永远也看不到把"公司雇员"精确定义为"适宜被雇用的人"这样的概念，因为这些人大都不会在历史进程中留下印迹。正因为这样，所以历史学家们对他们不感兴趣。但是这一类人符合罗纳德·科斯的公司理论，对他们的精确定义是：

> 理想的适宜被雇用的员工，在公司内部的价值比其在公司外的价值更高，他们自己也在雇主那里实现了比在劳动力市场更高的价值。

科斯是一位非常卓越的现代经济学家，他善于独立思考，严谨而有创造力，他的观点能够用来解释我们周围现实世界的现象。以他的名字

---

[1] 有些国家的公司会给高管和中层人员发放福利，比如以税收补助名义给他们一辆汽车。这些福利往往是这些人有了钱也不会去买的东西，结果就是他们会更加依赖于公司。

命名的科斯定理，严谨地证明了市场在资源分配和污染物处理方面的有效性，他在表述该定理时没有使用任何数学用语，但该定理却和其他许多用数学语言表述的定理一样，成了理论与实践的基石。

除了提出科斯定理以外，科斯还是第一个阐释公司存在原因的人。科斯认为，如果一个公司把全部业务外包给承包商，并且通过合同维持上下游供应链关系，每笔交易的磋商、议定和执行的法律成本和商务成本就会很高，这最终会侵蚀公司的利润。解决这个问题的方法是雇用员工，由岗位职责明确的员工来处理每一笔交易，这样你就用每月固定的薪酬代替了每笔交易的法律和商务成本（只要你的交易达到一定规模，你这样做就能实现更高的利润）。从理论上讲，在一个完全自由的市场上，信息随着价格变动而传播，市场力量由此引导各参与方逐渐趋于专业化。但是在公司内部，市场传递信息和配置资源的力量被削弱了，因为要素资源的自由流动所带来的效率改善，会被前述的高额交易成本消耗掉。于是，市场通过另外一种方式体现了它的力量，即市场会促使公司保持一个正式员工和外包岗位之间的黄金比例，这样就在成本和效率之间取得了折中的平衡。

我们发现，科斯其实离"风险共担"的概念仅有一步之遥，他未能从风险管理的角度来考虑雇用公司正式员工也是一种风险管理策略。

如果科斯或其他应该闭嘴的经济学家对古代人的理财史有兴趣，他们可能就会对罗马贵族家庭所采取的风险管理策略感兴趣。罗马帝国的贵族通常会让奴隶管理家族的财产，由奴隶来负责家庭和庄园的财务。为什么他们这么信任奴隶？因为比起罗马公民、自由民和获释奴隶，你可以对奴隶采取更严厉的惩罚，而且这种惩罚不受法律约束。一个不负责任的、不诚实的，而且自由的管家，可能会把你庄园的财产转移到比提尼亚，致使你破产。但是奴隶不会，他受你控制。

复杂性

欢迎回到现代社会。当今世界有越来越多的产品是通过外包的方式生产的，产品的专业化程度也随之不断提高，一些特定的复杂岗位却比以往任何时候都更需要全身心投入的正式员工。如果流程中的一个步骤错了，整个公司都可能要停止运转。这也解释了一个新出现的现象：在普遍实行的低库存、高外包的模式下，生产效率更高了，一切运转得平稳有序，但是和过去相比，一个随机产生的错误给系统造成的损失会更大，而且系统一旦发生故障，恢复系统所需要的时间也相对更长（我们在变得更有效的同时也变得更脆弱了）。因为整个产业链里面的任何一个失误，都可能造成系统性灾难。

一种奇特的"奴隶制"

现代化大公司创造出来的奴隶制形式令人非常惊奇。最好的奴隶就是你支付给他超额工资，让他意识到自己不值这个钱，同时又很害怕失去眼前的这一切。跨国公司创造了外派人员这一岗位，他们类似于外交人员，在离总部很远的地方拿着优厚的报酬，过着舒适的生活，并代表公司开展业务。所有的大型企业都有过外派人员，时至今日仍然有些公司保留着该岗位。尽管成本极高，但它却是一个十分有效的策略。为什么？因为员工离总部越远，他在自己的空间内自主性就越大，你就越想让他成为奴隶，以免他自作主张惹出麻烦来。

总部在纽约的银行，把一位员工和他的家人外派到国外一个分支机构工作，假设那是一个劳动力低廉的热带国家，在那里他可以享受额外津贴和特殊待遇，比如乡村俱乐部会员资格、专车司机，公司还会给他安排一个有园丁打理的漂亮别墅，他还可以和家人每年坐头等舱回家一次。让他在那儿待几年，就足以让他对这种生活上瘾。他比当地人挣的工资要高很多，他的地位类似于生活在殖民地时期等级社会中的那种优越的顶层。他只和其他公司的外派人员建立社交关系，他在当地待的时间越长，他就越希望可以永远待下去。但是他离总部太远了，除了一些只言片语、小道消息和偶尔一个似是而非的暗示以外，他无法及时了解自己如今在公司的地位，他特别想知道总部老板对他的评价。当地任期结束以后，他会像外交官一样，请求总部把他分派到另一个地方继续当外派员工。因为回到总部工作，意味着失去额外津贴，只能拿基本工资，还意味着要回到纽约郊区那种中下阶层的生活中去，每天坐通勤火车上班。噢！上帝啊，但愿他不用再换乘纽约的公交车，然后午餐只能吃三明治。由于长期待在海外，他在公司总部几乎没有人脉，新来的大老板可能都不认识他，因此惯性地对他十分冷淡——这时他会非常恐慌。想到这一切，你就理解了为什么在这种外派生活方式下，95%的外派人员会完全服从公司的政策……这正是总部老板想要的结果——这样一来，大老板无论发出怎样不合理的指令，都会有人坚决执行。

自由从来就不是免费的

阿伊卡寓言里面有一个非常著名的故事，后来它也被收录在伊索寓言里面（拉封丹寓言也有收录）。故事讲的是有一只狗向它的亲戚狼炫耀自己豪华而舒服的生活，这差点儿就让狼动心加入它的行列了。狼最后做决定之前，问了这样一个问题："你脖子上的项圈是干什么用的？"了解项圈的功能后，狼感到深深的恐惧："你盘子里的食物，我什么都不要。"狼一边说一边逃跑了，直到现在都没有回心转意。

你想成为狼还是狗？

这个故事的最初版本是用阿拉姆语写的，说的不是狼，而是一头野驴在炫耀它的自由，但是随后这头驴就被狮子吃掉了。享有自由是以承担风险为代价的，这是"风险共担"的真谛——自由从来都不是免费的。

你做什么都行，但千万不要明明是只狗却宣称自己是头狼，那样你付出的代价更大。哈里斯麻雀（Harris's sparrows）在交配季节会呈现反映战斗能力的第二性征：颜色越深的麻雀，说明其战斗力越强，赢得雌鸟青睐的机会就越大。科学家做了这样一个实验，他们把浅色的雄麻雀的羽毛染深，结果发现这不仅没有改变浅色雄鸟的地位，反而使得这些染色鸟都被其他雄鸟杀死了，因为其他深色的雄鸟只有干掉它们，才能赢得和雌鸟的交配机会。不幸的是，这些染色鸟只是羽毛颜色发生了改变，其战斗力并没有相应提升。这意味着它们本来很安全，染色以后却要一下子面对远超自己能力的强大敌人。这个项目的研究员泰瑞·伯翰这样对我说："你天然会捍卫属于你的东西，但只有你能够捍卫的东西，它们才真正属于你。"

狗和狼的寓言揭示的另一个问题是：虚假的安逸和稳定。狗的生活看起来很安稳，但是它的命运取决于它的主人。很多人愿意收养刚出生的小狗，以便培养忠诚的感情，他们不愿意收养别人遗弃的狗。因此，你会在许多国家看到被抛弃的成年流浪狗被执行安乐死，而狼则永远不会落到这个下场。所以，我们从 IBM 公司的故事中看到的那些被解雇的员工，很难回到他们曾经的辉煌中去。

狗群中的狼

有一类员工不是奴隶，但他们极为少见。你可以用下面的方式来鉴定一个人是否属于这一类员工：他们不在乎自己的名声，至少不在乎他们公司的名誉。

从商学院毕业以后，我在一家银行当了一年的管理培训生。那真是一个意外，因为那家银行不是很了解我的背景和目标，他们希望我能成为一位国际银行家。在那里，我周围都是很适宜被雇用的职业经理人，这是我这辈子最不愉快的经历。后来我转行去另外一家公司当了交易员，我才发现在狗群里面有时候也会有一些狼。

有时，一个销售员的辞职不仅会导致公司的业务流失，更糟糕的是，他会把顾客带到竞争对手那里给公司造成双重打击。销售员和公司始终处于一种紧张的关系状态中，因为公司试图通过规范化的管理隔离销售员和客户，使得公司的业务不再依赖于销售员的个人魅力，并削弱销售员离职对公司业绩的影响，但通常情况下公司的这种做法都不太成功：客户就是喜欢和有血有肉的人打交道，他们相互建立信任之后才会谈业务，如果人们不是面对面地和热情奔放且充满活力的销售员交流，而是在电话里同彬彬有礼但素昧平生的人通话，他们就很难建立一种信任感，并继续讨论交易业务。公司里另一种岗位是交易员，他们只关心一件事：盈利或亏损。公司对这两种人爱恨交织，因为公司很难驾驭这两种人，交易员和销售员只有在不能给公司带来利润的时候才变得温顺，愿意接受规章制度的管理，但是当发生这种情况的时候，公司已经不需要他们了。

我发现能带来盈利的交易员对公司文化具有巨大的破坏性，因此一定要把他们和其他员工做适当的隔离。这就是你将一个"人"转化为一个"利润中心"所必须付出的代价，这意味着对于他来说，除了盈亏以外，公司的其他规定都可以忽略。我记得曾经有一个交易员愤怒地责骂另外一个惊恐万分且又无辜无助的会计部门的同事，交易员咆哮道："我正忙着挣钱给你付工资！"这无非是暗示会计工作不会增加公司的盈利。但这没关系，你遇到的任何一个趾高气扬的人都会有背运倒霉的时候。那位交易员最终在被开除之前，也受到了那名会计的羞辱和奚落（反击程度不那么激烈），最终他的好运走到了尽头。你当然可以是自由的，但直到完成人生最后一笔交易之前，你还不能肯定你是真正自由的。就像前面故事中的那头野驴一样，自由既不是免费的，也不是无风险的。

当我离开原来的公司转到其他公司时，我被十分清楚地告知，一旦我没能完成利润指标，我很快就会被扫地出门。我把背靠在墙上，想了一下，我决定接受挑战。这就迫使我积极寻找套利交易的机会，并大量地进行低风险和低回报的日常交易，在当时的环境下这种交易机会还是比较多的，因为当时资本市场还不成熟，市场上许多交易员经验不足。

我记得曾经有人问我为什么上班不系领带，在那个年代，这种行为相当于在第五大道上裸奔。"为了我的傲慢，为了我的审美，为了我的方便。"我通常都是这样回答的（但他们通常只记住了我的傲慢）。如果你能给公司带来盈利，那么，你无论对老板多么无礼都可以。他们都会忍气吞声，因为他们需要你，他们自己也害怕失业。冒险者在社交方面的行为是不可预测的。自由常与冒险相关，你今天的自由来自你昨天承担的风险，而这种自由可能把你带向明天的风险。如果你承担了风险，你就会感受到你所经历的一切都是历史的一部分。冒险者甘愿去过冒险的生活，是因为他们天生就是野生动物。

说完了着装，我们再来说说谈吐，交易员要从各方面使自己看起来和那些不敢承担风险、没有自由的平庸雇员有所不同。我当交易员那会儿，除了黑帮成员和那些想要表明自己不是奴隶的人以外，没有人会在公众场合说脏话，唯有交易员像粗鲁的水手一样满嘴脏话。我一直保持着有策略性地说脏话的习惯，我只在写作和家庭生活之外的场合使用脏话。①那些在社交网站（比如推特）上使用脏话的人，正在用昂贵的方式（承担社会压力）传达这样一个信号：他们是自由的。而且，具有讽刺意味的是，他们往往也很有能力。几乎没有什么低风险策略能够使你向社会公众展现你的能力。所以在今天的社会，说脏话是地位的象征，莫斯科的商业寡头们会在正式的社交场合，特意穿蓝色牛仔裤来彰显他们的权力和地位。即使银行也会在安排客户参观公司时，带他们参观交易员的工作大厅，就像参观动物园一样。交易员一边拿着电话对经纪人破口大骂，一边撮合成交的场景也是一道风景。

谩骂和诅咒，表明一个人的无知和地位就像前面提到的那只狗一样。"贱民"这个词，从词根上看把人和狗关联起来了。具有讽刺意味的是，那些具有很高社会地位的自由人，通常会主动效仿某些社会底层的风俗习惯以表明他的地位是最高的。②就像是待在木桶里的第欧根尼羞辱亚历山大大帝，让他别挡住自己的阳光一样，他只是为了显示自己自由的地位（当然这只是个传说）。在英国，"礼貌礼仪"作为一种驯化的方式被强加在中产阶级身上，他们的举止和谈吐变得规范和文雅了，但与此同时，他们也产生了一种害怕打破规则、不敢违反常规的恐惧感。

损失厌恶

有句话是这么说的：

---

① 我忍不住要告诉你们这个故事：有一次我收到一封信——"亲爱的塔勒布先生，我是你作品的忠实读者，我想给你提一个建议，像你这样的知识分子如果不说脏话，那么将会极大地提升你的影响力。"我的回复很简短："滚。"
② 我的朋友罗瑞·苏特兰，对，就是前面提到过的那个罗瑞。他曾经这样解释说脏话的现象："某些公司高管刻意面对媒体说脏话，以便给对方制造一个自己是在说真话而不是背稿子的印象。"

> 真正重要的不是一个人有或没有什么，而是他害怕失去什么。

你潜在的损失越大，你就越脆弱。令人啼笑皆非的是，我发现很多诺贝尔经济学奖得主似乎都很害怕输掉一场辩论。几年前，我注意到有4位诺奖得主的经济学家，居然很在意我（一个小小的交易员）公开将他们称为骗子。他们为什么如此在意？你在一项事业中爬得越高，你就越会感到焦虑不安，因为在辩论中输给一个没有社会地位的人，会比输给一个炙手可热的人，更能暴露你的弱点。

只有在某些情况下，位高权重才会给你带来更大的自由，但也可能使你更脆弱。你可能以为美国中央情报局局长是美国最有权力的人之一，但事实上备受尊敬的戴维·彼得雷乌斯却比一名卡车司机还要脆弱，他甚至都不能有婚外情。你手握许多人的生杀大权，但你仍是一个奴隶。整个美国的行政体系都是按照这个原则设计的。

君士坦丁堡的余晖

在上述体制中，那些高高在上的公众人物其实是被体制控制的奴隶，他们要面对的往往是专制制度下的君主。

当我写作本书时，几股势力之间的冲突刚刚初露端倪，其中包括北大西洋公约组织的现任领导人（现代国家其实并没有真正的领袖，有的只是一些夸夸其谈的人）和俄罗斯总统普京之间的角力。很明显，除了普京，其他领导人随时会遭到同党的暗算，因此要对每一份声明字斟句酌，尽可能地减少被新闻媒体误解的可能性。站在他们对面的普京有大把的钞票，普京在公众面前营造出一副"老子不在乎"的姿态，这反而使他赢得了众多的追随者和支持者。在这场冲突中，普京就像是对抗奴隶的自由公民。那些奴隶不仅需要让他们的决定符合委员会决议、议事规则和机构章程，而且要同时获得社会公众的认可。

普京的态度使他的追随者痴迷，尤其是黎凡特地区的基督徒——这一地区的东正教徒更是欢欣鼓舞，人们仍然记得当初正是俄国的叶卡捷琳娜大帝派舰队来此巡弋，迫使奥斯曼帝国当局允许贝鲁特的圣乔治大教堂在沉寂多年以后再次鸣响了钟声。叶卡捷琳娜大帝被认为是"最后一位有胆识的沙皇"，她从奥斯曼帝国手里夺取了克里米亚，而在那之前，逊尼派奥斯曼人严禁他们统治下的沿海地区的基督徒在教堂鸣钟，只有一些遥不可及的偏远山区的基督徒能享有这种自由。1917年，这些基督徒失去了沙皇的有力保护，现在他们希望拜占庭帝国能够在百年以后的今天卷土重来。

和老板谈生意要比和雇员谈判容易得多，后者根本不知道自己明年是否还在这个岗位上。同理，人们更容易相信大权在握的专制者，而不是由选举产生的、四处受到掣肘的行政官员。

普京让我明白驯化的（还有绝育的）动物没有机会对抗野生捕食者，绝对没机会！这事儿和军事实力无关：重要的是推动决策的生物本能。①

历史上，独裁者不仅自身更加自由，而且在某些特定情况下，比如某些城邦小国，顺位继承的君主往往会对国家承担更多的责任和风险，他把自己置身于"风险共担"之中，从某种程度上说，他们反而促进了当地的发展。而选举产生的官员则不同，他们的主要职责和兴趣只是报纸上的优势和成就。然而情况在现代发生了变化，独裁者知道自己的时

---

① 民主国家普选带来的领导人往往都是上流社会的人，他们更关心媒体的评论。随着社会流动性增强，越来越多的人可以通过选举来参政，当然也有政客因此失去了工作。这有点儿像一个创业企业，你召集了几个有勇气的人发起了这家公司，然后你就开始雇用没有勇气的人来运营这家公司。

间有限，他们沉迷于掠夺当地的财富，将资产转移到瑞士银行的账户，就像沙特王室一样。

不要指望官僚斯坦

一般来说：

> 如果某人的岗位去留取决于他的上级对其工作表现做出的定性评估报告，那么应尽量避免让他在该机构内做关键的决定。

尽管根据岗位职责的设置，雇员整体上来说是可靠的，但是在做决定，尤其是艰难决定的时候，或者需要为决策承担后果的时候，你是不能指望他们的。他们也无法处理突发的紧急情况，除非是急救行业本身的工作，比如消防员。雇员只有一个非常简单明确的目标：完成其主管认为必要的工作，或者达到某种可测量（也可操控）的量化指标。设想一个负责向派克大街缺乏品位的寡妇推销吊灯的灯具公司职员，他某天在上班的路上，发现了一个潜在的巨大商机（比如，向沙特阿拉伯游客推销糖尿病药物），他不会迫不及待地投入那个新行当。

虽然你雇用员工是为了让他们帮助公司防止和处置紧急情况，但他们的职责仅限于自己的岗位，一旦出现意外变化，他们就只会傻坐着。公司规模扩大以后，各岗位的职责被清晰地定义和区分，因此，每个人只承担一部分固定的工作。一旦出现了系统性瘫痪，所有人都感到无能为力，这是公司规模扩张之后的一个副作用。

美国人大都受到过越南战争的影响。大多数人（或多或少地）知道某些行动是荒谬的，但是继续行动比停止行动要容易得多。人们总能编造出理由来解释为什么这样做是对的（吃不到葡萄的人会设法证明葡萄是酸的；而正在吃葡萄的人则会捍卫酸葡萄的口感，并称其对健康有利。现在这种现象统称为"认知失调"）。美国对沙特阿拉伯的态度也一直存在同样的问题。自从美国世贸中心遇袭后，美国政府的官员们很清楚那个无党派的王国有人（在某种程度上）插手这件事，但是因为害怕石油供应中断，没有官员做出正确决定。与之相反的是，入侵伊拉克是毫无道理的决定，却得到了大多数官员的赞同，因为这似乎更简单。

从2001年打击伊斯兰恐怖分子的政策开始，说好听点儿，美国攻击错了目标，有点儿治标不治本。政策制定者和思维缓慢的官员忽略了恐怖主义的根源，愚蠢地任其发展。因为这件事不能给他们的职业生涯带来任何好处——即便这样做对国家十分有益。"9·11"恐怖袭击事件后沙特阿拉伯（美国的"盟国"）的初中生现在都已经成年，如果他们被灌输了极端思想，相信并支持萨拉菲派的暴力主张，或者受其影响为其提供资金支持，那么美国就真正错过了教育整整一代人的机会。我重申，那群受岗位职责限制的官员是不能在这个问题上做出正确决定的。

2009年银行界也发生了同样的事情。我在前面提到过，奥巴马政府也是罗伯特·鲁宾的同谋。我们有大量证据表明他们害怕翻船，不敢打破现状，不愿意与自己的亲信发生冲突。

你现在设想一下，如果在上述情境中做决策的人是把切身利益投入其中的"风险共担"的参与者，而不是那些每年由业绩评估报告决定其收入的人，那么，我们今天的世界将大为不同。

下一章，我们来看看那些并没有获得完全自由的自由人，他们有什么致命缺陷吧。

第 4 章
别人为你承担风险

孤军奋战的预警者。詹姆斯·邦德不是耶稣会的牧师，而是一个单身汉。莫里亚蒂教授和福尔摩斯也是单身汉。凯旋公关公司的全部情报。让恐怖分子承担风险。

―――――

我还有房贷和两只猫

想象一下，你所效力的公司在生产过程中对周围的社区产生了隐性污染，比如一种致癌的物质，尽管它致病的机理目前尚不明确，但这种致癌物最终可能导致上千人罹患癌症，但你所在的公司却向大众隐瞒实情，这对社会构成了巨大的潜在危害。此时，你可以（也完全应该）向社会公众发出警告，但你也会因此丢掉工作。更糟糕的是，公司雇用的一些邪恶的科学家会轻而易举地用科学手段推翻你的指控，使你遭受失业以后的第二次打击。想必你听说过孟山都公司雇用的骗子，对法国科学家吉尔斯·埃里克·塞拉利尼（Gilles-Éric Séralini）的所作所为——在打赢名誉权官司之前，塞拉利尼一直被视为科学界的耻辱，他就像一个麻风病人，人人避之不及。另外一种可能是局势反反复复没有定论，最终你的警告被人们遗忘了。你应该清楚那些向公众预警的人、举报不良商家的人，最终都落得什么样的下场，就算你的清白和正直最终被证明了，但真相浮出水面的过程对于你来说将是漫长而痛苦的折磨，大公司雇来的骗子们会一直对你进行"唾沫战"，摧毁你的生活，掐灭你找到新工作的任何一丝希望。总之，你将为真理和真相付出代价。

你有9个孩子，父母抱病在床。你在这件事情上挺身而出的后果就是，你孩子们的前途堪忧，他们的大学梦也许因之破灭——你甚至都没有办法好好抚养他们。你意识到你对社会公众的责任和对孩子们的义务是相互矛盾的。如果你背叛了前一种责任，你就会感觉自己参与了这场犯罪，成为犯罪分子的代理人：数以千计的人将会死于这种被隐匿的有毒物质。做出合乎道德的选择是要以牺牲他人为代价的。

在007系列电影《幽灵党》中，特工邦德发现自己在和黑恶势力孤军奋战——这种情形就跟举报公司危害公众健康的员工所处的困境差不多。在电影中，这股黑恶势力已经控制了英国情报机关和邦德的上级。他的同事Q博士平时为邦德制造豪华新车以及其他一些装备，当邦德邀请他并肩作战时，他说："我还有房贷和两只猫。"当然这只是他的幽默感，最终他还是冒着两只猫的生命危险去和坏蛋战斗。

社会希望圣人和道德英雄都是独身者，这样他们面对道德困境时就不用考虑来自家庭的压力，不用为供养孩子而从捍卫社会公众利益的立场上后退妥协。全人类，真是个抽象的概念，就是他们的家人。人类历史上有过许多殉道者，比如苏格拉底，他的孩子都还很年幼（尽管苏格拉底已经70多岁了），他最终克服了道德困境，捍卫了道德和真理，但代价是自己的生命和孩子们的幸福[1]。很多人是做不到这一点的。

---

[1] 在柏拉图的《申辩篇》中，苏格拉底表现得极为高尚，他说："法官大人，我有自己的家庭，我不是从橡树或者石缝里面长出来的。"（这句话引自荷马）"我也是一个凡人，而且我还有孩子，一共3个，他们都是雅典人，一个已经十几岁了，另外两个更小，但我不会为了乞求你的怜悯而把孩子们带到这里来。"

第4章 别人为你承担风险

一家之主往往是脆弱的,没有多少自由和选择权可言。类似的案例在历史上屡见不鲜。江户时代的武士必须把自己的家人留在幕府做人质,以此向统治者保证自己不会背叛。罗马人和匈奴人曾经相互交换"永久访问者",即双方统治者都要把自己的孩子送到对方国家去——他们自小就在对方国家的宫廷长大,准确地说是在一座豪华的监狱里长大。

奥斯曼帝国的领袖主要依赖禁卫军的保护,这些禁卫军士兵从小就被苏丹派人从基督徒家庭中掠夺过来,并且从来也不结婚。由于他们既没有组建自己的家庭,又和原先的家人失去了联系,所以他们会完全效忠于苏丹,更准确的说法是,只有这样,苏丹才相信他们的忠诚。

大公司喜欢招募成了家的员工,这已经不是秘密了。像这种承担家庭责任的员工很容易控制,如果他们还被一大笔房贷压得喘不过气来,那就更好了。

当然,夏洛克·福尔摩斯和詹姆斯·邦德这样虚构的英雄人物从来没有家庭负担,所以邪恶的莫里亚蒂教授也就无法对他们的家人下手了。

让我来进一步阐明观点:

> 一个人在道德困境中无法做出符合道德标准的决定,当你做出决定时,你家人的利益和社会公众的利益不能处于矛盾状态。

为了防止陷入道德困境,完成对社会的责任,一个简单的办法就是保持独身。比如古老的艾赛尼派,他们都是独身者。他们是不会繁衍后代的。他们的事业怎么传承下来?这个教派后来被并入了今天的基督教,这也相当于传承下来了。艾赛尼派算是一个例外,但是绝大多数独身主义者陷入了另外一个困境：因为独身，他们无法在历史上传承自己高尚的事业。

解决道德困境还有一个办法：财务独立。但是在实际操作中，很难确定某个人是否已经财务独立了，人们总有动机使自己看上去已经实现了财务独立，但事实并非如此。在亚里士多德时代，财务独立的标准是一个人可以毫无羁绊地追随自己的良知，这在今天的社会可能更难实现。

要实现智慧和道德的自由，就不能让别人替自己承担"风险"，尤其不能让家人为自己的事业承担风险，这就是为什么自由如此宝贵。我很难想象当社会活动家拉尔夫·纳德为保护消费者而和大型汽车公司缠斗时，他还有能力照顾两个孩子[1]和一条宠物狗。

但是接下来我们便会看到，不论是独身还是经济独立，都无法使人完全脱离道德困境。

找寻隐藏的脆弱性

到目前为止，我们可以把历史上的独身主义视为个人为了避免社会对其家人实施惩罚而采取的预防措施。这从一个方面证实了自古就有惩罚家人的现象存在。这种惩罚不会明说或者明文规定，但一定普遍存在，如果你惹毛了一家大型农药企业，它不会明确威胁你说要惩罚你的家人，但是事实上它可能就这样做了，你可能会发现你家圣诞树下的礼物少了，冰箱里的食物质量变差了。

我有的是钱，这使我看上去完全独立（我确定我的独立与钱无关），

---

[1] 作者并不肯定纳德有两个孩子，原文直译为 2.2 个孩子，应该是指美国家庭拥有孩子的平均数。——译者注

第 4 章 别人为你承担风险

但是我所关心的人可能会因为我的行为而受到伤害，那些想要伤害我的人可能会转而对他们下手。在大型农业公司向我发起的诽谤浪潮中，那些公关公司（被雇来诋毁所有对转基因食品表示质疑的人）不可能威胁到我的生活。它们也无法给我贴上"反科学"的标签（这是它们武器库里面的主炮），因为我长期以来都坚持用数学语言清晰地描述科学研究中的统计概率问题，有数百万读者理解我的这一立场，它们现在攻击我缺乏科学常识为时已晚。于是它们对我的文章断章取义，然后与新时代运动的大佬迪帕克·乔布拉的言论做对比，它们这样做只会让人觉得乔布拉其实是一位逻辑学家，而不能诋毁我的声誉。这使我想起了维特根斯坦的尺子原理①：用尺子量桌子②的时候，到底是在测量尺子还是在测量桌子呢？牵强附会的比较只会使公众质疑批判者本人的意图，而不是质疑被批判者的正直。

于是公关公司开始雇用网络水军，让他们用潮水般的垃圾邮件攻击毫无防备的纽约大学教学秘书和助理，还有一些根本不知道我在纽约大学工作的无辜的第三者，因为我平时只是一位兼职的客座教授。这些人希望通过伤害你身边比你脆弱的人来伤害你，让你为周围人的受伤而感到内疚。当年通用汽车公司竭尽全力地对付拉尔夫·纳德（他揭露了通用汽车公司的产品缺陷），甚至还派人在凌晨 3 点给他的母亲罗斯·纳德打骚扰电话——那个年代还没有来电显示。它们此举显然是想让拉尔夫·纳德为自己的行为连累到母亲而感到内疚，但它们没有想到的是罗斯·纳德本人也是民权运动的积极分子，接到这些电话她开心极了，因

---

① 出自《随机漫步的傻瓜》。
② 维特根斯坦哲学多次使用尺子和桌子的比喻，此处不明确作者引用的是哪一处，相关的内容包括："我为什么不用橡皮泥测量桌子？""尺子会对桌子负责还是对我负责？"此处疑指公关公司对其雇主负责，而不是对科学负责。——译者注

为这说明她还没有被这场战斗遗忘。

我感到荣幸的是，除了几家大型农业公司以外，我还有其他敌人。几年前，黎巴嫩一所大学授予我荣誉博士学位（我一贯拒绝此类荣誉头衔，很大程度上是因为每次参加典礼我都感到很无聊），出于对故土的尊敬和感恩之情我接受了这个学位。我发现，那些热衷于收集荣誉博士学位的人通常都是等级意识比较强的人。而我始终记得老卡托的名言："我宁可听到人们质问为什么罗马街头没有我的雕像，也不愿意听到人们质疑为什么罗马街头会有我的雕像。"我之前为什叶派穆斯林做了充满激情的辩护，我强烈地希望黎巴嫩能够回归东地中海地区，回归其文化上的天然归属（希腊罗马文明），远离因教派纷争而导致的灾难重重的阿拉伯世界。我的这些言论毫无疑问会激怒一些人。有些学生对我的言论很不高兴，他们就发泄到学校的职员身上。很明显，校长和院长们比独立人士更容易受到攻击，攻击者的动物本能为他们指明了对手的弱点。依照少数派主导规则，一些诽谤者滥用一些令人害怕的词语（比如"种族主义"），就能使整个学校的人退缩。学校雇用的都是雇员，他们容易受到伤害，也有自我保护意识。但萨拉菲主义并不是一个种族主义的问题，它是一个政治运动。人们害怕被贴上种族主义的标签，因而丧失了逻辑思考能力。但最终这些诽谤者针对我的一切努力都是徒劳的：一方面我不可能被他们伤害；另一方面对于一所大学来说，与遭受到激进的泛阿拉伯主义和萨拉菲派的骚扰相比，取消原定颁给我的荣誉学位给学校带来的负面影响和损失更大。

像这样通过伤害你身边无辜的人来对你进行报复的办法，最终都不会奏效。一方面那些令人讨厌的萨拉菲主义者及其支持者都很愚蠢，那些人只会跟着聚众生事的人一起瞎起哄。另一方面，把诽谤活动当作自己职业的人很难在其他方面成功，他们的诽谤活动最终也将以失败告终，因为在这个行业里会积累越来越多的行为举止低于道德标准而又没有才能的人。回想一下，你周围那些能称得上商务精英，生活中精力充沛或者学术上有天赋的人，他们是否在自己的高中时代就立志要成为污蔑抹黑别人的专家？或者他们的理想是成为一位说客，一名职业公关？他们干上了这一行业本身就说明这些人很失败，他们干什么事情都注定会失败。

我们进一步做出总结：

> 要免于道德困境，你就不该交朋友。

这就是为什么克里昂在其执政期间，宣布与他所有的朋友断绝关系。

上面我们讨论了个人和集体之间粘连而交织的关系。下面我们来看一下恐怖分子的例子，他们往往以为没人能伤害他们。

如何让人体炸弹杀手承担风险？

若一个人犯罪，他的家人就应该受到惩罚吗？《圣经·旧约》中的回答是自相矛盾的——在《出埃及记》(*Exodus*)和《民数记》(*Numbers*)中，上帝说："恨我的，我必追讨他的罪，自父及子，直到三四代。"而在《申命记》(*Deuteronomy*)中则给出了不同的说法："不可因子杀父，也不可因父杀子；凡被杀的都为本身的罪。"即使到今天这个问题仍然没有解决，答案仍然没有定论。你不用为你父母所欠的债务承担责任，但是德国纳税人依然还在为自己曾祖父母和曾曾祖父母辈，在"一战"和"二战"时期犯下的罪行承担战争赔款。在远古时期，当债务成为几代人的负担时，这个问题也没有明确的答案，但当时有一种类似债务特赦的机制，国王不定期地会以凯旋或登基喜庆为由免除所有人的债务。

但是面对恐怖主义者的袭击，这个问题的答案马上就变得明确了。规则就是：你若杀害了我的家人，就不能只有你一人承担惩罚，你的家人也必须为此付出一定的代价。这种累及家人的间接问责机制，本来不属于文明社会的犯罪惩罚机制，但是文明社会原有的司法体系不适合应对恐怖分子。在过往的历史中，我们很少看到罪犯能够利用人性化的司法体系来获得如此巨大的非对称"收益"，以至他们甚至不惜通过制造死亡来达到目的。①

《汉谟拉比法典》其实有这方面的规定，即责任会被跨代继承。在那一块被韩国游客的自拍杆包围的玄武岩石碑上清楚地写着："如果一个建筑师建造的房子倒塌并致屋主的儿子死亡，则建造该房屋的建筑师的儿子应该被处死。"我们今天所理解的"个人"在那个年代不是一个独立的存在，而是以家庭形式存在的。

吉卜赛人内部的一些规则在很长一段时间内都不为外人所知，直到看了2000年上映的电影《复仇者》之后，社会公众才得知他们部落里可怕的习俗：如果一个家庭的某个成员杀害了另一家庭的某个成员，那么这个杀人犯的直系亲属将由部落交给受害者的家人随意处置。

真正令我们头疼的是，圣战恐怖主义者被人为洗脑以后变成一个想要杀死许许多多无辜者的恶魔，面对他们，我们几乎束手无策，因为这些袭击行动除对其自身外，不会对其家人造成任何不利影响。从某种

---

① 有一种说法是恐怖分子发起自杀式袭击时，幻想着自己死后能够升天，遇到和自己邻居一样纯洁的人，其实真相不完全是这样的。恐怖分子很多时候是为了给自己的朋友和邻居留下深刻印象，而寻求一种所谓的"英雄"的死法，这种追求是极为盲目的。

程度上说，我们现有的司法体制打消了袭击者的后顾之忧。在腓尼基北部，萨拉非主义支持者身穿装满炸弹的衣服，随时能够在公共场合引爆，以此来恐吓阿拉维派。而他们引爆炸弹之前，根本不可能被发现。如果发现疑似自杀袭击者就将其击毙，那么这可能会导致误杀，但我们又承担不起这样做的后果。于是，最终就有一些公民，冒着生命危险抱住他们认为可能是执行自杀炸弹任务的人。

当其他符合我们惯常正义的措施失效时，应该允许使用某种程度的连带惩罚，前提是这种惩罚机制不是基于情绪性的报复动机，而是依据事先就已经制定好的公开机制，这样就能够对恐怖分子产生一定的威慑作用。对这种为了某个特定团体的极端信仰而牺牲自己的人，需要有外力震慑，才能使他明白他参与的"风险共担"是有代价的。当然，承担后果的就应该是极端组织。

我们阻止自杀式袭击者的唯一办法，就是让他们知道引爆自己身上的炸弹对于他们来说并不是最坏的结果，更不是最终的结果。他们的家人还有他们所爱的人都会因此承受沉重的经济负担，就像德国人还要为祖辈承担战争罪责那样。如此，他们的所作所为就有了需要承担的后果。罚金的数量和执行方式要事先制定合理的方案以便真正起到震慑作用，绝对不能让他们的家人把这种行为看成一种英雄行为或者光荣的殉道行为。

把对罪犯的惩罚扩大到其他人身上只会让我感到恶心，但是更令我感到不安的是，自杀式袭击者的家属不仅会得到恐怖主义组织提供的奖金，而且会得到崇高的荣誉，我们至少应该阻止这种现象。为此，我们无论采取什么措施，都不会导致道德困境。

在上面两章中我们谈到了依赖性的利弊，以及"风险共担"中的风险因素如何制约着我们的自由。接下来，我们将谈谈"风险共担"中的风险因素如何带给我们惊喜。

第五卷

活着就要承担风险

第 5 章
模拟机中的生活

读博尔赫斯和普鲁斯特的作品时，应该如何穿着。手握冰锥时说话，大家都相信你。争论不休的主教会议。神的圣化。为什么特朗普会赢？他也的确赢了。

我曾参加过一场由物理学家埃德加主持的晚宴，圆桌对面坐着一位彬彬有礼的朋友名叫戴维。这像是一个文学俱乐部，在场的人除了戴维，穿着打扮（灯芯绒、宽领带、绒面革皮鞋或者干脆正装）看上去都像是读过博尔赫斯和普鲁斯特作品的人，或希望被看成他们的读者，抑或单纯就是想和读过这两位作家作品的人共度时光。而戴维看上去好像并不知道，博尔赫斯和普鲁斯特的读者在聚会时应该怎样用着装标识自己。晚宴过半，戴维突然拿出冰锥刺穿自己的手心，当时我并不清楚他的职业，也不知道埃德加的业余爱好是魔术。后来我才发现戴维原来是一位赫赫有名的魔术师（他的全名是戴维·布莱恩，David Blaine）。

我对魔术知之甚少，我一直认为魔术就是制造视觉幻象，记得之前我在绪论里提到过的正向设计比反向设计容易，所以我根本无法逆向推测出戴维是怎么做到这一切的。但是晚宴结束时我感到很惊讶，戴维竟然在衣帽间用餐巾擦拭手上的血。所以这哥们儿在表演魔术时确实冒了巨大的风险，这让我对他刮目相看。他是一个真实的人，承担了风险并亲身参与了"风险共担"。后来我又见过他一次，我和他握手的时候看到了上次冰锥表演留下的疤痕。

耶稣承担了风险

我也因此对基督教"三位一体"的神学概念有了新的理解。迦克墩公会议、尼西亚会议以及其他世界性的基督教大会，还有各种大主教会议，都一直坚持耶稣基督同时具有神和人的双重特性。其实在我看来，如果把上帝敬为神，把耶稣视为人，神学也许会变得简单一些，就像在伊斯兰教中，尔撒就被视为一个先知，犹太教也将亚伯拉罕视为先知。但基督教并不这样看待这个问题，它坚持耶稣必须既是神又是人，这种神人双重身份的重要性总是能通过各种细微的方式表现出来，接受"双重身份"就能顺利弥合基督教中各教派的分歧：东正教派主张的一个实体，一志论派主张的一个意志和一性论派主张的一个属性。这样调和折中的结果就是在一神论者看来，基督教具有他们不能包容的多神性，以致很多落入伊斯兰教激进分子手中的基督徒被斩首。

显然，基督教会的创始人希望耶稣具有人性，能够参与人类的"风险共担"，成为人的榜样。他也确实在十字架上受难，牺牲了自己，经历了死亡。他承担了风险，更重要的是，他为别人牺牲了自己。一个被剥夺了人性的神是无法体验牺牲和受难的，神无法真正参与人类的"风险共担"，如果耶稣真的受难了，那么他一定具有人性。如果被钉在十字架上的不是作为人的耶稣，而是作为神的耶稣，那么他所受的苦难就像表演幻象魔术，而不是一个真正承担了风险的人。

在这个方面东正教走得更远，它进一步宣扬而非抹杀耶稣的人性。4世纪时，亚历山大主教雅典拿休斯（Athanasius）写道："耶稣转世为人，让凡人得以成神。"（重点在后半句）正因为耶稣具有人性，这才使得我们凡人能接近上帝，与他融合，成为他的一部分，同沐神启。[①] 人获得神性的过程就是人的圣化（升华），这一切的前提是相信神具有人性。

帕斯卡的机会主义

真实的生活是要承担风险的，这也揭示了帕斯卡的错误。他认为如果上帝存在，那么相信上帝的人将会得到奖赏；如果上帝不存在，那么相信他的人也不会有损失。也就是说，相信上帝是一种无害的选择。如果你把帕斯卡的观点推向其逻辑终点，你就会发现他所提倡的是脱离"风险共担"的宗教信仰，就像一种纯粹而无害的学术活动。但是耶稣所经历的，信徒们也同样应该经历，因为不亲历其中，不亲身参与，它就不是一种宗教。

黑客帝国

哲学家不像那些和他们一样能言善辩却比他们更世故的主教（他们穿着也更华丽），他们并不理解电影《黑客帝国》里面的"思想机器"的重点是什么。实验步骤很简单：你坐在一台装置里面，技术员把几根电缆和你的大脑连接起来，然后你就能感受一种独特的体验，好像真实地感受了这些事件，但这一切其实都发生在虚拟世界中。似乎只有从不冒险的哲学家会相信这种经验对人有用。事实上，你从"思想机器"里面得到的体验并不是一种经验，它永远都不能用于你真实生活中的"风

[①] 因为上帝之子具有人性，使得我们也可以具有他的（神性），他就在我们之中，我们就是他的一部分——克里索斯托姆（Chrysostom）。

险共担"。

为什么？

原因就是之前所提到的，生活是需要付出某种牺牲和承担某种风险的。只有承担了风险并做出了牺牲，那才是你的生活。如果你不承担风险（而且有时候这些风险还是不可逆的，带来的后果是不能修复的），你就不能真正在实践中探索和前进。

"现实生活需要风险"的观点能帮助我们解决有关身心统一的问题，但不要告诉你身边的哲学家。

可能有人会反驳说只要你进入思想机器，你就可以体验到自己参与了"风险共担"，经历了和实际完全相同的痛苦和后果。但前提是你待在机器里，那台机器对你的生活没有不可逆转的伤害，关掉电源以后也不会对你以后的生活产生影响，那里面没有单向流逝的时间。梦境之所以不是现实，就是因为当你以为自己从中国的摩天大楼突然坠落而惊醒时，你的生活还在继续，而不存在吸收壁[①]（这是数学用语，表示不可逆状态，我们将在第19章与遍历性一起进行详细讨论，后者是我所知最强大的概念）。

接下来，我们来看看明显缺陷带来的信号优势。

这位唐纳德

我看电视的时候习惯把声音关掉，当我看见唐纳德·特朗普在共和党初选时和其他候选人站成一排辩论时，我就肯定，无论他说了什么或做过什么，初选他一定会赢，因为他有明显的缺陷，这让他变得很真实。普通

[①] 吸收壁（absorbing barrier），随机游动的一种类型，对于具有吸收壁的随机游动，当质点处于吸收壁时，称过程处于吸收状态，而称其余状态过程处于非吸收状态。——译者注

选民都是在生活中承担实际风险的人——不像我们下一章将讨论的那些置身事外的分析师。因此，选民更乐意把票投给那些演砸魔术时弄伤了自己手的人，因为他比其他魔术师更接近于真实的人。有人说特朗普是一个失败的企业家，这如果是真的，反而支持了这样一个观点：你宁愿相信一个失败却真实的人，因为瑕疵、伤疤和性格缺陷，你确信他是一个普通人，而不是幽灵。①

伤疤是你曾经亲身参与"风险共担"的信号。

并且：

人们会本能地察觉到，曾经奋战在第一线的人和一直待在后台工作的人之间的区别。

在结束本章之前，我们来学学胖子托尼的闪光语录，少说话、多做事、先做再说，宁可只做不说也不要只说不做。总之，千言万语不如两横一竖，干！

否则，你就会像下一章我们将要讨论的人一样，读书虽多，却不求于心，以至知识沦为他们炫耀自己的工具。这几乎已经成了现代世界的通病，那些读书万卷、倚马万言的人，正在帮助企业做生意上的重大决定。这些人在迈出公司大门接触第一线实际情况之前，不应该做出任何决策。

---

① 我注意到特朗普的另外一个特点，他从来没有被雇用过，他不需要向上级证明什么，也不会沉溺于上级的肯定而沾沾自喜。这使得他在措辞时更无所顾忌，而其他候选人或多或少地都有过被雇用的经历，因而他们的措辞更谨慎。

第 6 章
聪明的白痴

不参与"风险共担"的人。脂肪恐惧症。教授会举重吗?

2014—2018 年,从印度到英国再到美国的普通民众,感觉自己受够了!那些对公众切身体会缺乏切身了解的政策制定者,那些试图影响公众的小圈子里的记者,那些常春藤盟校或牛津剑桥等其他名校教育出来的所谓专家,他们一直想劝谕、告诉、指导乃至操纵社会公众应该:(1)做什么;(2)吃什么;(3)说什么;(4)想什么;(5)把票投给谁。

去哪里找椰子

去哪里找椰子?这个问题是独眼听盲人指挥导致的恶性循环。把这些自称知识分子的人放到椰子岛上去,他们根本找不到椰子。这说明他们现有的智慧还不足以让他们明白智慧的定义,因而陷入了恶性循环之中,他们的主要技能就是通过入学考试或撰写论文,而考试的命题人和论文的读者又是和他们一样的人——他们走不出这个半盲和全瞎的圈子。除了胖子托尼外,我们很多人对这些人的连续失职视而不见。想想吧！心理学研究的可重复率低于40%；肥胖恐惧症出现了30多年后，针对肥胖的饮食建议却开始逆转了；宏观经济学与微观经济学（已经迷失在了海量的复杂术语中）的科学性，比占星术还少（读者从《随机漫步的傻瓜》开始就知道这一点）；2010年，对金融风险几乎一无所知的伯南克连任美联储主席；医药实验重复率最多只有33%。在这种环境下，人们还不如依赖自己的生物本能或者干脆听从祖母的建议（或法国作家蒙田和其他经过岁月考验的经典知识），因为祖母比那些制定政策的书呆子要可靠得多。

科学和唯科学主义

不难看出那些学者型的官僚，无论在医学统计还是在政策制定领域都是错进错出的，根本没有丝毫严格的学术精神可言。他们混淆科学与唯科学主义的区别，他们甚至认为唯科学主义比科学更具科学性。举一个微不足道的例子吧，卡斯·苏斯坦和理查德·塞勒试图把我们的行为区分为"理性"与"非理性"（非理性就是偏离了预想值或预先设定的模型的行为），然而他们全面误解了概率论的适用性，又过分依赖于一阶模型。他们还倾向于将复杂事物理解为若干变量的线性组合，他们认为我们只要理解了微观个体，就能掌握大众和市场的规律，或者只要我们理解了蚂蚁，就能理解庞大的蚁穴的构造。

我得创造一个新词"白知"（intellectual yet idiot），它特指那些高智商的聪明的白痴。"白知"是现代化的产物，他们从20世纪中期就开始扩散，如今已是遍地开花，我们现在的生活正由这群没有参加过"风险共担"的人控制着。在绝大多数国家，政府在整体经济中的影响（占国内生产总值百分比）与一个世纪之前相比，要大5~10倍。"白知"看似无处不在，但其实在绝对数量上仍是一小部分人，他们常见于专门的机构、智库、媒体以及大学的社会科学系。他们大部分人都有体面的工作，而招聘"白知"的岗位并不多，这就是为什么他们数量少却影响大。

"白知"总是将那些自己无法理解的行为定义为反常、特例、病态和非理性，却没有意识到可能是自己的理解力有限。他们认为人们的行为应该遵循利益最大化原则，而他们能够知道别人最大的利益是什么，尤其是那些乡下的农民和发不出清脆元音并支持英国脱欧的底层人士。当平民按照自己认为合理而"白知"却不能理解的方式做事情的时候，"白知"就会说他们"没有教养"。我们考虑政治问题时常侧重普遍参与性，而"白知"则只有两个不同的概念，当公众投票结果符合他们的期望时，他们称之为"民主"，当投票结果与自己意见相左时，他们称之为"民粹"。在事关国家发展和公众福祉的投票上，有钱的人希望一美元算一票；普通人希望一个人算一票；孟山都公司希望一个说客算一票；而"白知"则希望一个常春藤学位算一票，或者外国著名学府的博士学位也算一票，因为这些头衔在他们的俱乐部里很重要。

他们就是尼采所说的受过教育的腓力斯丁人（这个词常含有庸俗等贬义），要小心那些读过点儿书就自认为是博学鸿儒的人，他们就像打算给人做脑外科手术的理发师一样。

"白知"自然也不能分辨什么是诡辩。

庸　知

我也许应该为"白知"创造一个新词——"庸知"(intellectual yet philistine)，它指的是那些聪明、有知识且庸俗的白痴。"白知"喜欢订阅《纽约客》杂志,这是一种能让俗人通过虚构的访谈,学会有关进化、神经元、认知偏见和量子力学的期刊。"白知"不会在社交媒体上说脏话,总将"种族平等""经济平等"挂在嘴边,但从来不和少数族裔的出租车司机一起喝酒(这里又涉及"风险共担"了,而这个概念对于他们来说来自外星球,而我会一直声嘶力竭地呼吁下去)。现代社会中的"白知"不止一次去当过TED的演讲嘉宾,或在网上看过不下两场。他们通过循环论证的方式,简单地认定希拉里看上去可以当选,因而投票支持希拉里。不仅如此,他们还认为任何不支持她的人一定都疯了。

"白知"将近东(古代东地中海地区)误认为中东。

"白知"的书架上摆着《黑天鹅》精装首印版,但将"没有证据表明"和"证据表明没有"混为一谈。他们相信转基因是"科学",而且他们认为转基因食物具有和传统食物相同的风险。

通常情况下,"白知"可以正确理解一阶函数的逻辑,但对二阶或更高阶函数以及其他复杂领域,他们就只能望洋兴叹了。

"白知"对于斯大林主义、转基因、伊拉克、利比亚、叙利亚、前脑叶白质切除术、城市规划、低碳水化合物饮食、健身器械、行为主义、反式脂肪、弗洛伊德主义、投资组合、线性回归、高果糖玉米糖浆、高斯定理、萨拉菲主义、动态随机均衡模型、住宅工程、马拉松赛跑、自私的基因、大选预测模型、伯尼·麦道夫(他的庞氏骗局被揭穿之前)和统计学中p值的理解,都是错误的。但他们仍坚信自己的立场是正确的。[1]

---

[1] 帕累托(Pareto)在这个问题上采取的立场比我严格得多。

第6章 聪明的白痴

别和俄国人喝酒

"白知"为了获得旅行特权而加入俱乐部；他如果是一个社会科学家，就会在不清楚数据来源的情况下使用统计数据（就像斯蒂芬·平克那样的心理学家一样）；他如果在英国，就会参加艺术节，吃黄瓜三明治，而且一次只吃一小口；他吃牛排一定配红葡萄酒（绝对不会用白葡萄酒）；他曾以为膳食脂肪对身体有害，而今他的观点截然相反（前后两种观点所依赖的信息来源完全相同）；他听从医生的嘱咐，使用他汀类药物；他不理解遍历性，你刚和他解释过，他立刻就忘；即使是在谈生意，他也不会使用意第绪语；在学一门语言之前他先学语法；他有一个表弟在为一个认识女王的人工作；他从未读过弗雷德里克·达德、黎巴尼斯·安条克、麦克尔·欧克肖特、约翰·格雷、阿米亚努斯·马塞里努斯、伊本·白图塔、萨蒂亚·翁或约瑟夫·德·麦斯特尔等人的著作；他从不和俄国人喝酒；他从不让自己醉到摔杯子（或椅子）的程度；他甚至不知道赫卡特与赫库巴之间的区别（在布鲁克林人眼里，这就相当于不能区分狗屎和鞋油）；他不知道如何在"风险共担"中区分"伪知识分子"与"知识分子"；他在过去5年的谈话中曾两次提到量子力学，而谈话内容与物理学毫不相干。

"白知"喜欢用科学哲学中的流行术语描写不相关的现象。他们总是把现实问题搞得更理论化（以便没有人敢动手解决它）。

小　结

"白知"时刻掌握着自己的一言一行，很在意它们对自己声誉所产生的影响。还有一个更明显的标志，即他们根本就不参加"风险共担"，不愿意承担任何风险和责任，甚至在做举重练习时，都不愿意承担杠铃的重量。

后　记

本章内容是在2016年写的，曾在网上披露部分内容，从读者的反应来看，我发现"白知"在阅读本章内容时很难区分讽刺意义与字面意义。①

接下来，我们不再进行讽刺，回到"白知"一直深深误解的经济不平等问题上来。

---

① "白知"以为这里批评"白知"就意味着"每个人都是白痴"，但其实他们这类人只占极少数。他们不喜欢别人侵犯自己的权利，视他人为下等人，却不能接受别人这样对待他们（就像法国人所说的水浇园丁）。例如，经济学家兼哲学家理查德·塞勒评论道："不叫塔勒布的人中，很少有不白痴的。"他也是转基因技术拥护者兼超级助推人卡斯·苏斯坦的搭档。然而，他没有意识到他们这类人只占总人口的不到1%，甚至1‰。

第 7 章
平等和风险共担

静态和动态。如何破产并被多数人喜爱。皮凯蒂的平等。

不平等 vs 不平等

这世界上有两种不平等。

一种是人们容忍的不平等，普通人的理解能力和那些英雄人物的远见卓识之间就存在着不平等。比如，爱因斯坦、米开朗琪罗或隐士数学家格利沙·佩雷尔曼，人们不难发现自己和他们有很大的差距。这也同样适用于企业家、艺术家、士兵、英雄、歌手鲍勃·迪伦、苏格拉底、当地名厨、一些名垂青史的罗马皇帝，比如马可·奥勒留。简言之，人们会很自然地成为他们的粉丝，你会喜欢去模仿他们，还会渴望成为他们那样的人，但是你不会憎恨他们。

另一种是人们难以容忍的不平等，因为那家伙看起来就和你差不多，但是他会操纵系统谋求私利、寻租、获取不正当利益，尽管他拥有一些你渴望拥有的东西（他的俄国女朋友），但是你不可能成为他的粉丝。这一类人包括银行家、发家致富的官僚、为邪恶的孟山都公司站台的前参议员、胡子刮得干干净净且西装笔挺的公司高管，以及攥着巨额奖金在电视上夸夸其谈的人。你对他们的态度不是忌妒，而是愤怒，一看到他们昂贵的汽车，你就会感到愤懑和痛苦，他们让你感觉自己被矮化了。①

这种富裕的奴隶造成的假象，给人一种很不协调的感觉。

琼·威廉姆斯写过一篇发人深省的文章，她指出美国的工人阶级会高度关注富人的一言一行，将他们视为榜样，而媒体安排的对话交流节目却很少涉及现实世界问题，而是不停地向观众灌输"应该这样思考"的模式化内容。米歇尔·拉蒙写过一本书《劳动者的尊严》（琼·威廉姆斯曾引用过其中的有关内容），她对美国蓝领阶层做了一次系统性调查，发现他们对高收入的专业人士持愤怒态度，但出人意料的是，他们并不仇恨富人。

可以肯定地说，美国公众（事实上所有国家的公众都会如此）鄙视那些高薪的人，或者更准确的说法是，鄙视那些通过拿着与其付出不相符的高工资而致富的人，这个现象具有普遍性。几年前，瑞士进行了一次全民公投，要求立法将管理人员的收入限定在最低工资水平的固定倍数上。该项立法动议未能通过，但这项公投本身意义重大。这说明瑞士也有类似的问题，既有富裕的企业家，也有通过其他某种方式攫取名利的人。

在某些国家，如果财富来源于寻租、政治庇护或监管套利（我提示一下读者，监管套利是指当权者和内幕知情者利用监管欺骗公众，或者利用烦琐的监管程序来阻止行业竞争），财富就被视为零和游戏。②彼得得到的，就是保罗失去的，某人变富，就一定是以牺牲他人的财富为代价的。而在另一些国家，比如美国，财富可能来自破坏性创造，人们会

---

① 我注意到，在一些高寻租的国家，财富被视为零和博弈：你从彼得那里拿给保罗。然而在一些低寻租的地方（比如奥巴马执政前的美国），财富被视为正和博弈，每个人都从中受益。

② 复杂的监管让前任政府雇员找到了新工作——帮助企业绕开他们自己设定的监管。

第 7 章 平等和风险共担

发现某人变富并不是拿走了你口袋里的钱，他甚至可能还往你的口袋里放了一些钱。另一方面，依据本身的定义，生活的不平等就意味着财富分配的零和游戏。

人们憎恶的并不是那些自己承担风险的富人，他们真正憎恶的是那些身处高位却不承担风险的人，这些人并没有用身家性命参与"风险共担"，他们也不可能从他们目前的地位和财富水平上摔下来，更不可能穷困潦倒到排队领救济的地步。同样的道理，那些批评唐纳德·特朗普（当时还是总统候选人）的人从某种程度上帮助了他，因为这些诋毁他曾经经商失败的人不仅误解了伤疤的价值（伤疤标志着他曾经亲自承担风险），而且他们也没有意识到，宣扬特朗普公司破产和他个人损失近10亿美元这件事，反而消除了人们可能对他产生的憎恶（第二种不平等）。损失10亿美元成了值得尊敬的事，因为他输掉的是他自己的钱。

那些不参加"风险共担"也不承担公司经营风险的高管，只会享受公司业绩增长带来的好处，而不会承担公司业绩下滑的损失（就是那种总能在各种会议上侃侃而谈的高管）。他们根据某些指标获得报酬，但这些指标并不真实反映公司运营的健康情况，这样他们就可以操纵指标、掩盖风险、获得报酬，然后退休（或者去其他公司继续做同样的事）。他们可以将离职后公司暴露的风险，轻易地推卸给继任者。

在接下来的分析中，我们将重新定义不平等，将这一概念置于更加严格的基础之上，但是我们先要介绍两种方法的差异：静态和动态，因为"风险共担"可以将一种不平等转化为另一种不平等。

还请记住以下两句话：

> 真正的平等是概率上的平等。
> 只有"风险共担"能防止系统崩溃。

非对称风险

静态和动态

很明显，经济学家们，尤其是那些从未亲身涉险的经济学家的通病就是：他们无法理解动态变化的事物，看不到动态事物和静态事物之间有着不同的属性。这就是为什么他们不熟悉复杂系统和胖尾现象（我们稍后会详细解释）。他们也缺乏理解更艰深的概率理论所需的数学基础和本能直觉。他们对遍历性完全无知（稍后几段我们将开始介绍遍历性），而在我看来，是否理解遍历性是区分一个真正了解世界的学者和一个只会写八股文式论文学者的最好标准。

请先看几个定义：

> 静态的不平等只是一张瞬间抓拍不平等现象的照片，它不能告诉你在今后漫长的历程中还会发生什么。

请考虑以下事实：10%的美国人在其有生之年将有机会挤进前1%的收入排行榜，并待上1年；超过一半的美国人将挤入前10%，并待上一年。[①] 很显然，美国的数据和更加静态（但名义上更加平等）的欧洲是不同的。例如，美国最富有的500个人或家族，只有30年历史；但在法国的名单中，60%的富豪是靠继承得来的财富；1/3最富有的欧洲人，在几个世纪之前就已经属于最富有的家族了；而佛罗伦萨的情况更为严重，几大家族控制了那里的财富已达5个世纪之久。

> 动态的（遍历的）不平等，需要完整地考虑未来和过去。

---

① 进一步的数据显示，39%的美国人将有1年时间挤进收入排行榜的前5%，56%的人将有1年时间挤进前10%，73%的人将有1年时间挤进前20%。

第7章 平等和风险共担

如果只提高底层人民的生活水平，并不能创造动态的平等，而应该让顶层的富豪轮替，或者迫使他们向其他阶层的人开放更多的机会。

让社会更加平等的方式，是迫使处于顶层的富人（参与"风险共担"）始终承受着退出富豪榜前1%位置的风险。①

以上给出的条件比单纯增加收入流动性更严格，流动性意味着底层的穷人可以变富，而上述条件意味着富人不能肯定自己永远都能待在顶层。

现在，我们在数学层面上再精确地表达一下：

动态的平等就是要重建遍历性，从而使得概率在时间和空间上的分布可以相互替代。

我来解释一下遍历性，这可是某些知识分子最不熟悉的领域了。本书第19章将会详细介绍遍历性。只要时间足够长，遍历性就能让许多与概率分布和理性决策相关的重要的心理学实验结果都失效。现在，我们就诉诸你的本能来理解一下遍历性。请在头脑中想象一幅由美国人口的收入和其他各项指标构成的分布图，从图中你可以看到，在美国前1%的少数富翁当中，一些人体重超标，另一些人身材高大，还有一些人很幽默。你还可以看到，大量美国人处于收入的中下层水平，他们之中有瑜伽教练、烘焙专家、园艺咨询师、电子表格处理专家、舞蹈顾问和钢琴修理师，当然还有西班牙语女教师。请观察每个阶层的人占美国收入

---

① 从数学上讲，动态的平等意味着马尔科夫链没有吸收态。

和财富的百分比（请注意，收入的不平等看起来比财富的不平等要弱），完全遍历性[1]就是指我们每个人（如果活得足够长的话），我们一生中经历的"各个阶段"的经济状况的分布情况将和这幅图所揭示的美国"各个阶层"经济状况的分布情况相同（即概率在时间上的分布和概率在空间上的分布，是可以相互替代的）。假如我们能活 100 年，那么我们将有 60% 的时间，也就是 60 年，在中下收入阶层度过（这个阶层占美国总人口的比例是 60%），10% 的时间（10 年）在中上收入阶层度过，我们有 20 年是蓝领阶层，还有可能在最富裕的 1% 阶层待上 1 年。[2]

完全遍历性的反面是一种吸收态。吸收态这个术语源于物理学中的粒子运动，当粒子撞击上一个吸收壁，它们会被吸收或粘住。吸收壁就像是一个陷阱，一旦被吸收进去（无论是好的还是坏的结果），就出不来了。一个人通过某种方法（比如经历一个随机过程）变富了以后，将一直保持富裕状态；另一个人从上层跌落到中下层级，他将永无翻身之日。在这种情况下，他理所当然地憎恨富人。另外你注意到了吗？当国家很大的时候，高层的人很少向下流动（比如法国），整个国家对大公司很友好，保护它们的高管和股东免受中低层之苦，甚至还鼓励他们变得更富有。

当某些人的社会地位从不下降的时候，这就意味着其他人被封杀了上升空间。

---

[1] 技术评论（给挑毛病的人）：现实生活中遍历性是不完全的，这意味着我们每一个人在不同时期遍历各阶层的概率会有差异。你处于前 1% 阶层的概率也许比我高，但是对任何人而言，没有一个状态的概率为 0（肯定不发生），也没有任何一个状态的概率是 1（肯定发生）。

[2] 给挑毛病的人的另一条评论。在《随机漫步的傻瓜》中谈到过的富豪交易员约翰认为一个公平的社会是你做出某种选择就像买彩票一样。此处我们更进一步，探讨一个动态的结构，换句话说，一个社会如何移动，因为很显然它不会保持静止。

第7章 平等和风险共担

皮凯蒂和令人反感的官僚阶层[①]

在法国作家西蒙娜·德·波伏娃虚构的回忆录中，有个阶层被称为官僚，得名于中国明朝的官僚体系（与中国的官方语言普通话是同一个词）。我一直知道官僚阶层的存在，但是直到我注意到官僚们对法国经济学家托马斯·皮凯蒂著作的反应时，我才意识到他们具有一个显著有害的特性。

皮凯蒂效仿卡尔·马克思，写了一部关于资本的巨著。当这本书还是法文版的时候（那时法国之外的人都还不知道这本书），我的一个朋友就送了一本给我，我一直觉得原创的、非数学的社科图书很值得称道。这本《21世纪资本论》，对愈演愈烈的不平等现象提出了强烈的警告，书中提出了一套新的理论，解释了为什么资本总能比劳动力攫取更高的收益率，同时还指出如果对资本的这种高额回报没有再分配或者直接剥夺，整个世界将会崩溃。然而他关于资本投入的回报率高于劳动投入的比较是错误的，任何人只要仔细观察最近兴起的"知识经济"或者曾经参与过投资活动，都不会赞成他的这一观点。

很明显，当你说第一年比第二年更加不平等的时候，你需要确定顶层的那些人还是去年的那些人，否则这种比较就毫无意义。但是皮凯蒂并没有这么做（请记住他是一个经济学家，他对动态的事物有天然的理解困难），问题还不止于此。不久，我就发现除了从静态角度观察不平等并直接得出结论以外，他使用的方法也有缺陷：皮凯蒂的工具不匹配他意欲证明的日益严重的不平等现象。他的作品缺乏数学的严谨。于是我写了两篇文章，一篇和拉尔夫·杜阿迪合作，另一篇是和安德烈·蒙

[①] 这一节是技术性的，对经济学家印象不深刻的读者可以跳过。

塔纳以及帕斯夸莱·西里洛合作的《统计力学及其应用》，它们发表在物理学期刊上。关于衡量不平等的指标，比如，前1%富人的构成及其变化，如果你在整个欧洲范围内观察这个指标，你就会发现该指标高于各成员国的不平等程度，而且这种偏差会随着各国不平等程度的增加而增加。我的这两篇论文有严谨得像铁甲舰一样的定理和证明，全文像科学文献一样严密得无懈可击。尽管它可能并不必要，但是我坚持把结果以定理的形式呈现出来，因为如果一个人试图质疑一个被严格证明的定理，其结果只能是让大家质疑他对数学的理解能力。

经济学家为什么会犯这样的错误？因为他们并不真正理解不平等现象。不平等可以视作一种尾部的不协调现象，富人位于财富分布的尾部[①]。系统内越不平等，赢者通吃效应越强，我们就越偏离"平均斯坦"（见术语表之薄尾平均斯坦，thin-tailed Mediocristan）。不平等的根源在于财富过程是由赢者通吃效应主导的，任何一个在官僚体系帮助下的财富积累过程，都会倾向于将富裕阶层不可逆地锁定在社会顶层。所以解决办法是，允许系统存在一种机制，这种机制使得最强大的、最富有的人有可能因其承担的风险过大而垮塌，这种机制在美国运行良好。

但有些事情比学者犯错误还要严重得多。

问题本身并不是问题，人们如何应对问题才是一个问题。我发现比皮凯蒂的错误更糟糕的问题是官僚体系的干预使得不平等现象更严重了。当官僚们看到皮凯蒂书中的证据时，他们激动得想要马上采取行动，这场景简直就像某人眼中的"假消息"——官僚们可能就是"假

---

① 这种尾部分析十分微妙，已经成为我的数学特长。当概率分布呈现"平均斯坦"时，随着时间的推移，系统发生的变化是由系统中心的中间部分来影响的；当分布呈现"极端斯坦"时，影响系统的变化主要来自尾部因素。不管你是否喜欢，抱歉，但这就是纯粹的数学。

第 7 章 平等和风险共担

消息"。经济学家完全被他的作品冲昏了头脑，他们表扬皮凯蒂的"博学"，因为他探讨了巴尔扎克和简·奥斯汀，这相当于表扬一个举重运动员拿着一个公文包穿过 2 号航站楼。他们完全无视我的结论，当想起我的时候，他们就说我很"傲慢自大"（想想我坚持的那个策略：使用规范的数学表达式，别人就不可能说你是错的）——这真是对科学的非凡赞美。甚至保罗·克鲁格曼（一个当代著名的经济学家和公知）写道："如果你认为你在皮凯蒂的作品中找到了明显的漏洞，不论是实证的还是逻辑的，你都可能是错的，因为他认真做了功课。"后来我见到了克鲁格曼，当面向他指出这个错误，他回避了问题（不一定出于恶意），这很可能是因为他没有考虑过概率和组合数学，他自己也承认这一点。

考虑一下这样的现实：保罗·克鲁格曼和皮凯蒂之流，不会有阶层下降的风险，我们消除社会不平等的努力，只会让他们的人生更上一层楼。除非美国的大学系统或者法国的政权崩溃，否则他们还会继续领取他们的工资。而你刚刚在牛排店遇到的那个戴着金项链的陌生人，正在承受着如果生意失败就要去排队领救济的风险，克鲁格曼和皮凯蒂却没有这种破产风险。古语说得好，以剑谋生的人会死于剑下，靠承担风险谋生的人也会被风险夺去生计。①

我用了如此大的篇幅写皮凯蒂，是因为他的书激发了广泛而热烈的欢迎，他和他所代表的那个阶层喜欢用抽象的理论去和被压迫的人建立

---

① 如果财富创造过程是一个胖尾（极端斯坦），那么财富将在社会顶层（胖尾）产生，这就意味着财富的增加将导致社会的不平等增加。社会财富的增加来自一小部分人的努力。相应地，全社会财富池（测量年度开支，正如皮凯蒂做的一样）的财富也会相应增加。设想一个二八分化的百人社会（80/20）：额外的财富贡献来自一个人，底层的 50 个人什么都没有干，这并不是一个零和游戏，因为如果拿掉那个创造财富的人，整个社会就没有财富的增加。从这个意义上讲，群体内其他人得益于少数人的财富贡献。

虚假的团结，其目的无非是巩固他们自己的特权。

鞋匠忌妒鞋匠

普通人之所以不像"知识分子"和官僚那样猛烈抨击财富不平等现象，是因为忌妒只会发生在相邻的阶层，而不会穿越多个阶层。对财富的忌妒并不是源自穷人，穷人只关心如何改善自己的生活，这种忌妒源自有较高社会地位的阶层。简单地说，那些已经致富的大学教授和拥有永久性稳定收入的人，那些在政府或学术界任职的人，他们普遍认同皮凯蒂的观点。和他们交谈之后，我确信那些最积极想要剥夺富人财产的阶层，恰恰是离他们最近的人（并一直拿自己和他们做比较的人）。就像过去许多次社会运动中，最早接受革命理论的恰恰是资产阶级或是有一定社会地位的官员阶层。所以对富人的忌妒并非来自美国亚拉巴马州南部的卡车司机，而是来自美国纽约或华盛顿哥伦比亚特区那些受过常春藤学校教育的"白知"（比如，保罗·克鲁格曼或约瑟夫·斯蒂格利茨），受过常春藤学校教育的人有着强烈的权利意识，他们对有些人不如他们聪明却比他们富有的事实感到沮丧。

亚里士多德在他的《修辞学》中曾经提出这样一种假设，即你更有可能在你的亲友中遭到忌妒：底层的人可能对他们的表亲或中产阶级产生忌妒，而不太可能对富裕阶层产生忌妒。"在自己的土地上谁都不是圣人。"这句话指出了忌妒是一种具有领地属性的情绪，有人误以为这句话源自耶稣，其实这是《修辞学》中的一段话。不过，亚里士多德这句话也是在赫西奥德的基础上提炼出来的，后者的原文是"鞋匠忌妒鞋匠，木匠忌妒木匠"。让·德·拉布吕耶尔总结道，忌妒只在同一行业、相近天赋和相同条件下产生。

所以我怀疑皮凯蒂是否像我们在上一章谈到的米歇尔·拉蒙那样，认真地关心过底层法国人民到底想要什么。我确信他们想要更好的啤酒、一个新的洗碗机或者更快的地铁，而不是去推翻他们从未见过的富人。但是话又说回来了，人们可以通过设计问题来引导舆论，将富人描绘成窃贼，正如法国大革命时期的做法一样，在这种情况下，蓝领阶层就会要求来一次满地人头的暴力革命[1]。

不平等，财富和垂直社会化

知识分子为什么如此关心社会的不平等问题？那是因为他们本能地用等级社会的眼光看世界，他们关心自己的社会地位。其实还有一个深层次的病理学原因，那些培养了他们的名牌大学平时讨论的话题大都是有关等级社会的，而现实世界的大多数人并不为此感到困扰。[2]

在古老的乡村，忌妒并不是一个困扰大家的社会问题。富人之间相互接触的机会很少，他们各自住在自己的领地里，缺乏那种营造相互攀比心理的环境。富人在自己的领地被一群依靠他们谋生的农民包围着，除了偶尔进城以外，他们的社交生活相当垂直，他们的孩子会和仆人的孩子一起玩耍。

发展到商业社会以后，相同或相似阶层的人才开始居住在同一个社区，社交演变成同一阶层内的活动。工业化社会以后，富人开始向城市

---

[1] 英国议会报销丑闻：下议院议员给他们自己购买了电视机和洗碗机，这些东西公众可以轻易地想象到。当公众予以反对时，一个议员辩称："我又不是拿了100万英镑的债券。"问题是公众能够理解电视机，他们对债券反而不太理解。

[2] 有个技术性的观点：如果一个人动态地而非静态地看待这个问题，财产税其实对工薪阶层更有利，而不是企业家。

或郊区聚集，他们的财富状况相似但又不完全相同，这种财富差异使得他们相互攀比。于是，比赛开始了。

因此，工业化社会以后的富人在社交上隔绝了穷人，穷人对于他们而言变得理论化了，成了教科书上的概念。正如我在上一章所讲的那样，我从未见过一个正统的剑桥大学讲师和一个巴基斯坦来的出租车司机一起闲逛，或者和操着伦敦腔英语的工人一起举重。因为知识分子认为他们有权把穷人当成一个观念来对待，一个由他们创造的观念。因此，他们确信自己知道什么才是对穷人最有利的。

共情和自保

请回忆一下我们关于规模问题的讨论，人类的道德是有适用对象的，并不是普遍适用于所有人的。对象如果是一个遥远的域外人，那么就不适用于我们的道德。即使不是域外人，我们的道德规则也会因对象不同而变化。

忌妒的反面是共情（将感情推己及人的做法）。你可以看到，人们对他们同一个阶层的人有更多的共情。传统上，上流社会会收留那些家道中落的年轻人作为自己家的伙计，以此来帮助他们。这样的做法其实有互助保险的属性，只在确定的有限人数内有效，并不能普及全社会。"你照顾我的子孙，我也会照顾你的子孙"源自共情之心，却有自保之效。

数据，随便什么数据

我从皮凯蒂的恢宏巨著中学到了另外一课：他的书里充满了各种图

表。这其实是一个教训：如果我们在真实世界里遇到一个专家使用各种图表呈现大量数据，那么这并不能说明他很严谨。我作为一个概率专业人士，在《黑天鹅》那本书中并没有使用大量的数据和图表（除非个别说明性目的的展示），因为我相信堆满了数字和图表的作品，恰恰缺乏逻辑严密的论述和坚实可靠的观点。而且，人们误以为实证主义就是堆砌数据。当我们的逻辑是正确的时候，只需要一些有意义的数据稍加修饰；而当我们试图证伪某一观点时，一个反例就足够了。只要有一个数据显示存在极端偏差就足以表明黑天鹅的存在。

当交易员们赚钱的时候，他们懒得搭理你；当交易员们输钱的时候，他们会把你拖入细节、理论、数据和图表的汪洋大海之中，以便证明他们自己是无辜的。

概率论、统计学和大数据分析的核心不是数据，而是基于观测得出的逻辑——尤其当观测数据不足时，逻辑就至关重要了。在很多情况下，真正有用的仅仅是几个极端数据；极端数据很少出现，而一旦出现，它们就带来巨大的信息量，并足够让你证明（或者证伪）某个观点。比方说，你想要证明某人有 1 000 万美元，你需要做的就是打开他的股票账户显示市值有 5 000 万美元。你不必逐一列出他家的每一件家具，包括他书房里价值 500 美元的油画和餐厅里的银餐具。我根据自己的经验得出一个发现，当你买一本厚厚的、用成吨的图表和表格来证明某一观点的书时，你一定要小心：这往往意味着大量无关紧要的数据没有被作者筛选掉，而真正重要的观点却还没有被提炼出来。但是对于普通大众和没有统计学基础的人来说，这些图表看起来很有说服力，简单的真理就这样被复杂的数据替换掉了。

斯蒂芬·平克就在他的书《人性中的善良天使》中使用了这个方法，他说在现代社会中人类的暴力行为减少了，并将此归因于现代制度和机构的功劳。我和我的合作者帕斯夸莱·西里洛仔细审阅了他的数据之后发现，要么是他没理解自己的数字（事实上，他确实没理解），要么是他事先已经形成了观点，罗列这些图表和数据是为了让别人接受他的观点，而不是证明这个观点。他没有意识到，统计学并不关心数据本身，核心是通过数据提炼逻辑，从而避免被随机产生的数据愚弄。但是无论我怎么苦口婆心，普通大众和他那些崇拜国家机器的白知同事，都认为这是一本很了不起的书（至少他们这会儿是这么想的）。

公职人员的道德

结束本节之前，让我们来谈谈比不平等更糟糕的不公平，那些在后台工作而又不承担风险的人，因其曾经为政府工作而变得富有了。这个令人痛心疾首的现象，揭示了社会的不公平。

当奥巴马总统离任时，他接受了 4 000 多万美元来写回忆录，很多人对此感到愤怒。但是他的支持者，那些捍卫中央集权政府的人都为他辩护，反过来批评继任政府雇用富有的企业家担任政府公职。对于他们来说，金钱是贪婪的，但他们谴责金钱的同时却支持那些没有通过商业活动就赚到钱的人，这明显不合逻辑。我苦口婆心却又徒劳无功地向公众解释，让富人担任公职和让公职人员变富不是一回事儿。再说一遍，事物是动态发展的，一个事情发生的机制以及后果，才是最重要的。

我支持让富人担任公职，是因为他们的财富本身就是能力的证据，它表明他们有足够的能力应对现实世界的问题（当然他们也可能只是随机过程的幸运儿），但是我们至少都看到了他们在真实世界中的某些技能。当然，这个人的财富必须是其亲身参与"风险共担"所赚取的，他如果还在这个"风险共担"中失去过部分乃至全部的财富，体会过与之

第 7 章　平等和风险共担

相关的焦虑和愤怒，就再好不过了。

如果我们结合道德和后果来看公职人员发财这件事，那么我们相信：

> 利用公职发家致富绝对是不道德的，而且对社会有巨大的伤害。

杜绝此类现象的一个好办法是强制要求公职人员在就职宣誓时增加一条：待其离开公职以后从私人部门赚取的金钱不能超过一定的数量限额，超出部分将归全体纳税人所有。这就保证了他们担任公职期间的真诚，在公职部门工作虽然报酬不高，但是公职人员能够从服务社会的工作中获得情感回报。这还能确保他们在公职部门工作，不是出于某种战略投资的目的：你不能基于卸任后会被高盛公司雇用的动机，而去担任耶稣会主教的职务——尽管这两者都要求雄辩和博学。

其实大多数公职人员，都倾向于终身待在政府公务员序列里面。当然了，某些领域的部门除外：农业食品、金融、航空航天以及与沙特阿拉伯有关的任何部门……

一个公职人员可以制定对某些行业（银行业）特别友好的监管规则，然后去摩根大通银行把他当公务员时工资和市场差额的几倍统统赚出来（你可能还记得，监管者总想把监管规则制定得越复杂越好，这样一来，他们就可以凭借专业知识被高价雇用了）。

所以公职部门存在着隐性的贿赂：你对某行业某公司好一些，比如说孟山都公司，它之后也会照顾你。它做这些并不是出于荣誉感，而是要让这个机制运转下去，以此来鼓励现在监管它们的公职人员对它们好一些（像你曾经做过的那样）。那个任人唯亲的"白知"财政部前部长蒂姆·盖特纳（我和他共用绪论中提到的那位意大利理发师），就很明显地接受了那些曾经被他救助的金融行业的报答。他用纳税人的钱救助了陷入危机的银行家们，让他们从危机后最大的资金池里给自己发奖金，那是2010年，他们用的是纳税人的钱，然后这个行业为了报答他的良好表现，在一家金融机构里给了他一份年薪数百万美元的工作。

有些领域严重依赖专业技能，电工、牙医、葡萄牙语不规则动词变位专家、助理结肠镜专家、伦敦的出租车司机、代数几何学家，这些都是专家（各地情况或多或少有些不同），然而记者、美国国务院的官员、临床心理学家、管理理论家、出版业高管、宏观经济学家却不是专家，或者说这些行业并不依赖专业技能。让我们来考虑这一系列问题：谁才是真正的专家？由谁来决定哪些人是专家？谁是负责鉴定专家的专家？

时间才是专家。或者说，那个喜怒无常而又冷漠无情的林迪才是专家，我们下一章将要讲到。

第 8 章
一个叫林迪的专家

她是唯一的专家。不要吃它们的芝士蛋糕。专家由大方之家来判断。妓女、民妇和业余演员。

林迪是一家纽约的熟食店，现在已经沦为一家专坑游客的黑店。林迪对外宣称芝士蛋糕是它的骄傲，而物理学家和数学家都知道这家店已经有50年左右的历史了，这不是因为芝士蛋糕而是这里带给他们的启发和灵感。林迪附近就是百老汇，有些演员卸妆之后会聚在这家店里聊天，他们对正在演出的剧目和其他演员评头论足，然后人们发现了一个规律，那些已经连演100多天的演出，总能吸引到足够多的观众支持其再演100多天，已经演了200多天的也还能再演200多天，这就是所谓的"林迪效应"。

我提醒一下读者，虽然林迪效应是我迄今得到的最有用、最稳定和最普遍的启发之一，林迪的芝士蛋糕可就逊色多了，如果没有林迪效应带来的名气和好奇心，这家店可能早就生存不下去了。

有很多数学模型都可以解释这个现象，但总有些不尽如人意，直到某天我恍然大悟，可以使用脆弱性和反脆弱性来解释林迪效应，而且数学家依度·艾萨尔（Iddo Eliazar）也写出了"林迪效应"概率分布的函数表达式。事实上，正是"脆弱性"直接导致了林迪效应。我和我的论文合作者已经成功地将脆弱性定义简化为针对混乱无序状态的敏感程度。当我在写这几行字的时候，我书桌上有一只陶瓷做的猫头鹰正安静地看着我，我知道它不喜欢震动、无序、摇摆和地震，它还害怕被每天来擦灰尘的清洁工拿起来以后掉在地上，害怕待在希思罗机场第5航站楼的手提箱里转机，害怕沙特阿拉伯"野蛮人"赞助的伊斯兰武装分子的炮弹。很显然，它只能从随机事件（或更宽泛地说，从无序状态）中受害，而不能从中受益。如果我们严格定义什么是脆弱，那么它是指"对外部压力源呈现非线性反应"。对这只瓷猫头鹰施加一个外力，它可能没有什么变化；但当外力达到陶瓷材料本身的破裂点时，它就会突然破裂。这就意味着强烈的外部冲击力对其造成的影响远大于微小的冲击力所造成的影响，而且这两种影响的程度与所受外力的大小极不成比例。

其实，时间是相当无序的。我们把抗争时间带来的无序性视为一场光荣的战斗，称之为生存，其实它就是我们应对无序状态、处理混乱事件的能力。

> 脆弱的东西对波动性和其他压力源有着非对称性的反应，会从中受害而非受益。

从概率论上讲，波动和时间是一回事情。因此，引进"脆弱性"这个概念可以帮助我们牢固树立这样一个理念，即检验一切事物最有效的手段是时间。这里讲的事物可以指观点、人、知识、汽车模型、科学理论和书籍等。你骗不了林迪，《纽约时报》热门作家写的书在出版的时候，也许会得到人们的关注和宣传，但是它们的5年存活率普遍不如胰腺癌患者。

第 8 章　一个叫林迪的专家

谁是真正的专家？

林迪有效地回答了那个由来已久的古老问题：谁来评判专家？谁来保护卫兵？谁来审判法官？好吧，时间会解决所有这些问题。

因为时间是"风险共担"的组织者和裁判者。那些经过时间的洗礼、磨炼和筛选而幸存下来的事物，向我们揭示了它们强韧的生命力（尽管我们是事后知道的）。如果没有"风险共担"把各种事物的脆弱性暴露在现实世界，任其承受各种潜在伤害，那么筛选机制就会被打破：任何事物都有可能以某种规模生存相当一段时间，然后突然崩溃，造成很多附带的伤害。

对复杂性感兴趣的读者可能还记得，林迪效应在《反脆弱》那本书上有详细的介绍。时间以两种方式来考验我们。首先是衰老和死亡。事物会死亡，是因为它们有自己的生物钟，这个过程被称为衰老。其次，还有危险和意外事故。我们在现实世界里遇到的是二者的组合：你在衰老的同时，往往不能敏捷地应对突发事故。这些突发事故不一定是外在的，像从梯子上摔下来或者是被熊攻击；它们还可以是内在的，你的器官或代谢功能偶尔也会运转失调。从某种程度上讲，动物没有明显的衰老期，比如乌龟和鳄鱼，它们在全生命周期的活力都差不多。如果一条 20 岁的鳄鱼还有 40 年的预期寿命（排除栖息地消失的风险），那么另一条已经 40 岁的鳄鱼看起来也有 40 年寿命。

我们有时使用不同的表达方式，比如，"林迪效应"、"是林迪干的"或者"和林迪兼容"这些话语（可以相互替代），它们都可以用来展现符合如下特征的同一类事物：

"林迪"不会衰老，只会消亡，只要它还活着，它的预期寿命就会随着时间延续。

只有那些无生命的事物才不会腐烂变质,它们就是林迪。林迪可以包括观点、书籍、技术、程序、制度和政治体制,这些事物没有导致其自身衰老和消亡的生物钟。当然,一本纸质版的《战争与和平》会衰老(尤其当出版商为了省下20美分而对一本售价50美元的书偷工减料的时候),但是这本书所包含的思想并不会衰老。

记住!有了"林迪",专家就不再是专家了,我们不再需要顶级专家来评判排名比他靠后的其他专家的水平了。我们解决了"乌龟站在乌龟上"[①]的问题。脆弱性是发现问题的专家,光荣归于永恒的时间和强韧的幸存者。

林迪的林迪

林迪效应的生命力,证明了林迪效应的正确性。苏格拉底之前的思想家佩里安德在2 500多年前写道:"法律越陈旧越好,食物越新鲜越好。"

类似的,西班牙国王阿方索十世,绰号"聪明的艾尔·萨比欧",有句名言:焚朽木,饮陈酿,读古书,交老友。

一个充满远见卓识而又幸运地没有加入学术圈的历史学家汤姆·霍兰曾经说过:"我最崇拜罗马人的一点是他们对年轻人的轻慢和不屑。"他又写道:"罗马人评价政治体制的标准不是看它是否合理,而是看它

---

① "乌龟站在乌龟上",表达的是一个无限回归的问题。逻辑学家伯特兰·罗素被告知世界站在乌龟的背上,他问"那乌龟又站在哪里",回答是"乌龟站在另外一只乌龟的背上,如此继续下去"。

是否有效。"出于同样的原因，我在撰写本书时把罗恩·保罗称为希腊人中的罗马人。

我们需要评判吗？

我在绪论里面提到过，我在学术界的职业生涯不超过一个季度，这段经历让我在纽约下雨的时候有地方待着，不会因为担心自己一个人吃饭孤单而勉强去参加某些聚会，也不会在参加这些聚会时担心和这些人交往会使我的头脑丧失独立思考的能力。有一天，当时的（现在已经辞职）系主任来找我，并对我发出了这样的警告："正如商人和作家会受到其他商人和作家的评判，你现在作为一个学者也会受到其他学者的评判，生活充满了同行的评议。"

我好不容易才控制住自己恶心想吐的感觉，我根本无法理解那些从不承担风险的学者的思考方式。事实上，他们没有意识到其他人面对的生活和他们不一样，他们也不试图去了解其他人生活的真实情况。事实就是，商人承担着风险，他事业的成败得失并不依赖于其他商人的评判，如果有什么人能够评判他们，那么也只能是他们的会计（当然，商人也需要避免违背道德规范）。而且，你不仅不想要同行的赞许和支持，你甚至希望得到他们的否定（除了道德问题）。一个久经沙场的老交易员曾经和我分享了他的体会："如果这个大厅里的人都很喜欢你，那么你一定做错了什么。"

我把话说得再彻底一些吧：

> 当一个人的命运不依赖于同行评议时，他才是一个真正自由的人。

作为一个作家，我不接受其他作家、编辑或者书评人的评判，我只接受读者的评价。读者，也许，但是等一下……不是今天的读者，而是明天、后天乃至大后天的读者。所以我唯一的评判员是时间，书出版相当长一段时间以后，读者群体的规模、稳定性和忠诚度，这才是真正有意义的评判。那些跟着《纽约时报》书评看时髦的新出版图书的读者，对我毫无意义。我可以用隐瞒风险和编造稳定收入来源的办法欺骗我的会计，轻易地就能诱导他做出对我有利的评判，但是时间一长我的把戏就会暴露。时间，只有时间高于人类的一切智慧和正义，我将由它来评判。

> 只有当你在乎未来人们对你的评价时，人们当前对你的评价才是重要的。

但是请记住，一个真正自由的人从不试图赢得一场辩论，他只追求赢得胜利。①

和女王一起喝茶

同行圈子里的人通常会渴望荣誉头衔、成员资格、诺贝尔奖，希望受邀去参加达沃斯论坛或相似的论坛，和女王一起喝茶（还有黄瓜三明治），受邀参加富豪的鸡尾酒会，相信我，在那儿你遇到的人都是大

---

① 关于现代化的观察和评论：我们为了变化而变化，正如我们在建筑、食物和生活方式上看到的一样，我们经常把以前的模式彻底推翻并称之为进步。我在《反脆弱》一书中解释过，基因突变是生物进化的驱动力之一，但是如果代与代之间的基因突变过于显著，就会导致上一代生物体好不容易积累起来的基因变异（包含着对环境适应性更强的遗传优势）被浪费和抛弃，生物进化和社会进步需要一些基因突变，但不能是频繁而剧烈的变化。

富豪，他们满嘴说着一些你只听说过名字却不认识的名人。富人圈子里的生活就是相互组织这样的活动，他们通常宣称自己正在尝试着拯救世界、狗熊、儿童、山脉和沙漠，这些都是为了宣传自己的美德。

但显然，他们不能影响林迪。事实上，如果你在纽约21俱乐部花钱花时间，试图给人留下深刻印象，你就可能已经走上了和林迪相反的道路了。

你现在的同行是宝贵的合作者，而不是最终的评判者。①

体　制

事实上，还有比同行评议更糟糕的事情：官僚化的体制。大学的管理者对实际情况一窍不通，却又要强行推行一套管理制度，他们只能依赖外部的信号（美其名曰客观公正的指标体系），他们从不真正知道某人在干什么或者事情是怎么发展的，但是成了真正的仲裁者。

---

① 获奖就是诅咒。事实上，交易员很早就知道这样一个规律：媒体表扬是反向指标。我痛苦地学会这一点。1983年，就在我成为交易员之前，IBM公司上了当时极有影响力的《商业周刊》的封面，被捧为"终极公司"。我当时很幼稚，冲动地买了这家公司的股票。我很快就被炮火掩埋了。然后我猛然醒悟，我应该做空这家公司，下跌中弥补损失。由此我学到了一件事：媒体的表扬是毋庸置疑的诅咒。IBM股票在之后的15年一直处于下跌之中，一度濒临破产。而且，我还学会了要避免获取荣誉，部分原因是这些荣誉往往是由错误的评判者授予的，他们喜欢在你身处巅峰的时候找到你（你宁可被媒体忽视，最好是被它们讨厌）。一位之前投资餐饮行业的交易员布莱恩·欣克利夫（Brian Hinchcliffe）给了我一些如何在获奖餐厅点菜的建议：那些真正的好餐厅往往在熬到获得"最佳"称号之前就已经关门了（"最佳"称号往往意味着最好的氛围、最好的服务、最好的发泡酸奶，还有给来访的酋长准备的非酒精饮品）。从经验来看，如果你希望一部作品能影响几代人，那么你一定要确保其作者生前没有得过诺贝尔文学奖之类的荣誉。

这些仲裁者没有意识到无论是有名的核心期刊还是匿名的同行评议，都不符合林迪的"让时间来筛选"的原则。无论你得到的是期刊编辑的正面反馈还是同行的好评，都只能让某些当前有权势的人对你的作品很满意，而并不能确保你作品的成功。

　　自然科学领域可能受这种病态问题的困扰较少，所以让我们看看社会科学领域吧。对于一位论文作者来说，他唯一的评判是他的"同行"，于是他们就默契地形成了一个相互引用对方论文的小圈子，这种让圈内人的论文提高知名度和被引用次数的做法，源于指标考核体系，结果却是某种程度的腐败。例如，宏观经济学可能根本就是无稽之谈，因为宏观胡说比微观胡说要容易得多，根本没人知道一个宏观理论是否真的有效。

　　如果你在说疯话，那么你会被认为发疯了。但如果你组织一个20人的圈子，成立一个学会，相互附和着说疯话，那么你可以凭借这些"同行评议"在大学开设一个系了。

> 学术界有一种趋势，即学者不必参与"风险共担"，如果对此不加制止，学术活动就会演变为一个仪式感很强，但纯属自娱自乐的出版游戏。

　　现在，学术活动逐渐变成了竞技体育的比赛，维特根斯坦对此持反对态度，他认为知识站在体育比赛的对立面。[1] 他还说，在哲学上的胜

---

[1] 此处引用维特根斯坦的两句话出处不明，前一句疑似"我在遵守规则的时候，是盲目不假思索的"，语出《哲学研究》，意指体育比赛需要遵守事先制订的规则，而学术活动一旦被纳入数量化的考核指标体系，就类似于在体育活动中引入了比赛规则，因此思考的敌人并不是竞技体育，而是类似于比赛规则的考核指标体系。后一句疑似指哲学应该是一种澄清而不是一场辩论，后者会把哲学拖入一场无休止的语言游戏：最后发言的人获胜，或获胜的人最后发言。——译者注

利属于最后说话的那个人（活到最后的人）。

而且：

> 任何东西一旦带有竞赛的意味，就会扼杀对知识的探索。

在某些领域，比如性别研究或者心理学领域，形式主义的出版游戏愈演愈烈，研究成果越来越少地反映真正的研究。研究人员遇到了代理人利益冲突问题（就像黑手党遇到了两个互为竞争对手的客户同时上门求助），社会和学生付钱给学者希望得到的东西是相互冲突的。好在学者自己有一个圈子，牢牢地把住了学术界的大门，学术界对外界越不透明就对学者越有利。学者熟悉"经济学"，并不意味着他们知道现实生活中经济运行的规律，他们只知道理论，而大多数理论不过是经济学家自己制造出来的狗屎。那些辛勤工作数十年的父母，辛苦攒下积蓄给孩子付学费，而他们的孩子在大学里的课程却很容易退化成时尚秀，课程内容可能是"针对后殖民地时期量子力学的文学批判"（没看懂？因为这就是狗屎）。

好在事情还有一线希望。最近发生的事情表明整个学术体系不得不有所收敛了，校友们（恰巧在现实世界中工作）开始削减给那些开设荒唐闹剧般课程的学校的捐款（奇怪的是，他们有关闹剧的课程却开得极为刻板），毕竟，总得有人给那些宏观经济学家和后殖民主义性别问题专家付工资啊！另外一个好消息是，大学现在还需要和各种职业培训机构竞争，曾几何时，一个人去大学读了"后殖民主义"时期的文学理论就可以找到一份新工作，不用再干炸薯条的活儿了，以后怕是不行了。

违背个人利益

如果一个人将其个人的最大利益注入某项事业,那么他在这项事业上的言论往往最可靠也最令人信服,一个人参与"风险共担"的程度越高,他的话就越可信;而那些不做任何具体贡献也不承担任何风险(却只想着自己地位和利益)的人,他们的话是最不可信的,正如我们前面指出的那样,大多数学术论文既没有具体内容,也不承担任何风险。事情原本不该是这样的,追求荣誉是人的天性,具有合理的动机。只要你(论文)的实际内容超过你所得到的荣誉,你就继续保持这种本性吧!

如果一项研究成果会给其作者带来名誉上的或者其他方面的伤害,而且还会招致同行的责难,那么这项研究成果就值得我们高度重视。

与此同时,我们还应该意识到:

如果一个充满争议的公众人物愿意为自己的观点承担风险,那么他不太可能是在胡说。[①]

重申把灵魂投入"风险共担"

学术研究中的"去庸俗化"过程最终将会用下面这种方式完成:规

---

① 我一般不太喜欢在公众场合抛头露面,我认为鉴别一个公众人物是否在胡说的标准有两条:一是看他自己是否承担后果和风险;二是他是否在意自己的荣誉和名声。

定那些学者只能用自己的时间去做研究,或者,他们以后只能从其他渠道获得收入了。为了去除体制的弊端,某些人做出牺牲是必需的。这个主意也许对于被洗过脑的现代人来说很荒谬,但是一本《反脆弱》所做的实际贡献就已经远超那些专业人士华而不实的研究成果了。为了让自己的研究成果真正原创且对社会有价值,研究人员应该在现实生活中有另外一份糊口的工作,或者至少花 10 年时间从事这类职业:磨镜片的技师、专利局文员、黑手党干将、职业赌徒、邮递员、狱警、医生、豪车司机、民兵、社保局官员、诉讼律师、农场主、主厨、餐厅服务员、消防员(我的最爱)以及灯塔管理员等,让他们一边"劳其筋骨",一边构思能够改变世界的原创性想法。

这是一种筛选机制,能够过滤掉八股文式的研究论文。我不同情那些痛苦的职业研究员,一份全职的、高强度的、压力巨大的且极具挑战的工作我自己干了 23 年,其间我还完成了我的前三本书。我每天都是白天工作,晚上做研究、调研和写作。这段经历使得我不能容忍有人把研究当成一种赚钱谋生的职业。

社会公众有一种误解,他们认为商人被财富和利润所激励,科学家则是被荣誉和认可所激励,这绝对是一个幻觉,现实不是这样的,请记住,科学探索永远是寂寞的事业,这并不是说科研人员孤独得可怜,而是说科学探索是由少数派主导的,只有极少数人会真正投身于科学探索,绝大多数人都只是后台职员。

科学倾向于林迪

我们之前说过,如果没有"风险共担",那么物种进化的筛选机制会被破坏,而科学探索过程也需要有这样的机制。

卡尔·波普尔认为科学是一项有风险的经营性事业，科学探索最终的成果应该是一些和我们的直觉和观察完全相反的主张；如果我们的科学探索产生的是一些通过观察可以验证的发现，那说明我们只是在用实验重复前人的科学发现。人们常说科学为我们打开了广阔前景，从哲学上讲，这说明科学带给了我们更多的不确定性，而不是减少了不确定性。把这种不确定性变成确定性的过程就是一个证伪的过程，也是一个林迪过程（还要结合少数派主导规则）。尽管波普尔看到了静态的问题，却没有研究动态的机制，他也没有从风险的角度去考虑问题。科学之所以有效不是因为有个书呆子待在孤岛上研发了一种"科学方法"，也不是因为我们找到了某种类似于机动车驾驶员视力测试用的"科学标准"，而是因为科学灵感符合林迪效应，或者说那些科学灵感的火花自己要承受着现实世界的脆弱性考验。不仅是科学家，而且这个灵感本身也要参与"风险共担"，接受验证和筛选。一个灵感或者一个想法如果一开始就没有效果，当然就是失败的；但是更多情况下，灵感和想法需要接受时间的验证（而不是政府颁布的指导手册的验证）。一个想法如果一直没法被证伪，它将来的寿命就越长。如果你读过保罗·费耶阿本德的科学发现史，你就会清楚地看到任何发现都还没有最后肯定，一切都还在某种待定过程中，都还没有完成时间的检验——这是不容商量的。

我现在稍稍修正一下波普尔的想法：既不从证明成立也不从证伪的角度，而是从证实"有用"、"无害"或"能够保护用户"的角度来看待这个问题。由此，我的观点将和波普尔有所不同。任何事物想要生存，都必须面对风险的检验，能存活下来的就是好的、对的、有用的、无害的和能够保护用户的。在林迪效应下，一个想法要接受"风险共担"的检验，这种检验不是用已知真理去验证它，而是用各种灾难和意外去验证它，一个好的想法同时也应该是好的风险管理者，不仅不会给持有这个想法的人带来伤害，而且会对其生存有益。从某种程度上来说，那些风俗习惯甚至迷信和禁忌都已经经受了几个世纪的验证，因此它们或多或少地会对相信它们的人有利。一个想法必须能够提升人们的反脆弱性，或至少降低脆弱性带给人们的伤害。

实践还是理论？

学术界将研究分为理论研究和实证研究两种。实证研究主要是用电脑上的统计软件寻找具有"统计显著性"的东西，或者在事先设定的很苛刻的条件下做实验。而在现实世界做研究（比如医药行业），叫作临床研究，有时这种研究并不被认同为科学，其实很多学科恰恰缺乏这个第三维度——临床维度的研究。

在林迪效应下，一个事物需要由时间来检验其强韧性，也就是说，要把一个事物置于有风险的情况下检验相当长的一段时间，其最终的生存状况就是最终检验的结果。如果做这件事情的人在做的过程中承担了某种风险，这个事情成功地穿越了几代人之后继续运转自如，那么这个事物就是合格的。

这让我想起了我的祖母。

祖母 vs 研究员

一方面，如果你总是听从你祖母或者老人的建议，那么你 90% 的时间可能都是有效的。另一方面，由于有唯科学主义和学术不端行为的存在，加之现实世界本就艰难曲折，如果你选择相信心理学家和行为科学家的话，就可能只有不到 10% 是对的，除非你祖母也是这么说的，但在这种情况下，你还要心理学家干什么呢？[1] 最近一项数据显示，2008年发表在声誉显著的学术期刊上的上百篇心理学论文，只有39篇仍被引用或再版。在这39篇论文中，我相信只有不足10篇是经得起时间检验的，或者移除了实验条件之后在现实中仍然有效的。类似的情况还发生在制药和神经科学领域，我在后面会详细展开（有关这个问题的讨论主要在第18章和第19章，我会详细解释为什么你祖母给你的警告或禁令并非是"不理性的"，大多数情况下，我们之所以称之为"不理性"，恰恰是因为我们自己误解了概率）。

请注意问题的要点并不在于那些古老的知识经历了林迪效应的过滤而生存至今，而在于接受那些古老知识的人都活了下来，我们是他们的后代。

当然古人并不懂物理学，但是他们洞悉人性。所以，社会科学和心理学的成果必须经林迪证明（时间检验），这些领域的发现如果在经典文献中没有先例，就不太会流传下去，它们离开了实验室的大门将毫无用处。说到经典文献，我们指的是拉丁文和希腊文记载的有关道德的文学作品：西塞罗、塞内加、马可·奥勒留、爱比克泰德、卢西恩或者其他诗人，朱文诺尔、贺拉斯和之后法国的所谓"道学家"们（拉·罗什富科、法尔儒纳、让·德·拉布吕耶尔、尚福德）。波舒哀则自成一派，读者可以把蒙田和伊拉斯谟作为阅读古代经典文献的向导：蒙田是当时的普及者，伊拉斯谟则是集大成者。

简述祖先的智慧

让我们列举几个古代传说就有且经现代心理学证实的想法，这些想

---

[1] 在一篇关于"p值"随机性的论文中，我发现某些论文在统计学意义上宣称的显著性，至少要比宣称的情况低一个函数级别。

法都是自然而然产生的,并不是刻意研究的结果,都是灵光一闪浮现出来的。

认知失调(利昂·费斯廷格关于酸葡萄的心理学理论,人们为了避免想法之间存在矛盾,就会使其合理化,也就是说,自己吃不到的葡萄一定是酸的):第一次看到这个故事是在《伊索寓言》里,拉封丹寓言重新包装了一下,但是起源看起来更古老,可能源自阿伊卡寓言。

厌恶损失(一个心理学理论,认为损失带来的痛苦大于盈利带来的快乐):李维在《编年史》中写道,人类对于愉悦事物的感知不如对悲凄事物的感知那么强烈。塞内加在几乎所有文字中都流露出厌恶损失的情绪。

负面建议(通过负面认识事物):相对于什么是正确的,我们更容易知道什么是错误的。想想银律打败金律的逻辑优势。恩尼乌斯说过,如果没有"坏","好"也就没那么好了。西塞罗重复过他的话。

风险共担(字面意思):我们先从意第绪语的谚语开始,"你不能用别人的牙齿咀嚼""你的指甲最能挠你自己的痒",斯卡利杰在1614年出版的《阿拉伯谚语丛刊》中记载了这样两句话。

反脆弱:这方面有几十条古代谚语,我们只提西塞罗的一句话:"当我们的灵魂安宁时,蜜蜂都刺不痛我们。"马基雅弗利和卢梭把反脆弱理念应用在了政治体系中。

时间贴现:"一鸟在手胜于十鸟在林。"(古代黎凡特谚语)。

群体疯狂:尼采说,"疯狂对于个人来说是罕见的现象,对于群体、党派和国家来说则是必然的规律"。尼采应该算是一位古典主义者,他的话也应该算是古代智慧,另外我还见过柏拉图多次表达过类似的意思。

少即是多:"太多的争吵稀释了真理。"普布里乌斯·西鲁斯这样写道。当然这句话最早完整地出现在罗伯特·勃朗宁写于1855年的诗中。

过度自信:"我因为过度自信而丢了钱。"伊拉斯谟的这句话明显受到了迪奥尼斯和埃庇卡摩斯的影响,前者说"自信让我失去一切;蔑视让我拯救一切",后者说"保持清醒,时刻提防"。

进步的悖论和选择的悖论:大家都很熟悉银行家度假的故事,它说的是一个纽约的投资银行家去希腊某岛上度假,他遇到一个当地的渔夫,突发灵感想到了一个好主意,可以把渔夫的生意做大,他鼓动渔夫听从他的建议,渔夫却一脸疑惑地问他:"赚那么多钱有什么用处呢?"银行家回答道:"等你有了一大笔钱,就可以像我一样到希腊的海岛上去度假了。"渔夫笑道:"可我天天都在度假啊。"

这个故事在古代有另外一个由蒙田转述的版本也很著名,而且形式更优雅,以下是我翻译蒙田的版本:皮洛士国王想要进攻意大利,他睿智的谋士希尼斯(Cinéas)想让他意识到这将是徒劳的。"您想通过这次远征达到什么目的?"他问道。皮洛士回答:"让我自己成为意大利的主人。"希尼斯又问:"然后呢?"皮洛士说:"征服高卢和西班牙。"希尼斯追问:"再然后呢?"皮洛士说:"征服非洲,然后……享受生活。"希尼斯:"可您现在已经在享受生活了,为什么还要去冒险呢?"蒙田在这个故事的结尾引用了卢克莱修的哲学长诗《物性论》中的一句话:"人类无休止地折腾自己以期过上安宁的日子。"

第六卷

再探代理人问题

第 9 章
外科医生看起来应该不像外科医生

文学看起来应该不像文学。唐纳德雇用实干家。官僚机构的尊严。让教授学举重。看上去是块儿料。

看上去是块儿料

假设你需要选一位外科医生给你做手术,两位候选人在同一家医院的同一个科室,而且排名也旗鼓相当。

第一位医生外表干练,带着一副银丝边框眼镜,体形匀称,身材保持得很好,双手十分精致,谈吐不俗且举止优雅,一头银发梳得整整齐齐,你如果是导演,就肯定会选他担任电影里面外科医生的角色,他办公室的显眼位置上摆放着毕业文凭,显示出他本科和医学院都出自常春藤学校。

第二位医生看起来像一个屠夫,身材肥胖,有一双大手,谈吐粗俗,外表邋里邋遢,衬衫松松垮垮地露在皮带外面,无论哪个有名的东海岸裁缝,都无法把他的衬衫领口弄服帖,他用浓重的纽约口音旁若无人地说话,嘴里还镶着一颗金牙。办公室墙上并没有挂任何文凭,暗示了他的教育背景可能没什么值得炫耀的:他可能读的是一所本地大学。他适合扮演电影里年轻国会议员身边快退休的胖保镖,或者新泽西一家咖啡餐厅的厨师。

如果要我来选，我就会克服以貌取人的倾向，立即选择那个屠夫给我主刀。不仅如此，如果给我的两个候选人看起来都像电影里的外科医生，我就一定要坚持把那个屠夫列为第三选项，然后选择他。为什么？如果一个人看起来不像是干这一行的，却又在这一行干了很长时间，这说明他需要比别人克服更多的困难，这种困难来自病人以貌取人的天然倾向带给他的不信任感，他一定是用卓越的医术成功地扭转了别人对自己不利的第一印象，否则他早就被淘汰了，根本干不了这么久。所以，我们应该感谢"风险共担"的作用：时间和现实联手帮我们过滤掉了那些能力不足的人，而时间和现实并不在乎长相。

如果对医生的评价都是从病人角度按照治疗效果做出的，而不是根据指标体系或者同行评议，那么医生相貌和演技就不那么重要了。但是在等级森严的且依赖于标准化的"工作评估"的机构中，外貌长相还是很重要的。想想大公司的总裁们，他们不仅长得像电影里的总裁，他们甚至就是电影里的总裁。更糟糕的是，他们说话的内容和腔调也同电影一样，使用同样的单词和比喻。但这就是他们的工作，我会一直提醒读者：与普遍认知相反，公司高管和企业家不是一回事，高管应该看起来像演员。

当然了，外貌和能力之间可能存在着某种相关关系（那些看起来像运动员的人，可能就是运动员），但是那些看起来不像干这行的人，如果还是在这个行业生存下来并获得了一些成功，那么这里面就包含着极有说服力的关键信息。

想到这一点，美国人民曾经把管理整个国家的总统职责交由前演员罗纳德·里根来承担，就不足为奇了。实际上，最好的演员是那些大家都不觉得他是演员的人，想想巴拉克·奥巴马吧！你会发现他比演员演得还好：常春藤名校的优秀教育背景加上自由主义的声誉，那可真是一个头上满是光环的高大形象啊！

《邻家的百万富翁》一书多次提到这样的观点：一个人的外表和他的财富是互补的，一个人如果很有钱，那么他看起来一定不像你想象中的富人，反之亦然。每个私人银行都培训员工不要被客户的外貌所欺骗，不用去追那个在乡村俱乐部开法拉利跑车的人。当我在写这些东西的时候，在我的先辈居住的村庄里，有一个邻居（就跟那里大多数人一样，是我的远亲）一直过着简朴而舒适的生活，吃自己种的食物，喝自己酿的茴香酒，然后在去世时留下了1亿美元的遗产——这是人们原先估计的100倍。

所以下次你挑选书籍的时候，如果看到作者的照片是他站在一大排书架前，系着一条宽领带，抱肘做沉思状，那么你还是算了吧。

同样的道理反过来说也一样，老练的小偷看起来都不像小偷，看起来像小偷的家伙都已经在监狱里了。

下面我们深入探讨一下主题：

> 当一项事业因脱离"风险共担"而缺乏筛选机制的时候，这项事业里就充满了形象逼真、满嘴术语、演技超群和熟悉细节的人，而他们对这项事业的核心其实一无所知。

绿色木材谬误

这一章的主题是林迪兼容效应，拉丁谚语说过，"别以为好看的苹果会更好吃"，这句话有另外一个更广为人知的版本，"会发光的并不都是金子"——消费者花了半个世纪才明白这一点。即便如此，他们也还是会继续被产品美观的外形所吸引。

在我们这个行当里有两条黄金法则，一是永远不要雇用西装笔挺的交易员，还有一条就是：

> 怎样才能雇到一个成功的交易员？一是他有过硬可信的交易记录，二是你完全理解不了这些交易的细节。

不要雇用你最能理解的交易员，而应该雇用你最不能理解的交易员。为什么会这样？我在《反脆弱》中已经介绍过这一点，我将其称为"绿色木材谬误"。这个故事是这样的：有一个人是专门做木材生意的，他一直以为自己卖的"绿色木材"（Green Lumber）是被漆成绿色的木材，而从不知道它们其实是指被新近砍伐下来还没有干的木材，他根本不知道自己卖的是什么就糊里糊涂地发财了。相比之下，讲述这个故事并知道木材所有细节信息的人却破产了。在现实生活中，一个人需要知道的信息和他所能够理解的信息，往往是不相匹配的。这并不是说细节不重要，而是那些我们很想去了解的细节，往往会把我们的注意力从真正核心的价格形成机制上引开。

> 在任何交易活动中，你都不必去挖掘隐藏的细节信息，真正有用的信息只会通过林迪效应显露出来。

从另一个方面讲：

> 那些表述得很清晰、很准确、连傻子都能理解的信息，恰恰就是傻子们的陷阱。

第9章 外科医生看起来应该不像外科医生

我的朋友泰瑞在教一门投资学的课程。有一次，他邀请了两位演讲者去给学生们做演讲。一个看上去就是投资经理（定制的西装、昂贵的手表、锃亮的皮鞋和清晰的阐述），他的演讲恢宏壮阔，让人望而生畏。另一个演讲者看起来有点儿像我们的屠夫医生，让人完全摸不着头脑，他甚至给人感觉他自己都对演讲内容很困惑。事后泰瑞问他的学生们："你们认为哪个演讲者更成功？"学生们的答案一边倒地倾向于前者。其实第一个演讲者在投资界相当于排队领救济金的失业者，而第二个演讲者至少是一个亿万富翁。

吉米·鲍尔斯是爱尔兰人后裔，性格强硬，我曾经和他在一家投资银行共事，我们都是交易员。他除了从大学辍学，还曾经是布鲁克林区街头的小混混。每次开会的时候，他都会向一头雾水的公司高管这样介绍我们的交易："我们先做了这个，然后做了那个，哼哼哈嘿！利润就来了。"所有人都没有听懂。但是只要我们部门继续保持盈利，这些高管根本就不在意他说了些什么，也不在意自己有没有听懂。过了一段时间，我终于明白了，我其实根本就不用去试图理解吉米说了些什么。我刚20出头的时候就明白了这个道理：如果一个人说的话很容易被人理解，那么他一定是在吹牛（因为他会刻意地把话说得让人易于理解）。

精心打扮过的商业计划书

文学应该看起来不像文学。乔治·西默农十几岁的时候曾担任著名法国女作家科莱特的助手，科莱特教育他在文章里要少用未完成虚拟式，少提和风、杜鹃和天空这种修饰性的东西。西默农听取了她的建议并将其发展到了极致，他后来的写作风格有点像格雷厄姆·格林。他的作品里面没有什么修饰语，却能直接把读者带到现场去亲身体验，当你在他的作品中读到梅格雷探长已经在巴黎的雨中站了几个小时的时候，你会感觉自己的鞋子也湿了。他的作品根本不需要渲染气氛，因为读者就在现场。

有一种幻觉，认为创业成功从一份成功的商业计划书开始，科学发现始于科研经费。这是完全错误的。如果你想要让一个笨蛋上当受骗，那么商业计划书是你的好帮手。就像我在绪论部分提到的那样，商业计划书是企业推销自己的手段，它们需要有令人信服的推广手段，以便把公司卖一个好价钱。但是对于真正的企业家，他们的目的不是卖掉自己的公司，他们会想方设法地自己赢利并生存下去，商业计划书和融资只会帮倒忙。那些比较成功的企业（微软、苹果、脸书网、谷歌），都是由全身心地投入"风险共担"的企业家创立，并依靠自己的盈利发展壮大起来的。如果它们依赖融资，那么它们就需要漂亮的商业计划书以显示出令人信服的增长，公司就会盲目扩张，以便管理者能从中套现。资金从来就不是困扰真正的企业家和科学家的瓶颈问题。无论是创造一个好企业，还是实现一个科学上的突破，其背后主要的推动力量从来都不是资金。你可以用钱买一家好公司，但你无法用钱创立一家好公司；你可以用钱买一项科研成果，但你无法用钱获得一项科学发现。

万圣节主教

让我回到社会科学的话题。有时候，我会在纸上快速记下一些想法，给出相应的数学证明，然后把论文展示出来或者等以后发表。我可不想把我的论文发表在那些空洞无物，满是华丽辞藻和规范格式的社会科学期刊上。而在经济学这种根本不应该成为一门学科的领域，我发现那里充满了极有仪式感的活动、格式十分规范的八股文，还有相互默契地引

第 9 章　外科医生看起来应该不像外科医生

用对方论文的小圈子。经济学领域主要是靠语言表达和文字呈现来说明问题的，而我的论文在经济学领域收到的反馈都只关乎格式和措辞，而不是关于内容的。一个人只有经历了长期的投资生涯之后，才能总结出一种独特的思想，当他用自己的语言把这种思想表达出来的时候，旁人仅凭语言很难理解他。

> 永远不要雇用一个搞学术研究的人，除非你只想让他写论文和参加考试。

这就让我们想到了唯科学主义的属性。唯科学主义的信徒们不仅喜欢搞毫无用处的成果展示，而且喜欢为了追求仪式美感而把事情搞得毫无必要的复杂。

但是这些学术活动的复杂性和仪式性背后有它自身的逻辑。你想过主教为什么要在万圣节那天隆重地披上教袍吗？

在地中海区域的传统文化圈里，那些在"风险共担"中投入最多且承担最大风险的人，会赢得大家的尊重，获得最高的社会地位。如果说今天的美国社会有什么特点，那就是人们要承担经济上的风险才能获取社会地位，这也是盎格鲁-撒克逊社会的成功之道，他们把早期部落为适应战争而采取的做法，移植到了当今的商业领域。其实传统的阿拉伯文化也同样推崇承担经济风险的人。当然也有一些反例，历史上出现过知识分子待在社会顶层的现象，有的地方现在仍然是这样的。比如印度的婆罗门、古代凯尔特人的德鲁伊教（他们的近亲德鲁士人也是这样的）、埃及的书吏，还有中国一度推崇的文人，还要算上战后的法国。总之，在这些地方你会发现知识分子的社会地位比较高，而且他们控制了权力，并试图将其他人和他们自己区分开来。为此，他们建立了复杂的程序和庄严的仪式,维护自己阶层的神秘性,并极度强调外表和细节。

即便是在"战争英雄"或"实干家"管理的社会中,知识分子阶层也热衷于这种庄严的仪式游戏,因为没了这些排场和典礼,知识分子就只能夸夸其谈,而这下他们可就什么都不是了。想想希腊东正教的教堂,那关乎一种尊严,一个主教如果踩着滑板车,就不成其为一个主教了。装饰本身并没有错,但你只能把装饰当成点缀,不能将其奉为主旨。但是,在科学研究和投资领域,千万不要有任何装饰。

接下来,我们来审视一下这个观点:

> 就像那个衣冠楚楚开着法拉利跑车的人,看起来比那个蓬头垢面的亿万富翁更有钱一样,唯科学主义看上去比科学更像科学。

真正有知识的人应该看起来不像一个知识分子。

快刀斩乱"结"

永远不要为那些华丽而复杂的程序和仪式买单,因为你要的只是结果。据说亚历山大大帝曾经解决了戈尔迪乌姆(Gordium)首都佛里吉亚(Phrygian)的一个难题(和许多希腊故事一样,这个地方现在属于土耳其)。他在进城的时候发现了一辆旧战车,车辀上有许多绳结紧紧地系在一起,根本看不出它们原先是怎么被系上去的。神谕说,谁解开这些结,谁就能统治亚细亚,其实是小亚细亚、黎凡特和中东等地区。亚历山大在这团粗糙的绳结前研究了一会儿,然后后退了两步,说神谕并不在意这个结是怎么解开的,接着他拔剑砍向绳结,被劈成两半的绳结就此解开了。

没有哪个"成功的"学者会这么做,也没有哪个知识分子会这么做。医学界的"白知"用了很长时间才明白,解决患者头疼最好的办法是给他吃阿司匹林或者让他睡个好觉,而不是去做脑部手术,尽管后者听起来更"科学"。但是大多数"管理咨询顾问"和其他按小时收费的人,都还达不到这种境界。

生活中的过度智能化

格尔德·吉仁泽和亨利·布莱顿对比了"理性主义"(加引号是因为这里所谓的理性主义其实并没有多少理性)和经验主义两种方法,他们引用了理查德·道金斯有关棒球运动中接球手的例子。

理查德·道金斯认为:"接球手的动作就好像他已经解出了描写棒球运动轨迹的微分方程。在其潜意识层面,一定有一个等同于数学计算的机制在起作用。"

> ……其实不然,实验表明接球手依赖的是他的经验,一旦击球手把球打到空中,接球手要始终盯住球,并调整自己跑步的速度以使视线和球的角度保持恒定。

道金斯的失误在于他把人们针对自然现象的反应和行为,全部归因于高度智能化推理的结果,从而忽视了人类在做某些决定时对经验的依赖。棒球运动员并不知道什么是经验主义,但他一定会遵循自己的经验,否则他会输给自己的对手,而那个赢的家伙也并非依赖智能化,而是同样诉诸自己的经验。我们将在第18章讲到这个问题,宗教信仰其实就是解决一系列问题的历史经验的总结，而宗教代理人并不知道其中的道理。依靠解方程来做正确决定并不是我们人类渴望获得的生存技能，我们也不具备这样的计算能力。当然，我们需要理性来帮助我们消除经验带给我们的某些有害的东西，理性帮助我们中和经验乃至迷信中有害的一面，也就是拔掉它们的毒牙。

另一种干预

那些从不参与"风险共担"的人总喜欢把事情弄得复杂（以便他们自己操控），他们还像躲瘟疫一样回避简单的方法。但是实干家有相反的本能，他们总是寻找最简单的经验：

> 那些被训练、被选中去寻找复杂方案的人，是没有动机去探索简单方案的，他们靠制造复杂方案谋生。

当方案的制定者和方案本身都没有参与过"风险共担"时，原来的问题就会变得更复杂。

> 重大问题的解决方案应该直击问题本身。

不幸的是，现实世界中许多问题的解决方式都受到了复杂方案制定者的干预，因为这就是他们的利益所在，他们所受的教育使得他们只会做复杂方案。在这种情况下，任何人提出一个简单的解决方案都不会有任何好处，你的收入取决于你的方案给人的印象，而不是取决于问题实际解决的结果。与此同时，制定复杂方案的人，却无须对该方案带来的副作用承担任何责任。

在工程技术领域，只要专家是按照方案的复杂性而不是结果的有效性来评价的，上述情况也同样会发生。

黄金大米

现在我们知道了脑部手术并不比阿司匹林更"科学"，就像乘飞机往返于肯尼迪机场和纽瓦克机场之间（40英里[①]）并不代表着"效率"，尽管飞机涉及更多的科学技术。但是如果我们不把这一观点推广到其他领域，我们就仍然是唯科学主义的受害者。唯科学主义对于科学来说就像投资中的庞氏骗局，就如同在科学交流中使用广告宣传一样，事物的表面属性被放大了。

请回忆一下第三卷提到的转基因和第4章提到的抹黑口水战，让我们来看看转基因黄金大米的故事。许多发展中国家都存在着营养失衡和营养不足的问题，我的合作伙伴亚尼尔·班杨和乔·诺曼，这个问题直接归结于一个简单的原因：运输系统的效率不高。简单说吧，我们在运输仓储和批发等流通环节浪费了1/3以上的食物，因此，解决发展中国家孩子营养不良的问题，最简单的办法是提高整个食物配送系统的效率，而不是花钱去研发新的转基因作物。想想吧！西红柿的成本中有将近80%~85%都源于运输、仓储和浪费（包括滞销和腐烂等因素），而来自农民生产环节所占的成本很低。所以很明显，我们应当在技术含量较低的物流领域下功夫。

现在那些唯科学主义的"技术狂"，嗅到了他们可以介入问题的契

[①] 1英里 ≈1.61公里。——译者注

机了。首先，你秀出一张饥饿儿童的照片来博得同情，占领了道德制高点也就同时阻止了人们在这个问题上的进一步争论——任何人如果面对即将饿死的孩子还要争论的话，那他就是一个无情的混蛋。第二步，你把所有针对你的方案的批评，都说成是企图阻止你拯救孩子们的阴谋。第三步，你提出一些貌似十分有科技含量（而其实对你有利可图）的方法去解决这个问题，并谨慎地将你自己和这个方案做适当的隔离，以免日后这个方案最终酿成大祸或者有负面影响时牵连到你。第四步，你招募一些记者和可以利用的傻瓜，他们虽然没有任何科学思想，却异常憎恶任何看起来"不科学"的事情。第五步，你利用这些人掀起一场抹黑运动，专门去抹黑其他研究者的名声，他们没有什么钱，因此他们根本经不起抹黑。

上面提到的转基因作物，是利用转基因技术使得水稻含有更多的维生素，也被称作黄金大米。我和同事花了很多努力去展示该方法的缺陷。首先，转基因物种是通过修改和加工基因获得的新物种，这和传统的杂交手段培养的新物种不是一回事，不是自农耕时代（土豆或者柑橘）就有的具有标志性的人类活动。我们跳过了复杂性系统研究，这种交互式的复杂性可能对环境产生不可预见的影响。脆弱性是相对而言的：从20层楼摔下去和从椅子上摔下去的风险等级是不同的。我们还表明了转基因作物使得系统性风险明显增加。其次，转基因作物根本就没有做过彻底的风险评估，那些支持转基因作物的统计学论文存在着缺陷。第三，我们已经分析了问题并提出了更简单的解决方案，却被扣上了"反科学"的帽子，我们为什么不直接为那里的孩子提供大米和维生素？毕竟我们自己喝的是牛奶加咖啡，而不是喝含有牛奶成分的转基因咖啡啊！第四，我们可以证明，因为需要使用大量的杀虫剂，土壤中的微生物和细菌都被破坏了，所以种植转基因作物给环境带来了巨大的隐含风险。

不过我很快就发现，由于少数派主导规则，转基因作物最终没有得到大规模的推广，正如我在第三卷里所说的，转基因作物的失败是一小部分聪明又顽固的人坚决不肯妥协的结果。

补　偿

道理很简单，只要一个人是由他人评判而不是由事实评判的，事情就会变得像下面讲的故事一样扭曲变形。那些还没有破产的公司都有一个部门叫人事部，所以它们会创造出各种指标和表格去评判一个人的表现。

一旦人们拿到了评估表格，事情就开始变得扭曲了。还记得我在《黑天鹅》里面提到的故事吗？当时我不得不填写一份盈利天数占总交易天数百分比的评估表格，这份表格的初衷是鼓励交易员为公司获得稳定的盈利，但代价就是风险被隐藏起来了，一直累积到发生黑天鹅事件。想想吧，玩 6 次俄罗斯轮盘赌你能赢 5 次，但这种情况真的很好吗？一个银行连续 100 个季度都保持了盈利，但接下来的一个季度，它就把前面赚的所有利润都赔光了。我当时所倡导的方法就是捕捉不规律出现的盈利机会，于是我当着大佬们的面把评估表格给撕了，然后他们留下我一个人待着。

事情很清楚，评估表格使得你不再由最终结果来评判，而是由那些不直接反映结果的中间变量和指标来考核，结果就是你会变得世故、老成和圆滑，别人一看就觉得你像电影里的交易员。

非对称风险

教育是奢侈品消费

常春藤名校正逐步成为亚洲新富阶层心中的终极奢侈品。哈佛大学就像一个路易威登的包或者卡地亚的表。它们对于中产阶级来说是一个巨大的负担,他们把积蓄越来越多地投在教育机构中,但这些钱又都被转移给了官僚、房地产开发商、一些根本不应该存在的学科(性别研究、比较文学或国际经济学)的终身教授,以及其他寄生虫式的人。在美国,我们已经堆积起了巨额的学生贷款,而这些钱最后都自动落入了各种收租者的口袋里。一个人要靠一张体面的大学文凭才能在生活中出人头地,这无异于绑架一个年轻人的前途,然后对其父母进行敲诈勒索。我们有证据表明,社会进步并非是由高水平的教育机构推动的,恰恰相反,一个国家的教育水平是由居民财富水平决定的(从这个意义上讲,教育就是一种奢侈的消费)。[1]

文凭的经验

依据我的经验,在同样技能的条件下,我们应该将应聘者的教育背景倒序排列,并雇用那个文凭最差的人。一个人简历上教育背景的光环越少,说明他要战胜的困难越多,他要和那些比他的文凭更漂亮的对手竞争,如果他还能达到同样的技能水平,他就一定是一个厉害角色。此外,没有上过哈佛大学的人在现实生活中更容易相处。

做出上述决定所需要的信息并不复杂,你只要看一下他是否是一个理学学士,再看一下他的学位是否依赖于名校。我记得当我申请工商管

---

[1] 类似的故事还发生在其他领域,有些科学家和数学家的自传或者请专业记者写的传记,显示他们会夸大其词,把科学家神化了。

理硕士（MBA）的时候，我被告知如果没有被排名前 10 或者前 20 的学校录取，那么我就是在浪费时间。而一个数学学位则很少依赖学校的声誉，各个学校的数学教育应该都是差不多的，这样你就可以把排名前 10 的学校的标准放宽到前 2 000 名学校。

同样的筛选方法也适用于研究论文。如果是数学和物理学方面的研究成果，那么发表在难度很小的论文网站 arXiv 上也行。但是金融之类低质量学术领域的论文（通常是在讲一个复杂的故事），我们就一定要看作者是否能够把论文发表在著名的期刊上了。

真正的健身房看起来不像健身房

类似名校文凭的教育标签使得人们关注表面现象，反而忽略了反脆弱性和真正的学习，这让我想起了健身房的情况。人们总是迷恋那些昂贵的器材，它们花哨而复杂，五颜六色——看起来像是宇宙飞船里的装备。这些东西看起来都非常复杂和科学，但是要记住，看起来像科学的东西通常是唯科学主义而不是科学。要知道，你读名牌大学花的那些钱，很大程度上都进了房地产开发商的口袋。从事力量运动的人（那些在真实生活中很强的人）都知道，除了在最初阶段以外，用这些器材锻炼身体并不能增加你的力量。一方面，这些专门的设备一般只针对几块特定的肌肉，对于经常使用这些设备的人来说，他们不仅没有全面锻炼自己的身体，而且训练出来的某块肌肉也仅在设备上有用，在现实生活中没有用处。这些器械在医院或者康复中心可能会有些用，但也仅此而已。另一方面，最简单的杠铃是唯一能让你锻炼全身肌肉的器材，也是最简单和最便宜的。你唯一要学习的就是在杠铃训练中避免自己受伤的安全技能。还是让林迪说了算吧：举重训练至少已经有 2 500 年的历史了。

你需要的所有装备就是你出去跑步时穿的鞋子，可能还需要一条让你看起来不那么可笑的运动短裤，还有就是杠铃了。我在写这些内容的时候正在看我接下来两天要待的一家豪华酒店的宣传册，那个宣传册肯定是由某 MBA 人士写的：它光彩夺目地展示了所有的器械和五颜六色"有益健康"的果汁，甚至还有游泳池，却没有杠铃。

健身房应该看起来不像健身房，健身也不应该看起来像健身。大部分肌肉力量的增长源于每组锻炼最后阶段的竭尽全力。

本章我们将举重和基础研究结合起来一起讨论，如果没有"风险共担"，许多肤浅而荒谬的事情都会发生，而且它们看起来好像还很有道理似的。接下来让我们看一看当你有钱之后，你和你自己会有怎样的利益分歧。

第10章
只有富人受害：其他人的偏好

推销员就是老板。如何喝下这杯毒酒。广告与操纵。周日晚上豪宅里静得让人害怕。

人们一旦有钱了，就会抛弃自己原来在"风险共担"中的经验机制。他们无法控制自己的偏好，取而代之的是别人为他们推荐的偏好，从而不必要地使生活复杂化了，从而导致生活变得一团糟。有些偏好是那些想向他们推销东西的人虚构出来的，这就演变成另外一类"风险共担"的问题，有钱人的偏好选择被那些想要从中牟利的人操纵着，而这些人在交易中不会受到不良影响。同时，由于有钱人和占他们便宜的人之间贫富差距悬殊，所以，没有哪个有钱人会哭诉自己是"受害者"。

有一次我在一家米其林餐厅和朋友用餐，是这位朋友坚持要去那里的，当时我的建议是去一家悠闲的希腊小酒馆，这家小酒馆的老板为人热情，自己打理着生意，他的二表弟是酒馆经理，三表弟以前是酒馆的招待。而那家米其林餐厅里的顾客，用地中海地区的话说，像是他们的肛门里被塞了个软木塞，导致消化系统排气不畅，这使得他们脸上有一种表面上彬彬有礼、实则一触即怒的表情，这种表情你只在受过教育的半上流社会见过。我还注意到，除了软木塞式的受难表情外，他们都打着领带。

晚饭是一系列精致得复杂的小菜，各种调料和截然不同的口味让你注意力十分集中，仿佛是在参加入学考试。你不像是在吃饭，而像是在参观博物馆，旁边还有一个做作的专业人员跟你讲解你自己无法想到的美学体验。这些菜吃起来一点儿都不熟悉，也不对我的口味，刚尝到一道还算合口味的菜，我们就又得尝下一道菜，没有机会多吃一口自己喜欢的菜。于是我在这些菜品中艰难跋涉，还要听酒侍唠叨葡萄酒怎么搭配，我担心自己会走神。我费了很大精力假装自己对这一切很感兴趣。事实上，在这个与我格格不入的地方，我还是发现了一个需要改进的地方：我唯一关心的面包不是现烤的热面包，不过看起来三星米其林餐厅不要求这个。

金杯奉鸩

我饿着离开了三星米其林餐厅，如果当初让我选择的话，我肯定会选那些经受时间考验的餐厅，那里有食材新鲜的比萨、多汁的汉堡，而且食物充满了活力，我只要花相当于三星米其林餐厅账单 5% 的价钱就能吃一顿可口的饭菜。但是因为一起去吃饭的朋友吃得起昂贵的饭店，最后拜米其林官僚体系选出来的主厨所赐，我们成了他复杂烹调实验的牺牲品。这违反了林迪效应：西西里每个祖母做出来的饭都是不一样的，一点儿细微的差别就能让饭菜更可口。这段经历让我突然明白了，有钱人很容易成为别人的靶子，就像塞内加悲剧中梯厄斯忒斯的哀叹，小偷不会光顾穷人，毒酒总是放在金杯而不是普通杯子里——因为放在金杯里更容易让人喝下去。

把事情搞复杂，就能轻易地骗到富人的钱。穷人当然是不用担心这方面风险的。这种把事情复杂化的做法正如我们在第 9 章中提到的，学术结论要尽可能地复杂化，避免使用简单易懂的语言概括。而且，有钱人喜欢征求"专家"和"顾问"的意见。这下可好了，整个行业的人都想骗你的钱了，于是就有了更多的财务顾问、饮食顾问、健身教练、生活设计师、睡眠顾问、呼吸专家等。

对于大多数人而言，汉堡的口感比菲力牛排好多了，因为汉堡中的牛肉有更高的脂肪含量，但是人们宁愿相信牛排更好吃——因为牛排要贵得多。

我认为要想过上好日子，就不能去参加那些盛大晚宴。在那种场合，你通常会被困在座位上长达两个小时，你左边的女士是堪萨斯城某房地产开发商的妻子（她刚去过尼泊尔），你右边的女士是华盛顿某说客的老婆（她刚刚结束了巴厘岛的假期）。

大型殡仪馆

说到房地产，我认为如果住在邻里相近且关系融洽的街区会是一桩乐事，就像一个真正的西班牙风格的社区，那里的生活会很快乐。在那里人们可以感受到朋友和亲人的陪伴。但是，一旦人们有了很多钱，他们就会在一种无形的压力下，不得不搬出这样的社区，搬入超大的、毫无人情味的、寂静的豪宅，那里的邻里关系十分生疏。傍晚时分，豪宅的画廊里有一种葬礼般的感觉，只是没有安魂曲而已。这真是历史上罕见的一幕，要是在过去，这样的大豪宅里挤满了仆人、仆人领班、管家、厨师、助理、女仆、家庭教师、穷亲戚、马夫，甚至是私人音乐教师。而现在，没有人会因为你住在一座大宅子里感到寂寞而来安慰你，因为很少有人能意识到星期天的晚上那里是如此的悲凉。

法国作家法尔儒纳是一名道德主义者，他也意识到较小的社区更受欢迎，这可能和我们前面讲的适用性规模问题有关。有些东西可能大了以后就超出了你的心理承受范围。他写道："当罗马还是一个小村庄的时候，人们很容易爱上它，而当它变成一个大帝国以后，就不那么招人喜爱了。"

这就是为什么有些富人看起来不像富人的原因，这些富人内心明白这个道理，所以他们住在邻里距离近的老街区里，他们知道搬到大房子只会带来精神负担，许多人仍然住在他们原来的房子里。

很少有人真正了解自己到底想要什么，结果就被那些想卖东西给他们的人操纵了。对于这些富人来说，变得穷一些反而可能是好事。看看沙特阿拉伯吧，现在他们被一群阿谀奉承的外国人包围着，其实这些外国人都是来剪他们羊毛的，他们应该逐步恢复到发现石油以前的生活中去，那样的话，沙特阿拉伯也许会变得更好。

简单说吧，如果财富使你的选择变少了，而不是选择更多更丰富，那么你肯定已经走错路了。

聊　天

在任何情况下，你如果有了钱之后还想拥有朋友，就一定要隐瞒你的富有。这一点可能人人都知道，还有一点不太广为人知但同样重要的是，你还需要隐藏你的博学和知识。只有当人们不试图去攀比和超越对方的时候，他们才会成为朋友。实际上，古典的聊天艺术就是避免任何形式的不平等，就像巴尔达萨雷·卡斯蒂廖内在《廷臣论》中写的："人们需要平等，起码在聊天的时候应该保持平等，否则任何谈话都难以为继。"与朋友交往必须不分等级，各自为友谊做出同等的付出（不要抢着买单，你只要付你自己那一份就行了）。你会更愿意和朋友共进晚餐，而不是和你的教授一起吃饭，除非教授理解聊天的"艺术"。

事实上，人们可以将一个和谐友爱的社区定义为一个消除了竞争机制和等级制度的空间集合，在那里，集体的利益超越了个人的利益。当然，该社区会和外部世界产生摩擦和冲突，但那是另外一个话题了。我们之前提到过埃莉诺·奥斯特朗姆，她曾经研究过群体的定义，并在其群体行为学研究中提到群体或部落会消除内部竞争。

进步的非线性

现在让我们概括一下进步的特征。你想让社会变得富有，还是希望避免贫困？这是你自己的愿望，还是其他人灌输给你的观点？

让我们回到餐厅的例子上来，讨论一下别人给我构建的偏好与我自己偏好的区别。如果要我在 200 美元的比萨和 6.95 美元的法国大餐之间选择，我宁愿选择 200 美元的比萨，外加一瓶 9.95 美元的马尔贝克葡萄酒。不仅如此，为了能避免去吃米其林大餐，我还愿意花钱消灾。

这个推理过程表明，复杂程序会带来负面影响，经济学家称之为"负效用"，社会总财富和国内生产总值（GDP）的增长超过了某一水平之后，人的效用函数呈倒 U 型曲线，这也就意味着社会总财富和 GDP 越增长，你受到的伤害越多。而只有当你摆脱了别人构建好并推销给你的偏好和选择，你的负效用才能被检测到。

现在，社会变得越来越富裕，超过了倒 U 型曲线的正效用部分，这还没算上对孩子们的宠爱使得他们生活越来越舒适的影响。我敢说，如果比萨标价 200 美元一个，那些肛门里塞了软木塞的人会马上排队购买。但比萨太容易做了，而且比萨使用未经加工过的天然食材，比那些工艺复杂的食物更便宜，所以，"从众效应"会推着人们选择比比萨更昂贵

217

的东西。

所以，只要社会变得越来越富裕，就会有人试图向你推销一些你不需要的东西，包括那些超过了效用曲线临界点的东西。这些东西对我们的生活只会产生负面作用。

下一章的内容是关于非口头威胁的规则，讲述手工艺人和阿萨辛派的故事。

第 11 章
行胜于言

床上的死马。毒蛋糕的"情谊"。罗马皇帝和美国总统。十个死掉的敌人才抵得上一个活着的死敌。

最好让你的敌人在你的控制下参与到他的"风险共担"中去，你要让他知道是你制定了斗争规则，并且还要让他知道他之所以还活着，完全是因为你的仁慈。根据阿萨辛派的规则，拥有一个敌人比杀死他更好，所以我们来深入研究一下这个秘密团体。

难以拒绝的提议

电影《教父》里面有一个可怕的场面：一个好莱坞制片人醒来时，发现他心爱的赛马的头被割下来放在他的床上。

他曾拒绝邀请一个西西里裔美国演员出演某一角色，而他拒绝的理由似乎并不合理。尽管他知道这个演员是这个角色最适合的人选，但是他对这个演员曾经勾引自己以前的情妇耿耿于怀，而且他担心自己将来的情妇也会被那"磁性的声音"勾走。这个演员在现实生活中（可能）是法兰克·辛纳屈，他有很多朋友，他甚至还是黑手党一个头目的教子。黑帮"军师"的亲自拜访未能改变制片人的决定，也没能软化他那好莱坞式的傲慢立场。这位制片人没有意识到，黑手党高级成员飞越大半个国家来向他提出请求，可不像你给州立大学写一封推荐信那么简单。黑手党提出的是"人们无法拒绝的提议"——这句话也因此而流传开来。

这不是邀请，也不是提议，而是一个威胁，而且不是空洞的威胁。

在我写这些文字的时候，人们一面在谈论恐怖主义和恐怖组织，一面却又在恐怖分子的分类上犯了严重的错误，实际上有两种完全不同的恐怖分子。第一种恐怖分子在每个人眼里都是恐怖分子，也就是说，每个人都有能力辨别他们，而且这类恐怖分子不是沙特阿拉伯人，也不为由酋长赞助的智囊团工作；第二种是武装组织，他们的敌人称其为恐怖分子，喜欢他们的人称其为"抵抗组织"或者"自由战士"。

第一种恐怖分子包括非战斗人员，他们为博取关注而不加区别地滥杀平民，他们没有军事目标，因为他们的目的不是获取军事利益，而是发表声明、伤害平民和制造噪声。对于他们中的某些人而言，这样做是为了寻找一条去天堂的捷径。大多数逊尼派激进分子都是这种类型的人，他们在炸死平民的时候有一种无可名状的快感。基地组织、ISIS（极端恐怖组织），以及由美国前总统奥巴马支持的叙利亚"温和激进派"，都属于这一类组织。第二种恐怖组织从事有战略目的的政治暗杀行动，比如爱尔兰共和军、大多数什叶派组织、阿尔及利亚反法独立战士和德国占领期间的法国抵抗战士等。

至于什叶派及其在中近东地区的相关部落，他们的祖先、教旨和规则都来自阿萨辛派，它遵循着罗马时代犹太匕首党（Judean Sicarii）的模式。匕首党的名字源于他们用匕首来杀死罗马士兵，但更主要的刺杀目标是那些和罗马人合作的犹太人。匕首党认为那些犹太合作者亵渎了祖先的寺庙和土地。

很不幸，我对这个问题有所了解。我在贝鲁特的法国学校读过高中，学校有一份"知名校友"的名单，在这份名单上，除了那些已被成功暗杀和遭遇过未遂暗杀的人以外，唯一剩下的人是我（虽然我有足够多的萨拉菲派敌人，但我似乎还有时间去继续保持这个"唯一"的称号——这是我的"风险共担"）。

阿萨辛派

关于阿萨辛派最有意思的是，在他们的行动议程上，真正的暗杀其实很少，他们懂得暗杀的代价，因此他们会充分利用暗杀带来的效果，让暗杀向那些还活着的人传递价格不菲的信号。他们喜欢拥有（控制）他们的敌人，因为一旦敌人死了，你就无法操纵他了。

1118 年，艾哈迈德·桑贾尔成为小亚细亚的塞尔柱土耳其帝国（也就是今天的土耳其）、伊朗和阿富汗部分地区的苏丹。他继位之后不久，一天早上他醒来发现床边有一把匕首，牢牢地插在地板上。在另一个传说的版本里，同时还有一封信告诉他，匕首这次是被刻意扎在坚硬的地板上而不是他的胸膛里。这是具有阿萨辛派典型特征的信号，目的是让他知道不要干涉阿萨辛派事务（最好还能给他们送生日礼物或者邀请他们的人出演他的下一部电影）。此前不久，桑贾尔苏丹叫停了和阿萨辛派的和平对话，所以他们启动了事先规划好的第二阶段行动，他们让苏丹相信自己的生命在他们手中，更重要的是，只要他做正确的事情就不需要担心自己的安全。事实上，桑贾尔和阿萨辛派后来相处得很愉快。

你会注意到整个事件中并没有明确的语言威胁。语言威胁除了揭示你的软弱和绝望之外不能传递任何信息。请记住：不要使用口头威胁。

阿萨辛派在 11 至 14 世纪期间和什叶派关系密切，并且曾经（从他们的继承者来看现在仍然）极端反对逊尼派。他们曾经和圣殿骑士团有来往，还经常和十字军一起并肩作战，如果你发现他们和圣殿骑士共享某些价值观的话（比如避免伤及无辜和弱者），那么很可能是因为圣殿骑士接受了一部分他们的价值观。骑士的荣誉守则第二条宣称：我将尊重并捍卫弱者、病者和贫者。

据说，阿萨辛派曾经向萨拉丁（从十字军手里夺回耶路撒冷的叙利亚库尔德统治者）发出过同样的信息，告诉他即将要吃的蛋糕已经被下了毒……当然这是他们干的。

阿萨辛派的价值观认为，政治暗杀有助于避免战争：床边匕首带来的威胁有利于防止流血事件。[1] 据说，他们的目标是使平民和无辜的人免受伤害，他们的"精确打击"意在减少现代人眼中的"连带伤害"。

暗杀是营销手段

普通读者（受电影和小说的影响）可能以为要除掉某些令人讨厌又屡教不改的人（暗语是"帮你倒掉鞋里的小石子"），需要和黑社会签一份购买服务的"合同"，人们可能认为有一个活跃的地下市场可以买到此类服务，而且普通人可能还会认真考虑多付点儿钱，以便"让它看起来像是一场意外"。然而，老练的历史学家和军事历史观察家却会有完全相反的建议：在政治领域，你应该多付点儿钱"让它看起来不像是一场意外"。

事实上，马克·魏斯博恩、帕斯夸莱·西里洛和我一直在试图对人类的暴力行为进行系统性研究（目的在于推翻我们之前提到的斯蒂

---

[1] 如此看来我们读到的关于阿萨辛派的内容可能被其敌人抹黑了，包括阿萨辛派另外一个名字 Hashishins，它来源于大麻（阿拉伯语大麻是 hashish），据说吸食大麻能够使他们派出的刺客在暗杀前进入恍惚状态。

芬·平克有关暴力现象已经减少的错误结论),我们发现历史上的战争数量和规模被人为夸大了……双方都有责任。中世纪时横扫欧亚大陆的蒙古人和极度惊恐的受害者,都有夸大蒙古军队残暴程度的动机,从蒙古人的角度来说,他们并没有兴趣杀掉每个人,他们只是想要征服,夸大自己的暴行可以对下一个目标起到威慑作用;从被入侵国的角度来说,夸大蒙古人的暴行会带来恐惧,而恐惧使投降变得不那么困难了。此外,我们还研究了入侵者在这一地区留下的基因印记,显然,这些来自东部草原的蒙古战士留下了文化印记,而把基因印记留在了家乡。不同地区之间的基因传播的主要驱动力是群体迁徙、气候变化和寻找适宜耕作的土地,而不是战争。

从现代的证据来看,老阿萨德1982年发动对叙利亚圣战组织的"哈马大屠杀"所造成的真实伤亡数字(依照我的估计),至少比报道的伤亡人数低了整整一个数量级。数字被夸大了,在没有明显新信息的情况下,伤亡数字从2 000膨胀到了40 000。叙利亚政权及其敌人都对数量膨胀感兴趣。更有趣的是,这个伤亡数字最近几年还在持续攀升。我们将在第14章再来关心我们的历史学家,看看为什么这门学科缺乏严谨的实证。

暗杀"完善"了民主政治

现在我们来谈谈政治生活。如果民主政治没有带来完全的国家治理,很明显,它确实没有,想想任人唯亲的风气和从希拉里到孟山都和玛麦颂(Malmaison)式的法律腐败,结果就是教育了我们大家:越到高层回报越高。蒙斯特伯爵对俄罗斯政体做过一个精辟的总结:"暗杀缓和了专制。"

今天的政客根本没有把自身利益投入为公众创造福祉的"风险共担"中去，他们简直就是在玩游戏，而且由于现代科技进步使得人类预期寿命越来越长，他们就可以长期身居高位。在法国，吃着鱼子酱的社会主义者密特朗执政长达14年，比很多法国国王在位的时间还要长，而且他在位期间的权力确实比国王还要大。美国总统堪比现代皇帝（不是拿破仑和沙皇那样的独裁者，而类似于戴克里先之前的那种不是专制主义者的罗马皇帝），他们至少都在位4年，而罗马帝国曾在一年里更替了5位皇帝，还有一年更替了4位。这其实是罗马政治中的制约机制，想想那些坏皇帝的下场吧！比如卡利古拉、卡雷卡拉、埃拉伽巴路斯和尼禄最后要么死于禁卫军的谋杀，要么就像尼禄那样在众人的期望中自杀。回想一下，在罗马帝国的前400年里，只有不到1/3的皇帝得享自然死亡——我们暂且假设是自然死亡吧。

"风险共担"的照相机

幸亏有了照相机，你才不再需要为了控制别人而把马头放在汉普顿斯的精品酒店或别墅中了，你甚至不需要暗杀了。

以前人们住在小型社区里，我们的名声直接取决于我们的行为，因为我们整天被其他人审视并评价。今天，匿名社会把人性中糟糕的一面暴露出来了，而我意外地发现了一种制止别人不道德行为的办法——不是语言威胁，而是默默地举起照相机。因为你拍下了他们的照片，就拥有了在网络空间对他们发起道德评价的权力，并控制了他们未来的行为。他们不知道你会用照片做什么，由此生活在一个不确定的状态中。

我发现照相机在重建文明体系和道德行为方面有巨大的潜力。有一次，我在纽约地铁的出口处指示图前犹豫了一会儿，试图搞清楚自己的方位。一个体形较瘦、穿着体面、有点儿神经质的男人开始无端指责我"挡道"。如果是在1921年,我就会对他挥出拳头,但这次我有更好的办法。我拿出手机,拍了一张他的照片,同时冷冷地念道:"刻薄的白痴,羞辱迷路的人。"这听起来就像是我给照片配的标题,他吓坏了,赶紧从我身边闪开,还捂着脸以防我拍更多的照片。

还有一次,纽约州北部的一名男子把车停进了我的车位,我过去与他交涉,然后他变得像一个混蛋。同样,我当面拍下了他和他的车牌,他见状迅速把车开走,车位空了出来。最后举个例子,我家附近有一片森林,里面禁止骑山地车(出于保护环境的目的),我每个周末下午4点散步的时候,都会遇到两个人在骑山地车,我提醒过他们,他们却无动于衷,于是有一天我对着他们拍了十几张照片,并确保他们看到了我在拍照片。其中一个大个子抱怨了几句,但他们迅速离开了,从此再也没有回来。

当然,我删掉了他们的照片。但我从来没想到手持设备可以是一种武器。其实对他们的图片进行网络围攻是不公平的。过去,坏事只会传播给知道如何正确看待事物的熟人。如今,无法完整而正确判断别人性格的陌生人摇身一变,成了网络上的道德警察。网络羞辱比过去的声誉抹黑更强大,而且有更多的尾部风险。

在柏拉图的《理想国》的第二卷中,有一段苏格拉底和柏拉图的哥哥格洛康的讨论,内容是关于盖吉斯之戒,据说佩戴这枚戒指的人能够随意隐身并监视别人的一举一动。柏拉图显然预见了后来的基督教会使用"你的一举一动都被上帝看在眼里"的说辞来教化信众。柏拉图讨论了人们是否会因为知道自己被监督而采取正确的行为方式,而苏格拉底持不同的观点,他认为人们正确行事是因为他们本身有正确的价值观。当然我们站在苏格拉底这一边,但是我们会想得更远,我们要使美德的定义脱离旁人的评价，避免人们为取悦他们的观察者而刻意行善，我们意识到美德有时候需要顶住外部的压力，需要克制内心的恐惧。请记住，苏格拉底被处死，恰恰是因为他遵奉了自己的行为准则。接下来几章中讨论什么是真正的美德时，我们会提到更多这方面的内容。

第 12 章
事实是真的，新闻是假的

我从没那样说过。新闻通常言之无物。信息的双向流动。

如何与自己的意见相左

2009 年夏，我和戴维·卡梅伦进行了长达 1 个小时的公开讨论，当时他正在竞选英国首相，而且后来也确实选上了。我们讨论的内容是如何使社会更稳定，如何避免黑天鹅事件的冲击，如何弱化集中式监管，如何强化问责机制以及需要为此建立什么样的政府体系。我感觉这 59 分钟的谈话是内容丰富且有建设性的，几乎涉及我的不确定性系列丛书的全部内容。谈话地点选在了优雅的皇家艺术学会，屋子里满是记者。后来我接到一个爱搞笑的朋友的电话，我接受了他的邀请去了伦敦 SOHO（家居办公）区一家中餐馆与几个朋友一起聚餐。事后，伦敦所有的报纸都称我为"气候变化的质疑者"，将我描绘成阻挠环境保护的黑暗势力。

整整 59 分钟的谈话被媒体剪辑成 20 秒钟的报道，而且内容和谈话的主旨完全相反。而那些没有去现场参与会议的人，会以为这 20 秒钟就是谈话的全部内容。

非对称风险

　　我在那次谈话中提出的审慎性原则值得在这里重复一遍，即人们不需要使用复杂模型来作为自己行为的依据（无论你打算做什么，或者打算不做什么，都不要以复杂模型为决策依据）。尤其当我们对一个有系统性影响的事物还不了解的时候，我们应该尽量避免对它采取行动。我混迹金融领域的时候就很清楚地知道模型很容易出错。而大多数风险只有在事后统计损失的时候才会被发现。我们只有一个地球，经不起试错，所以我认为与其针对地球大气层引进一个新的未经验证的保护机制，不如建立一个让那些污染环境（或者大量排放新合成物质）的人承担尾部风险的机制。实际上，模型越是不确定，我们就越是应该慎重行事。令人啼笑皆非的是，同一天的报纸还赞美了《黑天鹅》（其实我在那本书里明确地提出了这个观点），很显然，这次攻击与我的观点本身没有关系，他们只是想通过把我妖魔化来削弱卡梅伦的竞选势头。我意识到，无论我说什么，他们都会找到另一个抹黑我的理由。

　　我还是设法提高音量来保护自己，在发出了明确的法律威胁之后，每家报纸都刊登了我的澄清声明。尽管如此，《卫报》却徒劳地试图弱化我的声明，他们声称我又改主意了，而他们之前的报道没错。换言之，他们想让我反对我自己。

　　读者把新闻当作自己和事实之间的媒介，但是伦敦的报纸却总是积极地向本国公众呈现歪曲的事实。多亏了我据理力争，涉及我的那部分错误内容终于被改过来了。但很多人没有办法这么做。

　　很显然这又是一个委托代理问题。《卫报》的记者和米兰的饭店老板没有什么不同，你想要叫一辆出租车的时候，他会叫来他的表弟，来之前还会在城里兜圈子以便让计价器显示的金额往上走。《卫报》的记者也和故意乱开处方的医生差不多，他开给你的药方里面包含了他个人的巨大利益。

信息不喜欢被拥有

新闻通不过林迪效应的检验。信息应该以一种天然的双向流动的方式口口相传。在古罗马,信息不会先被集中起来,然后过滤一遍,最后再向人民发布。人们在古地中海地区的市场里自由地交谈,他们既是新闻的接收者又是传播者。理发师提供全面服务,也兼任外科医生、争端调解专家和新闻传播者。如果你下令让人们过滤掉某个谣言,那么他们很快就会成为传播这个谣言的新渠道。其实,伦敦的酒吧和咖啡馆也有类似的功能。在东地中海地区(如今的希腊和黎凡特),吊唁活动是收集和传播信息的渠道,这种活动构成了大部分人的社交生活。贝鲁特当时有一个重要的希腊东正教社区,我那爱好社交的祖母有时会在一天之内参加好几场吊唁和慰问的聚会,回来的时候她就知道了几乎所有无关紧要的事情。比如某知名人士的孩子考试不及格,她也会知道。实际上,社区里发生的每件事情都被觉察并散播出去了。

> 一个不可靠的人传播的信息量比可靠的人要少,因为你无法欺骗一个人两次。[①]

从 20 世纪中叶开始,在相当长的一段时间里,人们依赖单向信息传播渠道,例如电视和报纸,但它们可能会被达官贵人和利益集团控制。这种情况一直持续到了 2016 年美国大选,信息双向流动的社交网络让信息传播机制重新回到了它本来的形式——这是林迪的反击!无论是资本市场的大佬,还是跳蚤市场的大妈,都明白这样一个道理:可靠

---

① 偶尔也会有一些集体狂热的情况,人群传播的是虚假的谣言。但由于社区之间的来往比较少,所以那时候谣言的传播速度并不像今天这样快。

的事物具有长期优势。

事实上，当前新闻媒体充当（利益集团）代理人的问题是系统性的，因此，它和公众利益的分歧会一直扩大下去，直到最后像罗伯特·鲁宾那样的勾当再次引发系统性崩溃。举一个例子。相对于我的想法被新闻媒体曲解，更令我沮丧的是读者根本没有机会了解到我与卡梅伦讨论的内容99%是关于气候变化以外的事情。如果前者是新闻媒体犯的一个错误，那么后者则是新闻行业的结构性缺陷。你永远都无法解决系统本身的结构性缺陷，系统会自己解决：先是崩溃，然后自己纠正。①

新闻行业和公众利益的分歧是显而易见的，相较于得到读者的支持，记者更希望得到其他记者的认可。请把这个现象和一个健康的行业对比一下，比如餐饮业，正如我们在第8章中所看到的，餐厅老板在意的是顾客的意见，而不是其他餐厅老板的意见，这就防止了整个行业陷入脱离客户需求的困境。全行业参与"风险共担"会创造多样性，而不是单一性，从而带来全行业的繁荣。记者是你如今能找到的最不安全的职业了，大部分记者的收入刚够糊口，经济不安全感反过来加剧了新闻行业脱离读者的恶化趋势，因此，他们很容易被说客操纵，就像我们在转基因作物和叙利亚战争等话题中看到的情况那样，一旦你对英国脱欧、转基因作物或者普京等话题发表一些不中听的言论，你就被淘汰出局了。这和一个多样化的、繁荣和有序竞争的正常生意相反，在生意场上，采取"我也是"的态度通常是致命的。

---

① 新闻行业最终将因其与公众利益的分歧而自我崩溃。另外一个例子就是高科（Gawker）事件，高科是一个偷窥装置，对象经常是21岁年轻人的复仇色情场面，但最终被比它更富有的人整得破产了。新闻记者压倒性地以"信息自由"为理由（这当然是对这一理念最错误的理解和使用），居然站在高科的立场上，而不是和公众一起站在受害者一边。这个例子对读者是很好的提醒，新闻行业是代理人问题最严重的地方。

异议的道德

现在让我们在道德领域深入探讨银律的应用。

你既可以评论一个人说的话，也可以批评他想表达的意思，其实他说的话比他想表达的意思更容易被抓住把柄，挑出毛病，也更易于传播。一个典型的吹牛者（比如作家和伪理性主义者山姆·哈里斯）总是对别人的讲话断章取义，然后抓住一点，穷追猛打，而不是去完整而全面地理解对方的立场、意思和主张，再来发表评论。当然了，后者需要对别人提出的想法有广泛而深刻的理解，相比较而言，对其文字进行断章取义式的批评就容易多了。请注意，这一点也同样适用于对宗教文献的解读，一定要在产生这些文献的历史背景和人文环境中理解这些教义，而不是对其进行断章取义式的理解或批评。

任何人都不可能写出一篇理性得无懈可击的文章，总会有一些段落和文字容易被人质疑，那些不诚实的编辑会脱离当事人说这番话的语境，直接将这段文字引向完全荒谬的意思，以便达到他们自己的目的。因此政治家、冒充内行的江湖骗子和新闻记者都在仔细寻找这些段落："随便给我几句那个人说过的话，我就会发现足够绞死他的罪行。"这句话黎塞留、伏尔泰、塔列朗（法国大革命时期的一个恶毒的新闻检察官）以及其他一些人都说过。正如唐纳德·特朗普所说的那样，"事实是真的，新闻是假的"。具有讽刺意味的是，在一次记者招待会之后，他遭遇了和我在英国皇家艺术学会事件中同样的歧视性报道。

在开启一场辩论之前，伟大的卡尔·波普尔首先会详尽而准确地表述对手的立场，他的表述详尽得一览无遗，就好像他是在推广自己的想法，然后他会系统地剖析这些观点，摧毁其内在的逻辑基础。此外，还有哈耶克的长篇评论《反凯恩斯和剑桥》，从书的名字来看，里面虽然有一个"反"字，但是通篇没有一句话误解了凯恩斯，或者用夸大其词和耸人听闻的办法试图煽动读者的情绪（这当然是明智的，因为人们敬畏凯恩斯的智慧和人格，任何批评他的人都不应该冒险去激起愤怒）。

在800年前阿奎那写的《神学大全》里，你会注意到他在章节中使用"问题"、"例外"、"质疑"和"反证"等标题，他首先将其质疑的问题进行精确的法理描述，然后找出其中的漏洞，最后才提出补救的方法。你如果注意过《塔木德》，就会发现二者有相似之处，其实这绝非偶然，因为二者的论证方法都源于罗马法体系。

请注意"稻草人谬误"，这种论证方法不仅忽略对方的主要观点，而且对次要的问题进行歪曲和夸大，最后鼓励人们对其产生误解。作为一名作者，我认为"稻草人谬误"与盗窃没有区别。

公开市场上的谎言多了以后，就会导致人们对造谣者熟视无睹。造成这一现象的根源与谎言本身无关，而是因为整个系统未能通过惩罚造谣者建立起最基本的信任机制，要知道诽谤者和造谣者在古代是无法生存的。

宽容原则规定了你要像作者一样去理解每一句话，包括一句话正反两个方面的意思及其衍生出来的意思，这才是经得起林迪考验的做法。例如，《圣经·以赛亚书》写道："他们在争讼的事上，定无罪的为有罪，为城门口责备人的设下网罗，用虚无的事屈枉义人。"为了防止陷害无辜，诽谤和诬陷在巴比伦被定为重罪，诬陷者将按照他给别人罗织的罪名被判决。

然而在哲学中，宽容被当作一条原则只是最近60年的事情。和其他事物一样，宽容如果成了一项原则，就必定是因为我们的道德体系中某些操守已经被放弃了。

下一章我们将会看到"风险共担"中的美德。

第 13 章
经营美德

> 桑塔格才是桑塔格。美德不需要别人的赞赏。有勇气成为不受欢迎的人。会议孕育更多会议。周六打完网球给孤独的他（她）打个电话。

———————

斯巴达立法者吕库古对在斯巴达推行民主制度的建议，做了这样的回应："先从你自己的家里做起。"

我会永远记得我与作家兼文化偶像苏珊·桑塔格的相遇，这很大程度上是因为我在同一天遇到了伟大的本华·曼德布罗特。事情发生在 2001 年，"9·11"恐怖袭击事件刚过去两个月，桑塔格当时正在纽约的一家电台接受采访，其间她被一个"研究随机性"的人激怒了，随后她就遇到了我。当发现我是一个交易员后，她脱口而出"我反对市场体系"，说完就转身背对着我，而我的话才刚说了一半，我理解她是想羞辱我（请注意，礼貌也是银律的一种应用），而她的助手当时看了我一眼，那眼神就好像我是谋杀儿童的罪犯。为了让自己释怀，我为她的行为设想了各种理由：她可能住在与世隔绝的乡村，平时不太和人接触；她可能自己种菜，过着自给自足的生活；她可能用铅笔在纸上写作，平时用卷心菜交换邻居的烟叶。

但事实并非如此，她过的可不是与世无争的生活。两年后，我意外地发现了她的讣告（我等了 15 年才写下此事以避免对逝者不敬）。出版界人士抱怨她的贪婪，她挤压了出版商的利润，她的一部小说要价数百万美元。她和女朋友住在纽约的一座豪宅里，后来这所房子卖了2 800万美元。桑塔格可能认为，侮辱有钱的人可以让她成为无懈可击的圣人，使她免于参与"风险共担"，不用承担任何后果。

> 如果一个反对市场体系的人不住在与市场隔绝的佛蒙特州的小屋或阿富汗西北部的山洞里，那么他是不道德的。

还有更糟糕的事：

> 如果一个人不奉行自己宣扬的美德，那么这是极不道德的行为。

本章的主要内容涉及利用美德来提升个人形象、个人利益、职业发展和社会地位等。这里说的个人利益是指不会带来负面影响的利益。

和桑塔格形成鲜明对比的是，我遇到过身体力行地实践自己所推崇的美德的人，例如，拉尔夫·纳德过着僧侣般的生活，简直和16世纪的修道士一模一样。来自法国犹太上层社会的俗世圣徒西蒙娜·韦伊在一家汽车厂工作了一年，以便自己以后提到工人阶级的时候，这个概念对于她来说不再是抽象的。

公众和私人

想想我们之前提到过的干涉主义者吧，这些自诩理论正确的人恰恰忽略了现实中生动而重要的细节。如果你相信自己的理论是正确的，你就不会太在乎你把自己的想法付诸行动时对其他人产生的影响。你的理论会赋予你道德崇高感，使你对其他人因你的理论而受到的影响不为所动。

相应地，如果你认为制作幻灯片和召开国际会议就是在帮助穷人，那么，幻灯片会繁殖出更多幻灯片，会议会派生出更多会议，而你会完全忽略穷人的具体问题和解决办法，"穷人"对你来说已经变成了你在现实生活中永远不会遇到的抽象概念。而且你为这些会议和幻灯片付出了巨大的精力，以至你认为自己有权去羞辱别人。据说希拉里就认为羞辱身边的特工人员不属于滥用职权。最近有人告诉我，一位著名的加拿大社会活动家、环保主义者（我还和他一起做过讲座）在两场讲座间隙的时候，羞辱了餐厅的服务员，而讲座的主题却是"平等、多样和公平社会"。

富人家的孩子在安赫斯特这样的特权学校中奢谈"阶级特权"，但是这样的学生无法回答迪内希·德·索萨的简单而合乎逻辑的问题：你为什么不去注册处把你的特权转给身后的少数族裔学生？

很多情况下，人们采取相互抵制的态度就是希望别人也和自己一样，他们希望用系统性的方法来解决每个具体的不公平问题。我觉得这不道德，据我所知，没有哪个道德体系会因为其他人没有去救人就允许你对落水者袖手旁观，也没有哪个道德体系会说："只有当别人也去救那个落水者时，我才会去救人。"这让我想到了一个原则：

> 如果你的生活与你的理智相冲突，被抛弃的应该是理智，而不是生活。

我们在绪论中讨论过索然无味的普世主义，这里有一个解决方案：

> 如果你连自己的行为都不能总结、推广和普及，那么你根本不应该接受普世主义思想。

这不是一个道德标准问题，而是一个信息披露的问题。如果一名汽车推销员向你推销一辆底特律产的汽车，同时他自己在驾驶本田汽车，那么他其实是在用行动暗示他推销的商品可能有问题。

美德商贩

从阿根廷到哈萨克斯坦，每家连锁酒店的浴室里都会有一个提示牌：保护环境。它们希望你的毛巾能多使用一段时间，而不要每天更换。因为避免每天换洗可以帮它们每年省下数万美元。这就像销售人员试图告诉你什么对你有利一样，对你有好处的事情其实肯定对他有更大的好处。酒店当然爱护环境，但可以肯定的是，如果顾客少换毛巾只对环境有利而对酒店不利，那么酒店是不会大张旗鼓地鼓励大家这样做的。

很不幸，有些全球性的慈善事业，比如对抗贫困（尤其是贫困儿童）、保护环境、帮助受到殖民主义压迫的少数民族部落伸张正义或者帮助其他遭到迫害的人，这些事业只是为那些打着美德旗号（实则满足自己商业利益）的商贩提供了最佳借口。

美德不是你用来宣传的东西，它不是投资策略，不是降低成本的方法，也不应该成为卖书（或者更糟糕，卖音乐会门票）的手段。

现在我想知道，根据林迪效应，为什么在古代文献中很少提到宣传美德的口号？为什么最近这些口号开始流行了？

其实这并不是什么新鲜事儿，只是最近才成了人们从事恶行的借口，让我来看看《圣经·马太福音》是如何劝化人们遵奉美德、从事善行的：

> 你们要小心，不可将善事行在人的面前，故意叫他们看见；若是这样，就不能得你们天父的赏赐了。
>
> 所以，你施舍的时候，不可在你前面吹号，像那假冒为善的人在会堂里和街道上所行的，故意要得人的荣耀。我实在告诉你们，他们已经得了他们的赏赐。
>
> 你施舍的时候，不要叫左手知道右手所做的；要叫你施舍的事行在暗中，你父在暗中察看，必然报答你。

"真是"还是"真像"？

投资者查理·芒格曾经说过："你愿意成为世界上最伟大的情人（却被每个人认为是世界上最糟糕的情人），还是愿意成为世界上最糟糕的情人（却被每个人认为是世界上最伟大的情人）？"只要被称为经典，就一定是有道理的，我将这个问题总结为"真是"还是"真像"？你可以在西塞罗、塞勒斯特，甚至马基雅弗利的书中找到类似的思想，他们将这个意思表达为：展现自己并不拥有的美德，就是与美德背道而驰。

买卖圣职

历史上曾经有一段时期，假如你有罪，你可以花钱来消除自己的罪恶。通过向教会捐款和购买赎罪券，有钱人可以洗涤自己的良心。这种做法在9世纪和10世纪达到顶峰，后来仍然以一种更温和、更微妙的形式存在了很长一段时间。几乎可以肯定的是，这种做法导致了宗教改革。

买卖圣职是教会集资最便捷的方式，买卖双方都对这种安排感到满意。赎罪券的情况也一样：买家有了上天堂的捷径，卖家可以零成本地卖东西。这就是我们在交易中所说的"无风险套利"。然而严格地说，这是违反教会法律的，因为它用世俗的东西交换了精神和永恒的东西。这种行为是符合林迪效应的（经历了长时间检验仍然存在）。从这个角度来看，让信众花钱购买赎罪券的基督教和罗马帝国早期奉献祭品的众神教没有明显的不同，大部分祭品进入了高级祭司的口袋。

试想你现在公开向慈善机构捐出100万美元。其中有相当一部分将被用于宣传你的慷慨善行，慈善机构被定义为非营利组织，所以它们的专长就是花掉这些钱：开会、募集资金、发送同时抄送许多人的电子邮件（据说这一切都是为了帮助一个刚刚经受了地震灾难的国家）。你看这些慈善机构是否很像买卖圣职和赎罪券的教会？从某种意义上讲，买卖圣职和赎罪券的活动以慈善晚宴的形式转世重生回到了现实世界。庄严的慈善晚宴（出于某种原因，一般都要求正装出席）能给人一种自豪的感觉，让他们觉得自己比那些带着自私目的跑马拉松的人要高尚，让与会者觉得自己很有用，晚宴的目的可能是拯救别人的肾脏（就好像写了一张支票就能治好病人一样），总之这类活动能够让他们觉得自己不再自私。还有的高管用自己的名字命名一座大楼，仿佛这样人们就会记得他的善行。所以你可以轻而易举地从全世界骗到10亿美元，你需要做的就是花一两百万美元，组织一个豪华慈善晚宴，并给捐赠人预留当晚最耀眼、最舒适的座位。

我并不是说那些把自己名字写在建筑物上的人劣迹斑斑，他们也并非都是为了给自己在天堂预留一个位置。许多人是在同伴和社会的压力下被迫这样做的，只有这样才能摆脱某些人的劝捐骚扰和某种无形的压力。

我们已经讨论过美德不应该是一种装饰，也不应该是人们可以随意买卖的东西。现在让我们再往前走一步，看看美德在风险承担方面要经历怎样的"风险共担"的考验，尤其是当一个人的声誉面临风险的时候。

美德是关于他人和集体的

从美德的属性来看，我们可以放心地说，美德是牺牲个人狭隘的利益为集体赢得广泛的利益，美德并不仅仅是与人为善和关心他人，美德需要自我利益的牺牲。

美德还在于帮助那些被忽视的人，通常情况下也就是那些被大型慈善机构忽视的人。美德还在于花点儿时间和那些没有朋友的人聊天，偶尔给他们打个电话，或者一起喝一杯热咖啡。

不受欢迎的美德

美德的最高形式是不受欢迎的。这并不意味着美德本身不受欢迎，而是说实践最高形式的美德往往需要承担风险，并勇敢地披露一个人真实的内心世界。

> 勇气是唯一一种你无法伪造的美德。

如果要我描述什么是完美的道德行为，那么我将采取一个有悖于公众传统认知的立场，并不惜处于尴尬境地来捍卫这个立场。

让我们举个例子吧。由于某种原因，叙利亚战争期间，整个西方世界的新闻媒体（在卡塔尔资助的公关公司的帮助下）一边倒地支持当地所谓的叛军，媒体会严厉地批评任何一个反对叛军的人，其实这些所谓的圣战分子实际上是要在叙利亚建立一个"萨拉菲 – 瓦哈比"政权。当有记者开始质疑这些圣战分子的动机时，他们就被贴上了"阿萨德支持者"和"婴儿屠夫"的标签，以此来吓唬其他记者。他们总是拿孩子说事，曾几何时，孟山都公司经常指责那些反对它的人是要"饿死孩子们"。

顶住压力，拒绝从众，明知自己不受欢迎，仍然坚持说出真相，这是一种非凡的美德，你的声誉可能因此受损，你得选择是接受当时人们的评判，还是接受时间的考验。这才是记者应该拥有的道德。有些记者把表达自己的观点变成了加入一边倒的媒体大合唱，他们觉得这样做既安全又能体现美德，这根本就不是美德，而是恶行，是个体懦弱和集体霸凌的奇怪混合体。

承担风险

常有"想帮助全人类"的年轻人来找我，他们问我"我该怎么办？我想减少贫困，拯救地球"，还有其他类似的宏大而崇高的愿望，我的建议是：

第一，不要试图表现美德；

第二，更不要打着美德的旗号从事寻租活动；

第三，你必须自己创业，把自己放到第一线，去开创一项事业。

是的，我对他们的建议就是去努力创业，承担风险，你如果有钱了（自愿的情况下），就对别人慷慨一些吧！我们需要人们去承担（有限的）风险。从早期智人到今天的人类，漫长的进化史告诉我们一定要远离宏观概念，远离抽象事物，远离全球目标，远离那种所谓的社会改造计划，所有这些都只会给社会带来尾部风险。创业对于社会来说，多少会有所帮助，因为创业只会带来活力，而不会恶化整个社会的风险。专业的救助机构对社会可能会有所帮助，但它们同时也可能会带来伤害（我算是比较乐观的人了，我相信除了少数慈善组织，大多数慈善救助机构最终给社会带来的是伤害）。

承担风险的勇气是最高的美德。我们需要企业家。

第 14 章
和平，不靠条约，也不靠战争

> 阿拉伯会战斗到只剩最后一个巴勒斯坦人。狮群去了哪里？意大利人可没那么容易死。让历史学家造火箭。商业使人更平等但也创造了新的不平等（但那是另外一个话题了）。

干涉主义者（或者我应该叫他们"狂热的干涉主义分子"）有一个毛病，他们为了"提供帮助"而介入别人的事务，结果却破坏了那些地区本来固有的维系和平的机制，这种机制既体现为当地人在具体事务上的合作，又体现为他们在战略上的长期敌对，和平机制就是这两者的结合。正如我们在绪论里面提到的那样，这个错误至今仍在继续，因为错误决策的后果会由决策圈以外的其他人承担。

我猜想如果没有那些干涉主义"白知"的掺和，以色列和巴勒斯坦问题应该已经得到了解决。而且冲突双方，尤其是巴勒斯坦一方会变得更好。当我写下这些文字的时候，巴以冲突问题已经持续了 70 年。就像一个狭小的厨房挤进来太多厨师一样，不仅解决不了问题，而且会让情况变得更糟糕，因为他们中的大多数人从来不必品尝自己做的食物（或者苦果）。我推测，如果你不去插手别人的事情，那么他们反而会从实际出发，现实地解决自己的问题。

参与"风险共担"的人考虑问题的时候会脚踏实地，他们并不热衷于地缘政治或宏大而抽象的原则，他们感兴趣的是放在桌子上的面包，在冰箱里的啤酒（或者非酒精发酵饮料，比如酸奶），以及天气好的时候带家人外出野餐。他们不希望有人来教育和指导他们应该怎样和邻居打交道，这对于他们来说不是一种帮助，而是一种羞辱。

想象一下这个荒谬的场景吧！阿拉伯国家鼓励巴勒斯坦人去战斗，去捍卫他们共同的抽象的原则和理念。而这些国家的统治者却坐在挂着地毯、配备了冰箱（装满了非酒精类发酵饮料，比如酸奶）的宫殿里，接受他们建议的人却住在难民营里。巴勒斯坦人如果在1947年就定居下来，现在就会过得很好。但是那个抽象的理念要求把犹太人和新十字军一起赶出地中海。正当巴勒斯坦人流离失所、住在帐篷里的时候，数千英里以外的阿拉伯各派别却在商讨有关"原则问题"。接着就发生了1948年的战争。如果巴勒斯坦人就此定居下来，那么事情也能得以解决。但是不行，因为"原则"不允许。于是又爆发了1967年的战争，而现在他们发现如果能收复在1967年的战争中失去的土地，就太幸运了。接着1992年，首脑们签下了奥斯陆和平协议。但是政治条约缔造不了和平，如果你希望他们实现和平，那么就让他们进行贸易，就像他们几千年来所做的那样，最终他们将不得不自己去解决问题。

除非被某些官僚机构阻挠，否则人类在很大程度上是一个相互合作的物种。因此我推测，如果我们让国家部门那些"想要提供帮助"的人长期带薪休假，让他们去做瓷器、陶器或其他男性荷尔蒙水平较低的人在休假期间会做的事情，那么中东和平一定大有希望。

而且，这些人把所有事务都看作地缘政治，在他们眼里，整个世界被简化成了两个拳击手，而不是有着不同风俗习惯和不同利益诉求的人群。为了拖垮俄罗斯，美国国务院想方设法地延长叙利亚战争，使之长期化，而实际上这样的做法只是在惩罚叙利亚人民。

政治家之间的妥协和人民之间的和平不是一回事。想想今天的摩洛哥、埃及，某种程度上沙特阿拉伯也算在内，它们都有着或多或少公然亲以色列的政府和装满非酒精发酵饮料（比如酸奶）的冰箱，也都有大批对犹太人有明显敌意的底层民众。相比之下，伊朗当地的民众则毫无疑问地更亲西方也更容忍犹太人，而伊朗政府却不受西方国家政府的待见。然而，一些从不亲身参与"风险共担"却又自诩熟读《威斯特伐利亚和约》（他们了解许多具体细节却不了解复杂系统本身）的政客，依然坚持把国家间的关系简化为政府间的关系。

火星 vs 土星

如果你对上述问题一无所知（就像华盛顿的专家智囊团那样），而且也没有参与"风险共担"，那么所有的事情都可以通过地缘政治的棱镜来观察。对于那些无知的专家来说，这个世界就是伊朗 vs 沙特阿拉伯、美国 vs 俄罗斯以及火星 vs 土星所组成的联赛。

我还记得在黎巴嫩战争期间，当地派别之间的冲突很快就被总结成了"以色列 vs 伊朗"的冲突。我在《黑天鹅》一书中描述了来到黎巴嫩的战地记者不是从战地一线而是从其他战地记者那里取得信息，这样他们的报道就不会相互矛盾，大家都可以生活在一个与战场平行的镜像世界里，从未参与"风险共担"的记者们就在由扭曲的事实和虚假的信息构成的世界里漫游。但对于我们当地人来说，我们的目的是尽快解决问题，然后继续生活下去，不要成为地缘政治的牺牲品。在现实生活中，人们感兴趣的是和平共处和求同存异，而不是地缘政治和宗教战争。

让我们来看看真实的历史是如何演进的，它绝不是"知识分子"和"智囊机构"所想象的那样。

非对称风险

狮群去哪儿了？

在写《反脆弱》的时候，我在南非的野生动物保护区待了一段时间，白天我就在保护区参加野外观兽旅行，下午我就修改那本书。我去保护区是为了看狮子，但是整整一个星期我只看到一头狮子，而且当时周围所有露营地的游客都赶来了，好像这是一件了不起的大事，人们不停地用祖鲁语喊着"kuru"，就像他们发现了金子一样。在每天两次寻狮失败的旅行中，我看到了长颈鹿、大象、斑马、野猪、黑斑羚，很多黑斑羚和越来越多的黑斑羚。其他人的情况和我一样，我们希望看到凶猛的狮子，却看到了一群温和的动物。我在大草原中间的另一辆车上遇到一个南非人（每天看那些无聊的动物已经使我们感到审美疲劳了），他忽然伸手指着一座小山开了一个玩笑，"快看，那儿有两头长颈鹿和三只黑斑羚"——大家都觉得他那种做作的兴奋感十分滑稽。

事实证明，我恰恰犯了我自己之前经常警告别人不要犯的错误，那就是将耸人听闻的只言片语当成了可以由统计验证的日常事件。在一个生态系统中，凶猛的掠食者终究是极少数的，绝大多数动物都是温和的、相互协作的食草动物。我们的观察营地设在一个水坑旁边，每天下午，不同种类的动物，数百只一起结伴前来饮水，很显然它们相处得很自然，并不相互打扰。但是，在我见到过的成千上万只动物里，那头雄伟而平静的狮子始终占据着我的记忆，它有一种庄严的美感。从食草动物风险管理的角度来看，高估狮子的风险可能是有道理的，但这并不适用于解决全球事务。

"丛林法则"并非意味着弱肉强食，大多数情况下，各种动物都是和平共处和相互协作的，偶尔打破这种局面的外力是动物们嗅出风险以后所表现出来的逃生本能。在大草原上，掠食者并不能为所欲为，它们受到各种制约，不得不服从于它们和猎物之间形成的共生关系。

急诊室里看历史

人类历史应该是一部偶尔被战争打断的和平史，而不是一部偶尔被和平干扰的战争史。问题在于我们人类很容易受到大脑记忆中那些印象深刻事件的影响，从而将偶发的事件误以为是具有统计规律的常态。这些事件在其他人头脑中也留下了深刻印象，甚至可能成为一代人的集体记忆，这样就会反过来影响我们的判断，加之我们自身情绪化的影响，我们就会以为该事件在现实生活中是频繁发生的。从某种意义上讲，这有助于我们在日常生活中保持谨慎的态度，迫使我们增加一层额外的自我保护机制，但是这种错误判断对正确认识历史绝对没有任何帮助。

如果带着这种错误判断去读国际政治史，你就可能得到这样一个印象：人类历史主要是战争史，国家间只要有机会，默认状态就是发动战争，两个国家之间唯一的协作机会仅限于为应对共同危险而结成战略联盟。另外一种协作的可能就是自上而下建立一个统一的行政体系。欧洲各国最近几十年的和平，应该归功于它们建立了欧盟这个复杂、低效、啰里啰唆和缺乏男性气质（这也是大学的通病）的官僚行政体系，而和美苏对峙无关。

我们被灌输的历史大多是战争史，少有和平史。作为一名交易员，我的职业本能让我去探寻人们忽略的一个问题：历史书是谁写的？嗯，它们是历史学家、国际事务学者和政策专家写的。这些人有可能被愚弄吗？礼貌地说吧，他们绝大多数都不是火箭科学家，不可避免地受结构性偏见的影响。绝大多数历史学和国际关系学方面的著作都没有经得起严格实证检验的内容，大多数内容都是口头恭维和空洞反思。

首先，历史学家犯这种错误的根源，在于他们对历史数据的挖掘方式是错误的。有两种挖掘历史数据的方式，一种是用历史数据来证明一个观点，另外一种是找出反例、特例和异常数据来推翻一个观点。大多数历史学家都倾向于前一种方式，而且他们会对数据过度解读和过度拟合。其实在自然科学领域情况也是这样的，前一种方式更容易引起媒体和公众的关注，后者往往吃力不讨好，所以历史学家和国际关系学者落入同样的陷阱也就不足为奇了。

其次，这些学者并非火箭科学家，未能理解数学的一个核心特性，混淆了强度与频率的概念。在意大利统一前的5个世纪里，这个地方据推测应该饱受"高频率冲突"的蹂躏。因此，学者坚信意大利统一带来了和平。但是，在随后被称为统一后的"和平稳定期"，仅仅发生了一次战争，却有60多万意大利人死于这场战争，几乎比之前动荡战乱的5个世纪里累积死亡的人数高出一个数量级。国家之间发生冲突时，参战的主要是专业士兵，通常是雇佣兵，所以许多人都不知道他们的存在，因此人们对如此巨大的伤亡缺乏具体的感性认识。通常在提出这些事实之后，我几乎总是要面对这样的反馈："看吧，历史上还是有很多战争和不稳定。"这简直就是罗伯特·鲁宾式把戏的翻版：看起来产生稳定回报的交易其实蕴含着巨大的风险，这种风险平时不爆发，使得一切看起来都很平静，而一旦爆发，它就会毁灭你的全部财产。①

然后，存在样本代表性问题，历史学家叙述的史实在多大程度上覆盖了当时真实的社会生活？历史学家和国际事务专家的研究往往关注战

---

① 这是我在《随机漫步的傻瓜》中指出的非常基础却十分常见的错误。它混淆了频率与期望值（或均值）。不是交易员的人很难理解，如果摩根大通在252个交易日里有251天都在赚钱，那不一定是一件好事，而往往应该将其视作一种警告（即一旦发生损失极有可能是重大损失）。

争和冲突，而不涉及普通民众的生活。如果要解决历史研究中样本覆盖面不足的问题，我们就要广泛发掘底层民众的生活及其相互之间的联系，包括商人、理发师、医生、兑换货币的黄牛、管道工和妓女等。和平与商业可能会引起人们的兴趣，但也不会是人们全部兴趣之所在。法国年鉴派史学家提出了这样一种历史观：历史是一个有机体的完整生命周期，而不是可怕的战争片段。遗憾的是，他们并没有改变邻近学科（例如国际关系学）的研究视角。即使是我本人，已经意识到这个问题并正在就此问题撰写相关章节的时候，仍然感觉现实生活充满了无趣的东西。

最后，正如马克·魏斯博恩、帕斯夸莱·西里洛和我之前的研究显示的，人们对战争中的伤亡记录充满了高估的偏见，随着可怕的战争的结束，可怕的偏见会浮出水面，并在随后口口相传的战争回忆中越来越夸张。

新闻是追逐"事件"的，或者说新闻不能没有事件。许多历史学家和政策研究者都曾经是令人尊敬的资深记者，他们对真相的核查标准很高，为此他们不惜去承担许多无趣的工作。但是，无趣并不能使他们成为科学家，"核查真相"也不会使他们成为实证主义者，因为这些学者没有数据缺失和沉默事实的概念。俄罗斯概率学派提醒人们要从单边不对等的角度去思考数据隐含的意义：缺失的数据也应该被考虑。记录中没有黑天鹅，并不意味着它不存在。记录是不充分的，这种不充分所包含的非对称性应该永久地体现在人们的分析中。沉默事实（或称无声证据）应当是一种推动我们找到全部真相的力量，阅读历史却不重视其中的事件，或者仅从贝尔维医院的急诊室里观察纽约的生活，两者产生的偏见没什么两样。

所以请记住，历史学家和政策制定者都是从一群从书本中获取知识的学者里面挑选出来的，而不是从现实生活和商业竞争中选拔出来的。美国国务院的文员也是如此，这些人不是冒险家和实干家，而是上述学者的学生。坦率地说吧，能够置身于耶鲁大学图书馆层层叠叠的书架间认真阅读、学习和思考是许多人做不到的，比如黑手党的讨债人或者商品期货的投机者，这些人需要时刻保持警惕并提防风险，如果你还是没有明白我的意思，那么你就是个学者。

我们以在西班牙的阿拉伯人、在拜占庭帝国部分地区的土耳其人或者阿拉伯人和拜占庭人的故事为例。从地缘政治的角度来看，你会把上述场景中的双方看成激烈的竞争对手。是的，他们之间确实有激烈的冲突，但不是你猜想的那种。在双方对峙的这段时期，商人们的活动非常积极。我来自一个在伊斯兰国家继续信奉希腊东正教的派别（当然我们和逊尼派保持了一个非常安全的物理距离），我从小就见证了这样的合作。永远不要低估有着坚定宗教信仰的人，在评估现实经济利益时表现出来的理性和务实——别忘了，在发现新大陆之前，整个世界的商业重心在东方。"土耳其人的头巾比教皇的冠冕要好"——语出拜占庭大公卢卡斯·诺塔拉斯之口，他曾经与奥斯曼人谈成了一项友好条约，这句话常被后世引用。以弗所的圣马克也说过类似的话，巴尔干的农民为了经济利益而联合土耳其人一起对抗他们的天主教领主的时候，常引用这句话为自己辩护。

现在读者应该知道了，我亲身经历了黎巴嫩内战中最糟糕的一段时间。只有在绿区停火线附近才不像战场。但是那些从历史书中知道这场战争的人不会理解我的经历。[1]

---

[1] 该读些什么书？这些书并不会解决数据缺失和反面例证的问题。但首先，不要研究与恺撒和庞培相关的罗马历史、伯罗奔尼撒的权力平衡或者维也纳的外交阴谋，而是考虑研究日常生活、法律和风俗的内容。大概 20 年前，我突然发现了保罗·韦纳（Paul Veyne）、菲利浦·阿利埃斯（Philippe Ariès）和乔治·杜比（Georges Duby）编写的《私人生活史》（*A History of Private Life*）。从那以后，卷一（古罗马）就放（转 251 页）

第 14 章 和平，不靠条约，也不靠战争

我们在第六卷中看到生活中的许多非对称性很大程度上都来自未被发现的代理人问题，"风险共担"机制的缺失污染了这些领域的道德，从而产生了利益的扭曲。

但请记住，宗教是一种"风险共担"，而并不仅仅是一种"信仰"。我们将在接下来的几章中讨论人们称之为"宗教"的内容，并将逐步走入本书的核心：理性和担当。

---

① （接 250 页）在了离我床头很近的地方。这种研究方法的另一本代表作是埃马纽埃尔·勒华拉杜里（Emmanuel Le Roy Ladurie）的《蒙塔尤》(*Montaillou Village Occitan*)。处于困扰中的心爱的地中海人，请参阅费尔南·布罗代尔（Fernand Braudel）的巨作：《菲利普二世时代的地中海和地中海世界》(*The Mediterranean and the Mediterranean World in the Age of Philip II*)。不以那些抽象的地缘政治废话，而以贸易为基础来读一个威尼斯的故事会让人更加愉快。有些书能让你闻到香气。自从发现杜比、布罗代尔、布洛赫、阿利埃斯等人的作品以后，我阅读传统历史书时一直很生气，比如一本关于奥斯曼帝国的书重点却放在那些苏丹身上。感觉历史学家们都在效仿《纽约客》那种令人生厌的"纪实文学"风格。其他的书：詹姆斯·戴维森（James Davidson）的《交际花和鱼饼》(*Courtesans and Fishcakes*) 可以让你看到希腊人是怎样用左手吃面包的。格雷厄姆·拉博（Graham Robb）的《发现法兰西》(*The Discovery of France*)，会告诉你 1914 年的法国人不常说法语，还有其他许多事情。

第七卷

宗教、信仰和风险共担

第 15 章
他们提到宗教的时候并不知道自己在说什么

> 他们说得越多你懂的越少。法律还是风俗？宗教之类的事情，你真正需要的是这张标签。

———————

我此生的座右铭是："数学家从对象和关系（精确来讲是定义和映射）的角度来考虑问题，法学家和法律思想家从构造的角度考虑问题，逻辑学家用抽象的运算符号考虑问题，而愚蠢的人……则用语言思考问题。"

在喝咖啡聊天的时候，两个人可能正在使用同样的词语，说的却是不同的事情。但是在做决定的时候，尤其是做那些会影响其他人命运的决定时，这样含糊其词就不行了。要发现一个人说话的错误其实很容易，就像苏格拉底那样，只要让他们把"所思、所指、所言"这三者一一对应起来，你就会发现其中漏洞百出："你认为你刚才说的话是什么意思？"大多数情况下，一个人澄清他之前的话时，会有更正或偏差，澄清往往带来了一个新的意思，问题是澄清可以永无止境地进行下去，那么他究竟意指为何？因此和大多数人的认知相反，哲学家并不推崇诡辩和言论技巧，哲学生来就是一种澄清行为，澄清自己的真实意图，澄清语言造成的困惑。苏格拉底之后，我们建立了一套严格规范的数学科学和合同法体系，我们能够精确地使用映射术语和指代关系。但是也有很多愚蠢的人爱发表贴满标签的模糊声明——诗歌除外，所以，我们尤其要小心那些咬文嚼字的人，他们玩的是炼金术的把戏。

不同的人在说到"宗教"的时候，很少指的是相同的意思，而他们并没有意识到这一点。对于早期的犹太人和穆斯林来说，宗教就是法律。"Din"在希伯来语中的意思是法律，而在阿拉伯语中的意思是宗教。对于早期犹太人来说，宗教是部落事务；对于早期穆斯林来说，宗教是共同价值；对于罗马人来说，宗教是社交活动、典礼仪式和节日狂欢。在罗马的时代思潮中，"宗教"是"迷信"的反义词，而在罗马东部的希腊–拜占庭世界里却没有与之相对应的概念。在整个古代世界里，法律无论从程序上还是组织结构上都自成一体。多亏了圣奥古斯丁，早期基督教不太干涉法律事务，之后又因考虑到其自身的起源，基督教也没有和法律完全融为一体。即便是设立了宗教裁判所，最后的判决仍然是由世俗法庭做出的。此外，狄奥多西法典（5世纪时编纂完成，统一了罗马法律）的"基督化"也仅限于前言部分有简短的介绍和祝福，其主体内容仍然延续了罗马人从万神教（当时已被基督教定为异教）时代就确立的法理原则，而且东部信仰东正教的君士坦丁堡也奉行同样的法理。这部法典是由两个万神教徒，腓尼基法律学者乌尔比安和帕比尼安主持编写的。再提一句，与地缘政治学家的理论相反，设在贝鲁特的罗马法学院并不是被基督教会关闭的，而是毁于地震。

法律和宗教的区别在基督徒使用阿拉米语的情况下表现得很明显，宗教是"Din"，法律是"nomous"（来自希腊语）。耶稣基督的一句"恺撒的归恺撒"，就将神圣与世俗分开了。基督教是另一个领域，是"尚未来临的国度"，凡人只有在末世来临时才能进入这个国度。[1] 而伊斯兰

---

[1] 尽管埃及的科普特人日益受到逊尼派穆斯林的迫害，但科普特人反对在埃及建立自治国家，他们的观点是"在世界上建立政治实体的做法"是违背基督教教义的。

第 15 章 他们提到宗教的时候并不知道自己在说什么

教和犹太教都没有在宗教与世俗之间做明显的隔离。当然基督教本身也在演变，不再是纯粹地局限于精神领域了，而是包含仪式和流程，其中融合了黎凡特和小亚细亚的大部分万神教的仪式。奥古斯都之后的罗马皇帝一般都兼任万神教的国家大祭司（相当于基督教的教皇）之职。4世纪末，罗马皇帝狄奥多西采取了政教分离的标志性举措，他将大祭司这个职位转给了罗马大主教，再往后，这个职位或多或少有些非正式地演变成了天主教教皇之职。

如今对于大多数犹太人来说，宗教已经变成了不包括法律的民族文化圈，对于很多犹太人来说，宗教其实是一个国家概念。对于亚美尼亚人、叙利亚人、迦勒底人、科普特人和马龙派来说也是如此。对于基督教新教的教徒来说，宗教在很大程度上是一种抛弃了华美典礼、庄严仪式或苛严法度的个人信仰。再往东走，对于佛教徒、神道教徒和印度教徒来说，宗教是一种哲学，一套道德规范和一种行为准则（对于某些人来说，宗教还是关于宇宙起源的逻辑假设）。所以当印度教徒谈论印度的宗教时，他所说的宗教和巴基斯坦人所说的宗教不是一回事，对于他们的波斯邻居来说，宗教又是另外一个概念。

一旦人们产生了单一民族国家的梦想，事情就会变得更加复杂。很早以前，当阿拉伯人说到"犹太"这个词的时候，它主要指的是某些信条，对于阿拉伯人来说，一个皈依伊斯兰教的犹太人就不是一个犹太人了。但是对于犹太人来说，犹太的概念是血缘上的，只有当母亲是犹太人的时候，孩子才能算是犹太人。不过，犹太这个概念多少有些单一民族国家的意思，现在对于很多人来说，它就是一个国家的概念。

在塞尔维亚、克罗地亚和黎巴嫩，宗教在和平时期意味着一件事，而在战争时期则是完全不同的另外一件事。

当有人在黎凡特地区讨论"基督教少数派"权益的时候，他们并不像阿拉伯人以为的那样要建立一个基督教神权国家，其实在基督教历史上，只有拜占庭帝国曾经（还有加尔文教派曾经试图）建立了一个政教合一的神权国家。主张"基督教少数派"权益的人是"世俗"的，或者说是想要把基督教会和国家政权明显分离开来。对于那些诺斯底教派的教徒（包括德鲁伊、德鲁兹、曼达派、阿拉维和阿列维斯等教派）来说也是如此，他们的宗教信仰连自己的教徒都不太清楚（这是为了避免遭到占统治地位的多数派的迫害），因此何谈政教合一的国家呢？

欧盟的问题在于，那些天真的官员（在椰子岛上都找不到椰子的人）被标签迷惑了。他们把萨拉菲主义视为一种宗教——证据是他们有那么多"教堂"，但其实萨拉菲主义只是一个激进的狭隘的政治派系，它促进（或者容忍）了暴力活动并抵制西方的体系，是的，抵制那些试图包容它的体系。从少数派主导规则中我们看到那些顽固的不容异己的少数派最终会逐渐占据主导地位，碾压曾经宽容他们的人，因此癌症必须在癌细胞转移前得到治疗。

萨拉菲主义很像处于鼎盛期的苏联：两者都全面控制信众的一切活动和思想，这种全面控制是如此严厉，以至任何有关宗教或无神论的讨论都会因为缺乏现实相关性而自我毁灭。

信仰 vs 信仰

在下一章我们会看到，选择某种信仰就是选择了一种认识世界的方式，因此信仰其实就是一种认识论。但是有些人把信仰当作一种程序（或者一种标签），这就会让人感到困惑：哪些信仰才是宗教信仰？因为在"宗教"问题之上，还有信仰问题。有些信仰是装饰性的，有些信仰是功利性的（帮助人们解决生存问题），而有些信仰仅仅是纸面上的。

第 15 章　他们提到宗教的时候并不知道自己在说什么

回到我们肿瘤一样的萨拉菲问题上：当一个宗教激进主义者和基督徒谈话时，他确信基督徒能够通过语言和文字沟通，正确理解他对信仰的理解，基督徒也相信萨拉菲派信徒对信仰有着和他大致相同的理解。所有这些字面上的理解都需要被认真对待和具体分析，基督徒、犹太教徒和某种意义上的什叶派伊斯兰教徒对字面上的概念是宽容的，允许他们的信众发展成为一个复杂而包容的社会群体。他们只有去除文字层面的教条主义限制，才能为信徒赢得更广阔和灵活的生存空间。

就像爱德华·吉本所写的那样：（万神教时期的）罗马帝国流行各种宗教，在普通人看来，这些宗教都是真诚的；在哲学家看来，这些宗教都是错误的；在执政官看来，这些宗教都是有用的。因此宽容不仅仅造就了不同教徒之间的相互包容，而且造就了宗教之间的和睦相处。

自由主义和没有教堂的宗教信仰

我们之前提到过，罗马帝国皇帝"叛教者"朱利安在他父亲的表弟君士坦丁大帝将基督教定为国教的半个世纪之后，试图回归已经被视为异教的古代万神教。他犯了一个致命的推理错误。

他的错误在于，他从小就被当成一个基督徒来抚养，以致他认为万神教也需要一个类似于基督教教会的组织架构，也就是那种教会的行政体系。于是他试图设立万神教的主教、教会和裁判所等机构。他没有意识到，每个部落对万神教的理解都不同，他们有自己的神，各有各的仪式，这从名字上就能看出来，各地万神教的思想、仪式、起源、教规、宗旨和信仰的各方面都不一样。万神教是一大群部落宗教的集合，而不是一个单一的宗教信仰。

后来，这位出色的将军、英勇的战士朱利安（英雄般地）战死沙场之后，重建古代价值观的梦想也随之消散。

正如万神教很难被归为一类，自由主义也是一样。它并不符合政治党派的特征，只是一个松散的政治运动。自由主义这个运动本身的理念，就不允许政党执行一个统一的强硬路线，也不允许政党约束其成员，限制成员的自由。因此，自由主义者的政党一定是松散的、吵闹的，不会有明确统一的政策指定其总部办公楼的位置以及与蒙古国的关系。政党组织是有等级制度的，意在用明确的纪律来代替个人意志，这与自由主义理想格格不入。运作一个政党所必需的权贵阶层，不可能与一个充斥着易怒的、偏激的和独立的自由主义者共存。

尽管如此，自由主义者有一个最基本的信仰，其核心就是个人服从于法律而不是服从于权威。其实自由主义者自己都没有意识到的是，他们信仰的其实是一个复杂系统。由于自由主义是一种运动，他们即使没有自己的政党，也仍然可以作为其他政党内部的自由主义派而存在。

涉及信仰问题的时候，要尽量避免给人贴标签。不要把信仰不同宗教的人看作同一种类型的人。当然他们之间也有共性。下一章我们来分析为什么宗教人士不喜欢点头之交或者酒肉朋友，宗教需要奉献、承诺和担当：宗教是建立在"风险共担"基础上的。

第 16 章
信仰是一种"风险共担"

对称性，到处都是对称性。信仰需要门槛。

当你斋戒的时候你就会了解宗教了。写到这里的时候，我刚好结束了令人筋疲力尽的希腊东正教的 4 月大斋戒，其间的大部分时间不能食用动物制品。斋戒在西方其实很难，因为人们平时的饮食习惯主要包括黄油和奶制品。但是一旦你开始斋戒，复活节就更值得庆祝了，就像人们口渴时喝到清甜的泉水一样兴奋，因为等待和渴望使你付出了代价。

还记得我们之前讨论过的神学吗？为什么耶稣基督必须是一个人？因为他要牺牲他自己。现在我们可以就此问题继续展开讨论了。

帕斯卡理论的主要缺陷在于信仰并不是一个免费的期权，你可以无害地自由选择，哪个宗教对你有利你就加入哪个宗教。在事关信仰的方面，你的付出需要与你的收获对等，不然事情就太简单了。所以为正确处理人类之间的事务而建立起来的"风险共担"原则，也同样适用于我们与神的关系。

非对称风险

神不喜欢廉价信号

哪怕我活到 125 岁,我也会记得那个讲阿拉米语的马若拉小村庄,还有那个圣塞尔吉乌斯教堂(用当地的话来说就是"Mar Sarkis")的祭坛。几十年前对那个教堂的拜访让我开始痴迷于那个被忽视的古老语言。当时那里的人们依然讲着耶稣基督曾经使用的西阿拉米语。在耶稣基督时代,黎凡特人在沿海地区说希腊语,在乡村地区讲阿拉米语。对于那些研究《塔木德》的人来说,西阿拉米语对应的是"耶路撒冷语"或者"巴勒斯坦阿拉米语",而在东部地区的巴比伦阿拉米语则不同,后者更接近现在的叙利亚语。看着孩子们用一种古老的语言互相交谈、嬉笑打闹,那景象真是令人着迷。

如果一个城镇还保留着个某古老的语言,那它就值得人们去探访古老习俗的痕迹。这个镇上也的确有一个古老习俗的遗迹:圣塞尔吉乌斯教堂祭坛上的排血管道,这让我终生难忘。它其实是基督教之前的其他宗教的遗迹,早期的基督徒把这个异教徒的教堂改造成了基督教的教堂。即使冒着得罪人的风险,我也得说,早期的基督徒其实就是一些异教徒,因此也很难说他们对异教教堂会有多大程度的改造。正统的历史说在尼西亚会议(4 世纪)之前,基督徒使用异教徒的祭坛是很平常的事。但是这个祭坛是一个证据,证实了我的一个猜测:早期的基督徒和犹太教徒在习俗上与其他闪族宗教教徒没有太多区别,他们很可能共享宗教场所。许多被基督教封圣的圣徒早期都是其他宗教的信徒,后来才皈依了基督教。所以,封圣可能也是早期基督教劝化教众的一种方式,那时候可没有电话、传真机或沙特王子资助的宗教网站来劝化别人入教。

在黎凡特和阿拉米语的口语中,"祭坛"仍然是"madbah",即"割喉祭祀仪式",这个古老的传统在伊斯兰教留下了印记:清真食品都要用这种方法屠宰动物。"qorban"在闪族语中的意思是"靠近(上帝)",它最初是通过献祭的方式完成的,现在这个词仍在分享圣餐时使用。

实际上,什叶派伊斯兰教的主要人物之一侯赛因·伊本·阿里将自己的死作为一种献祭,并在死前向真主说:"让我成为你的祭品。"这是最高级别的牺牲了。[①]

至今,他的追随者们仍会在他的纪念日——阿舒拉节上忠实地体现"风险共担"的精神:他们用铁链自我鞭打,直至伤痕累累。这种自我实施的鞭刑在基督教中也有,信徒们将其视为对基督受难的纪念,中世纪时曾经十分流行,现在只有在亚洲和拉丁美洲的一些地方才能见到了。

在东地中海的异教信徒(希腊–闪族)认为,不向神献祭就不是虔诚的信徒。他们认为神不会接受廉价的空谈。这其实也是一种显示性偏好。另外,祭品会被完全焚烧,这样就不可能有人食用祭品了。当然事情也不尽然,大祭司会分得一部分祭品,在基督教之前的古代社会里,祭司职位在讲希腊语的东地中海地区是一个相当有利可图的职位,大祭司的职位通常是拍卖获得的。

实物献祭在耶路撒冷的圣殿就有,此后的犹太教和早期的基督教都有实物献祭。《圣经·希伯来书》写道:"为着律法,凡物差不多都是用血洁净的,若不流血,罪就不得赦免了。"

但是基督教最终放弃了献祭的做法,因为耶稣基督已经为全人类牺牲了他自己。但是如果你参加天主教或者东正教的周末礼拜,你仍然会看到模拟的祭品,他们用红酒代替了鲜血,在仪式结束以后,红酒会被

---

① 这可能只是一个传闻,并不可信。

倒入排血槽，和马诺拉祭坛的构造一样。

模拟的献祭仪式包含了这样一种认识，即耶稣基督具有人性，而且他为了我们牺牲了他自己。

> 我们的救主，在他被出卖的那一夜，在最后的晚餐中，建立了他的体血感恩祭献，借以永留十字架的献祭于后世，直到他再度来临。——《礼仪宪章》

这种献祭后来被模拟的场景取代，仪式仅用来引导人们缅怀耶稣的牺牲精神。

> 所以弟兄们，我以神的慈悲劝你们，将身体献上，当作活祭，是圣洁的，是神所喜悦的；你们如此事奉，乃是理所当然的。——《罗马书》

犹太教的情况也与之相似：1世纪第二圣殿被毁以后，动物献祭仪式就停止了。在此之前，以撒和亚伯拉罕的寓言标志着人类献祭逐渐从亚伯拉罕宗教中消失了，这也是对"风险共担"的一种坚持。但实际上，动物献祭持续了一段时间，只不过后来人们用了别的称呼来指代这一仪式。上帝用非对称的礼物测试了亚伯拉罕的忠诚：将你的孩子（耶稣）奉献给我。这样的献祭不像普通人互赠礼物时，彼此带着心照不宣的互惠期许，也不像普通人献祭时，只是将你收获的一部分献给上帝以期获取其他的好处或者未来更多的收成。亚伯拉罕的献祭是无条件献给上帝的礼物中最崇高的，这不是一笔交易，因为它终结了所有的交易。大约在1 000年以后，基督徒们完成了他们的最后一笔交易。

哲学家摩什·哈尔伯塔认为，早期的信众张贴以撒的画像，还把对主的信仰当成礼品互赠。为什么动物献祭仪式依然持续了一段时间？

迦南人的习惯势力是很强大的。迈蒙尼提斯解释了为什么上帝没有禁止当时常见的动物献祭仪式，他认为原因是"上帝认为那样的禁令会违背人的本性，人们通常会固守自己的习惯"，相反，上帝引导人们逐步将其互赠礼物的习俗转变为对上帝的礼拜，以及对上帝创造的现实与虚构生命的崇拜。因此，动物献祭持续了很长一段时间，而且基本上是自愿的。这是亚伯拉罕宗教的标志：首先没有动物崇拜；其次信徒献祭是出于对神虔诚的崇拜，而不是贿赂神的手段，以期获得更多的个人利益。这种贿赂神的企图在阿拉伯世界一直延续到6世纪，他们不仅企图贿赂自己的神，而且想贿赂其他部落以及他们的神。直到后来在麦加出现了类似于联合国那样的联盟，包罗了商品贸易、对外关系和各种宗教崇拜的协调机构。

"没有奉献的爱就是偷盗。"（普罗克汝斯）——这句话适用于任何一种爱，尤其是对上帝的爱。

证 据

总的来说，犹太教和基督教中礼拜场所的焦点，也就是主教站立的地方，代表了对信仰这场"风险共担"的承诺、投入和担当。没有献祭的信仰在历史上是很新的，曾经的祭品就是明确的证据。

信仰的力量并非来自神"显灵"所展现出来的力量，而是取决于信众基于信仰的鼓舞而在其自身的"风险共担"中所表现出来的力量。

第 17 章
教皇是无神论者吗？

当教皇很危险，但教皇有更好的医疗保障。空谈无益。宗教控制着仪式。

1981 年，教皇约翰·保罗二世遇刺，他立即被送到了圣心天主教大学综合医院的急救室，教皇在这里接受了意大利医术最精湛的医生们用现代方法进行的治疗。他并没有去附近一所医疗水平一般的公立医院。后来教皇身体一有不适，就去圣心医院。

在整个紧急救援过程中，救护车司机从未想过带教皇去教堂祈祷或者其他形式的祷告，甚至没有给教皇本尊拒绝治疗的权利。他的继任者好像也没有考虑在类似情况下优先求助于主，冀望主奇迹般地显灵。

教皇后来恢复得很好。我们没有理由认为那些主教、红衣主教、牧师或者普通信徒没有为之祈祷，没有为此向主寻求帮助，更不能判断他们相信自己的祈祷会没有回应。但是梵蒂冈好像没人会冒险先去寻求主的帮助，再去找医生帮忙，更重要的是，没有人对这个顺序表示异议。事实上，如果有人把这个顺序颠倒过来反而会被视为疯狂之举。这样做会违背天主教会的教义，因为这会被视为自愿死亡，这是被禁止的。

请注意，教皇和罗马皇帝都是先寻求医生治疗，再求助于神，这个顺序一贯如此。尽管他们的康复被包装成神的恩赐，比如希腊的医药神阿斯克勒庇俄斯或者比较弱的罗马医药神维迪奥维斯。

现在想象有一个"无神论"团体的领导人，在级别上和教皇相当，也遇到相似的健康危机。他会和教皇一样到圣心天主教大学综合医院就医（而不是拉齐奥的某些二流医院），也会有一群无神论者赶来看望他，用他们符合无神论的语言，向他表达一些称为"希望"和"祝愿"的话语，他们的愿望就是他尽快恢复健康。这位无神论领袖的随从的衣着可能不怎么鲜艳，他们的辞藻可能也不怎么华丽，但是他们的行为和教皇的随从几乎完全一样。

很明显，教皇和无神论团体中同级别领导人之间存在着很多差异，但是这些差异都只涉及生活中无关紧要的方面，其中就包括牺牲献祭仪式。教皇被认为放弃了部分卧室内的私生活，只能阅读和祷告。尽管如此，历史上至少有十几任教皇生过一堆孩子，最著名的是亚历山大四世，他有许多孩子，在他60多岁的时候还生了一个孩子，而且他用普通人的方式，而不是神的方式让孩子的母亲怀了孕（历史上有很多花花公子般的教皇，人们对他们的故事都厌倦了）。不管怎样，教皇还是花了大量时间祷告，花了大量精力组织教会仪式，他依照基督教仪轨安排他的生活。与此同时，无神论者虽然不会把时间和精力用于那些虔诚的宗教仪式，但是他们会参加瑜伽和其他类似的集体活动，或者在音乐厅里沉默而敬畏地坐着（那里甚至不能抽雪茄，不能大声打电话告诉经纪人下单买股票）。在火星人看来，无神论者和教徒一样，二者大多数时间都在做一些仪式性的事情。

在13世纪镇压阿尔比派的十字军行动中，天主教徒屠杀了大量异教徒，为了节约时间和减少麻烦，在一些地区甚至对异教徒和非异教徒不加区别，直接实施大规模屠杀，对于他们来说，受害人是谁并不重要，因为"主能将他们区分开"，幸亏这段历史过去很久了。许多基督徒在涉及医疗、伦理和决策时（比如我，一位东正教徒）的行为和无神论者罕有不同（基督教科学派信仰者除外）。大多数基督徒已经接受了现代生活方式：民主、寡头或者军事独裁（这些都是异教徒的政治体制）。基督徒们并不寻求建立一个政教合一的国家，可以说，基督徒们在重大事情的决策方面和无神论者并无二致。

表面虔诚

所以，一个人究竟是神的信徒还是无神论者的主要依据是二者的行为，而不是他声称的信仰或者其他装饰性的事物和象征性的标签，这些都不重要。下一章我们将讨论这些事物。

我们现在盘点一下本章的论点：

> 有些人口头上是虔诚的信徒（大多数东正教徒和天主教徒），行为上却和无神论者相近。

还有一些人：

> 他们行为上虔诚，口头上也虔诚（萨拉菲派和自杀式袭击者）。

我没有发现有谁在言行上都是严格的无神论者，没有人会完全摒弃仪式，不敬畏死者，也不迷信（例如，相信经济学，或相信强大国家及其机构的神奇力量）。

这一章的准备为我们进入下一章做了铺垫：（1）理性只存在于你的行动之中，而不在你的想法或者你的信仰之中（风险共担）；（2）生存是最大的理性。

第八卷

风险和理性

第 18 章
如何对理性保持理性

没有厨房的餐厅。来自坟墓的科学。不要按左图射击钢琴家。理性的商人。

我的朋友罗瑞·苏特兰说，公共游泳池的真正功能是可以让中产阶级毫无顾虑地穿上泳装，去参加一次类似泳装派对的社交活动，而且不用担心被人说是做了不体面的事情。纽约的餐厅也是如此：你认为它们的功能是给人们提供饭菜，但这并非它们的全部使命。它们赚钱的把戏是把超级托斯卡纳葡萄酒一杯一杯地高价卖给你，当然它们也会平价为你提供一些所谓的低碳水化合物（或低什么的）饮食，以吸引你进入餐厅。当然，这个业务模式在沙特阿拉伯行不通。

所以，当我们考虑宗教问题以及（在某种程度上）古代迷信问题的时候，我们应该关注它们在当时的社会发挥什么作用，而不是把关注点仅仅局限在"信仰"这个概念上，更不要把信仰严格地定义在认识论的范畴内。从科学角度来看，信仰就是其字面上的意思，无关对错，亦无其他隐喻。在现实生活中，信仰是做事的方法，而非最终的结果。因此，信仰对人生的意义和视觉的作用相似：眼睛的功能是帮助你辨认方向，并在需要的时候帮助你摆脱困境找到出路，或者帮助你发现远处的猎物。你的眼睛并不是为捕获电磁波而设计的传感器，因此，它的职责不是以科学研究为目的将事物精准地呈现给你。眼睛就是眼睛，它是你非常有用的生存工具。

视觉欺骗

我们的视觉器官会犯错——扭曲，为了让我们能精确地采取行动，补偿这种扭曲就是必需的。希腊和罗马的建筑师会故意把庙宇殿堂里的柱子向内倾斜，以便给我们留下柱子是直的印象。维特鲁威解释过："通过改变比例来抵消视觉印象。"因此，建筑扭曲是为了提升你的审美体验。帕特农神庙的地板是弯曲的，这样才能让地板看起来是直的；柱间距也是不均匀的，这样才能让它们看起来像接受检阅的俄罗斯方阵一样整齐。

难道有人会向希腊旅游部门投诉柱子不直，而且有人正在刻意利用我们视觉机制的缺陷吗？

遍历性优先

扭曲同样也存在于信仰领域。正如视觉欺骗能够改善人的视觉感受，某种程度的"欺骗"也能提升人们的假期体验，比如引导人们相信圣诞老人只会使他们更幸福，而不会对他们造成伤害。

从这个意义上讲，保有迷信并非不理性。没有人会把一项无害的行为斥为非理性，当然，对迷信的潜在伤害要及时探知。

下一章我们会看到，有时候，人们只能用扭曲事实的夸张方法来描述某些尾部风险，否则他将无法生存。在面对某些特定风险时，只要稍有不慎，你的名字就会从社保体系中无可逆转地被划掉。所以，如果

第 18 章　如何对理性保持理性

一个选择性偏执狂面临着死亡或灭绝，那么他做的任何决定都很难说是"不合理的"。

下面一句话道出了本书剩余部分的主旨：

先有生存，然后才有真理和科学。

换句话说，你并不需要用科学来谋生（我们已经生存了几亿年了，这取决于你怎么定义"我们"这个物种），但是你必须活着才能从事科学研究。你的祖母会说："活着比什么都强。"霍布斯说过："生存第一，哲学其次。"现实世界中的交易者和投资人对这个逻辑的优先顺序理解得很好，沃伦·巴菲特有一句至理名言："要赚钱，你首先得活得长。"——这些都是亲身参与"风险共担"的人总结出来的吉光片羽。我们这些真正冒过险的人，比通过教科书学习模糊的伪理性主义的人更深刻地理解什么是理性，更坚定地奉行生存第一的法则。严格地说，这里涉及遍历性问题（我一直承诺要解释遍历性，但是现在还不是时候）：要实现完全的遍历性，就不能有吸收壁，也不能有实质性的不可逆性。

我们这里说的"生存"到底是什么意思？是谁的生存？你？你的家人？你的族群？整个人类？请注意，我只有一个有限生命，我的生存不如那些有着近似无限生命的事物的生存来得重要，比如人类和地球。因此事物越是"系统化"，生存就变得越重要。

理性表面上不像理性，正如科学不像我们看到的科学一样。三位严谨的思想家（以及他们的学派）引导我思考这个问题，他们是：博学的认知科学家赫伯·西蒙，开创了人工智能的时代；心理学家格尔德·吉仁泽；数学家、逻辑学家和决策理论家肯·宾默尔，他一生都致力于建立理性的逻辑基础。

从西蒙到吉仁泽

西蒙提出了现在众所周知的"有限理性"概念。我们不可能像计算机一样准确地分析所有信息,在进化压力下,我们产生了一些捷径和扭曲。我们关于这个世界的了解从根本上说,是不全面也不完整的,因此我们要避免陷入自己未能预见的风险。而且即便我们对世界的了解是充分而全面的,我们也不可能像计算机一样对现实世界产生一个精确无偏差的理解。为了解决西蒙提出的问题,吉仁泽(就是那个在第9章批评道金斯的人)为首的科学家卓有成效地组织了一系列关于自然界理性的研究,指出了我们很多看似不合逻辑的决定背后,都有着深层次的生物学动机。

显示自己的偏好

肯·宾默尔说,"理性"这个概念本身的定义就很不清晰,在使用上就更模糊了,以至这个词的很多用法是没有意义的。信仰本身没有特别不合理的地方(因为它们可能是对环境的适应,也可能是生存的捷径,抑或对其他事情有帮助)。他认为,人的任何决策和行动都在主动显示自己的偏好,他创立了"显示偏好"的学说。

解释这个概念之前,请先考虑以下三条格言:

用信仰评判一个人是不科学的。

信仰无所谓是否理性,理性只存在于行动之中。

只有站在进化的角度上,才能评判一个行动是否理性。

第18章　如何对理性保持理性

显示偏好的理论（源于保罗·萨缪尔森，或者可能是闪米特众神）说了以下内容：只通过询问的手段，你永远都不会知道人们真正在想些什么，下一步打算做些什么，因为他们自己都不知道。重要的是观察他们花钱买了什么，而不是问他们对某商品怎么"想"，因为你会得到各种千奇百怪的理由。你仔细想想，这个道理讲的就是"风险共担"。现在心理学家也明白这个道理了，在他们的实验中，他们要求实验对象在测试中必须使用真金白银，以便得到"科学"的结果。他们会给实验对象一些钱，然后观察他们如何花掉这些钱，以此来研究他们的选择。但是，还有很多心理学家不理解显示偏好，仍然奢谈理性。这意味着他们仍然在评判人的信仰而不是他们的行为。

信仰只是……廉价的空谈——单从字面上看，这句话可能很难理解，需要完整地理解这句话的背景和语境。它的意思是，当问题停留在思考层面的时候，思考过程需要有一定程度的扭曲，这样才能产生解决问题的动力。

事实上，由于存在"偏差与方差互补机制"，你经常"犯错误"反而可能得到更好的结果，就像当你练习射击时（如图2之左图），故意偏离一点你瞄准的目标，命中率反而会提高。正如我在《反脆弱》一书中所说的，如果某些错误的代价较小，主动去犯这些错误反而是理性的做法，因为错误会给你带来新的发现。例如，许多药物都是意外被"发现"的。一个没有错误的世界就不会有盘尼西林、化疗……可能没有药物，甚至可能没有人类。

这就是为什么我一直反对由政府决定哪些是正确的，哪些是错误的，哪些是我们应该做的……只有造物主知道什么是正确的，什么是错误的，前提是各物种都要置身于"风险共担"中参与大自然的进化选择。

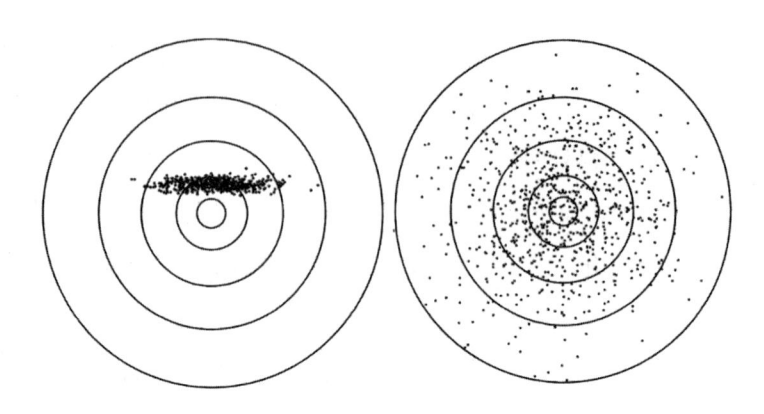

图2 偏差与方差的区别

注：假设有两个人（清醒的）在得克萨斯州射击。左边的射手有偏差，而且这是一个系统性的偏差，但总的来说，左边的射手比右边的更接近靶心。右边的射手没有系统性的偏差，但有很高的方差。通常，这两者此消彼长，你不能同时缩小方差并修正偏差。如果你面临重大选择且极度缺乏灵活选项，比如，两个得克萨斯州牛仔举枪对射，那么你宁可自己是左边的射手，这样才能远离毁灭。换句话说，面临一个危险时，修正偏差比缩小方差容易得多。如果你是飞机设计师，那么你宁可犯左图的错误，也不要犯右图的错误，要尽可能地降低你设计的各部件性能的方差，这样才能最大限度地减少飞机坠毁的可能性。只有做到了这一点，你才能在事故之后免受惩罚。

宗教为何存在？

因此我认为，宗教之所以存在是为了建立尾部风险管理体系，并将管控风险的知识传给下一代，宗教仪轨和教义很容易被人们理解、传授和执行，这样就能帮助部落增强抵抗风险的能力。尽管大自然存在尾部风险，但是人类仍然顽强地生存了下来，我们今天的生存不可能是随机产生的结果。

回想一下，我们一直倡导"风险共担"，而不是"沙盘推演"，我们不关心别人说什么，我们只关注他们做什么，以及他们是否全身心地投入其中，剩下的事情就交给造物主吧！

第 18 章 如何对理性保持理性

迷信可能有风险管理的作用,那些幸存下来的人一定拥有宝贵的生存技巧。我们有足够多的证据表明,重复那些幸存者做过的事情,不会降低你自己的生存机会。

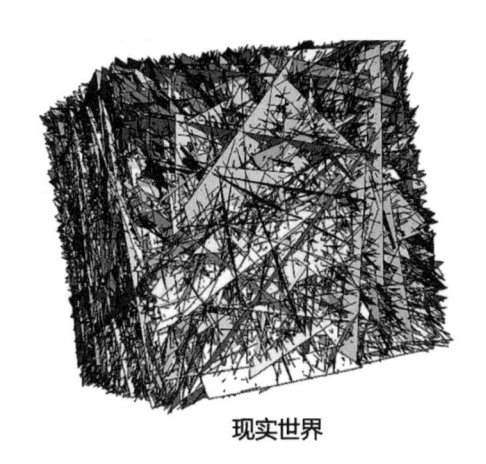

科学

在严格设定的条件以外使用科学是极不科学的。科学本身受制于某些不可靠和不充分的证据,有些现象和结果之间的过程和原理仍然是未知的。

现实世界

图 3 经典的"大世界"和"小世界"问题

注:现阶段的科学不能提供我们所需的全部答案,科学本身都还不完整,你在现实生活中遇到的"科学"其实是某些人向你推销产品的幌子,很多人搞混了"科学"和"唯科学主义","科学"仅指过程严谨。

贾雷德·戴蒙德讨论过巴布亚新几内亚居民的"建设性偏执",迷信教导他们不要在一棵死树下睡觉,这是迷信也好,对概率的深刻理解也好,其他东西也好,只要你不在一棵容易被风刮倒的死树下睡觉,你就不容易被它砸中,其他都不重要。如果你梦想让人们用概率做更好的决定,我有一些消息要告诉你:90% 以上从事决策研究的心理学家(包括卡斯·桑斯坦和理查德·塞勒在内的管理者和研究人员)对概率一无所知,并且试图阻止我们天然形成的偏执,但其实偏执也许是一种有效的风险防控手段和自我保护机制。

因此我认为,我们不能一面赞美希腊立柱偏斜带来的视觉美感,一面又去批评别人迷信，那些看似迷信的偏执其实对人并没有多大害处，可能还曾经在历史上挽救了我们的祖先。

由此看来，那些由唯科学主义者大力提倡的理性，在信仰领域并无明确的定义。我重复一遍我的观点，我们并没有充足的证据来讨论哪些人的信仰是不理性的，理性只涉及一个人的行为。

扩展一下这个逻辑，我们可以看到，我们称之为"信仰"的东西其实是人类思维的必需品。当然这是一个比喻，但至少信仰可以是一种治疗手段。

请再回忆一下第3章的内容，集体理性可能恰恰来自个人偏见。

"嘴炮"，廉价的"嘴炮"

我们先提出这样一条原则：

> 装饰性的信仰和其他信仰之间的差异，就在于后者将被付诸行动。

其实这二者在字面上差异并不大，但是后者要求人们承担风险。如果一个人在实践自己信仰的过程中犯了错误，他就会失去某些东西，这才是二者真正的差异。

我们将上述原则重述如下：

> 你愿意为一个事物承担多大的风险，揭示了你对该事物的信任程度。

这项原则值得深入讨论。事实上，圣心天主教大学综合医院以外的世界里居然有那么多装饰性的信仰。为什么？我们真正地理解它们的功能吗？我们对此感到困惑吗？我们理解其中的理性吗？我们能回避理性的定义而直接使用它们吗？

林迪怎么说？

让我们看看林迪怎么说"理性"。尽管"合理"和"理性"这些词古代就有，但这些词在古代的意思主要是指"小心谨慎"或"温良自制"，现代意义上的"理性"和"理性决策"诞生于马克斯·韦伯之后的心理学家和哲学家的作品。"理性"现在的意思与古代用法不同，现代的"理性"观念形成于启蒙运动以后那段狂飙突进的时期，当时的人们认为自己很快就能掌握整个世界的运行规律，而且他们假定世界没有随机性，即便有，也可以被视作一个结构十分简单的装置，他们还认为，世界上的万事万物之间没有任何互动。

我发现唯一能够在实践中用数学方法严格定义的"理性"是：奉之则生。如果人们相信并遵循某个信念，并在此后的随机性考验中存活了下来，那么这个信念（及其对它的遵奉）就是理性的。因此，任何妨碍个人、集体和部落生存的东西都是不理性的。

迷信当中的预防性原则，恰恰是理性的风险管理措施。

华丽中的朴素

许多华丽的装饰并非就是肤浅的东西，可能恰恰相反，这些事物具有我们不了解的功能。对此，我们可以求助于最伟大的统计学家——时间，它会给你一个非常有用的工具——生存函数。家里的老人和复杂的统计学软件都知道这个工具，我们在这里只寻求老人的帮助。

真正值得注意的重点不是信仰本身存在了多久，天主教会已有24个世纪之久了，几乎是罗马帝国从不间断的化身。关键是信仰某种宗教的人（或部落）活了多久。

另一个原则：

> 当你从进化的角度去考察宗教时，不要在意不同宗教之间是如何竞争的，而是要观察不同宗教信众的幸存人数规模。

想想教皇的竞争对手——犹太教。犹太人有近500种不同的饮食禁忌。对于某些人来说，这可能看起来很不理性。事实上他们看起来确实有不合理性：犹太教饮食仪轨要求有四套餐具，两个水槽；避免肉类和乳制品混合，甚至不能让两者接触。

这个故事提醒我们，犹太教饮食仪轨能够持续几千年，不是因为其理性，而是因为遵守这些仪轨的人都活下来了。长期生存下来的部落会在内部产生凝聚力，并在部落成员之间建立信任感，这对商业的萌发是极有利的条件。部落内相距遥远的成员之间开展商业活动，由此建立了一个充满活力的网络，也许还会有其他方面的好处。但是不管怎么样，最重要的是犹太人经历了这些艰难困苦之后幸存下来了。

因此，我们可以总结为：

> 理性并不是那些可以用清晰的语言描述的因素，理性只有一个内涵：帮助生存，避免毁灭。

第 18 章　如何对理性保持理性

为什么？林迪效应能帮我们看得更清楚：

事情的发生未必都是有起因的，但事物能幸存下来必定是有原因的。

理性就是风险管理。下一章将就这一原则做最后的陈述。

第 19 章
承担风险的逻辑

核心章节总是放在最后。两次下注。你知道自己的"爆仓点"吗？你是谁？希腊人总是对的。

现在我们来阐释一下遍历性、爆仓与理性的概念。回想一下之前的观点，从事科学事业（以及其他伟大的事业）的首要条件是生存，而非其他。

现在来思考这样一个思维游戏。首先在第一种情形下（如图 4 中的漫画所示），100 个人在某特定时间段内携带固定数量的钱去赌场，在那里他们可以获得免费的杜松子酒。这些人当中有的可能会赔钱，有的可能会赚钱。我们只需要计算一下回来的人口袋里剩下的钱，就可以计算出他们的总体收益，进而计算出赌场对赔率的定价是否合理。假设一天玩下来，第 28 号赌徒爆仓（赔光）了，第 29 号赌徒会受到影响吗？答案显然是否定的。

你根据这个样本可以很容易地计算出其中大约有 1% 的赌徒会爆仓，如果一直重复这个过程，你会得到与之前相同的比值，即在同一时间段内，平均有 1% 的赌徒爆仓。

现在我们来看一下这个思维游戏里面的第二个例子。假设你的表

非对称风险

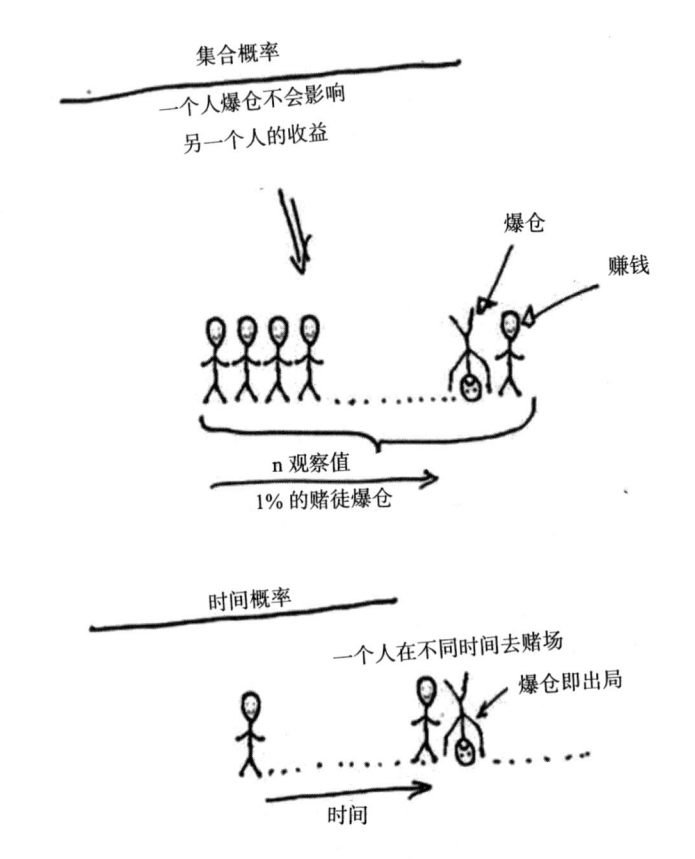

图4　100个人去赌场赌一次和1个人去赌场赌100次

注：图中显示了100个人去赌场赌一次和一个人去赌场赌100次的区别，即路径依赖型概率和人们惯常理解的概率之间的区别。经济学和心理学对这两个概率的误用从史前时代就开始了。

第 19 章 承担风险的逻辑

弟①从固定的金额开始,连续 100 天去赌场下注。在第 28 天的时候,你的表弟不幸爆仓了,那么对于他而言,还会有第 29 天吗?不会有了,因为他触发了自己的"爆仓点",在游戏中他已经永久地出局了。

无论你的表弟赌技多么高超,行事多么谨慎,你可以肯定的是只要他一直赌下去,就一定会爆仓。

100 个赌徒在 1 天时间里的成功概率,并不适用于你表弟在 100 天时间里的赌运。我们把第一种情形称为集合概率,第二种情形称为时间概率(第一种情形涉及的是一群人,而第二种情形则涉及一个人穿越一系列时间)。所以当你在阅读金融学教授、投资大佬或者当地银行根据市场长期回报提出的投资建议时,你一定要格外小心。即使他们的预测是对的(其实不对),个人也无法获得与市场相同的回报,除非他有源源不断的资金可以注入市场,而且不存在"爆仓点"。如果有人认为自己能够取得和市场相同的回报水平,那么他犯了这样一个错误:混淆了集合概率与时间概率。投资人要么是出现损失以后本金减少(以后追不上指数上涨了),要么是他即将退休,要么是打算和原配离婚、迎娶邻居的老婆,要么是他在接受阑尾炎手术后染上了毒瘾,要么是他改变了生活态度,无论出现哪种情况,此投资人的回报都会低于市场总体回报水平。

那些在风险行业中生存下来的投资人,都懂得这样一条广为人知

---

① 作者在原文中为"表弟"杜撰了一个名字:Theodorus Ibn Warqa,这个名字的构成十分奇特,其中"Theodorus"疑指拜占庭帝国皇帝希拉克略的弟弟,他于公元 633 年 6 月率军抗击阿拉伯人的入侵,在战斗中阵亡并丢失了帝国的大马士革、巴勒斯坦、叙利亚和约旦等领土。"Ibn"在阿拉伯语中是"之子"的意思。"Warqa"疑指中世纪阿拉伯爱情故事《瓦尔卡与古尔莎》的主人公瓦尔卡,他历尽艰辛娶古尔莎为妻,但造化弄人,两人先后殉情。作者杜撰了这个包含拜占庭和阿拉伯双重色彩的名字以体现某种程度的遍历性,并用这两位悲剧英雄的名字暗示"表弟"在赌场的最终命运。考虑到这个杜撰的名字十分拗口,直译恐影响读者的阅读体验,故正文仅以表弟标识。——译者注

的原则（版本因人而异，但都蕴含着相同的意思），那就是"要想投资成功，你首先得活着"。我自己的版本是"如果一条河的平均深度为4英尺，就千万不要过河"。我自己在生活中尽量保持对风险事件后果的"敬畏"，因为爆仓不仅会让人前功尽弃，而且会让人永远出局。在爆仓风险面前，成本收益分析变得微不足道。不过我还是没想到整个决策理论界都忽略了个体爆仓风险，由此导致的理论漏洞是如此之深。一个偶然的机会我读到了物理学家奥利·彼得斯与伟大的默里·盖尔曼共同撰写的一篇论文，他们俩的论文提到了一个和赌场故事差不多的例子，从这篇论文来看，社会科学研究中与概率相关的所有结论都存在缺陷，严重的缺陷，极其严重的缺陷，甚至在很大程度上是无可救药的致命缺陷。这是因为，自从250多年前数学家雅各布·伯努利给出了不确定性条件下决策的方程以后，他的构想就成了一项标准，导致此后几乎这个领域里所有人都犯了混淆集合概率与时间概率的严重的错误[1]。这个领域里真的无人幸免吗？其实也不尽然，准确地说是所有经济学家都会犯这个错误，其他人则未必，比如应用数学家克劳德·香农和艾德·索普，以及提出凯利标准的物理学家J.L.凯利都把这个问题搞清楚了，而且他们深入浅出地阐述了这个问题。保险数学之父、瑞典应用数学家哈拉尔德·克拉梅尔也搞清楚了这个问题。而在20多年前，我和马克·斯皮兹纳格这样的从业人员就已经按照这一准则建立了我们的交易策略（我在交易和决策过程中就已经把这个问题搞清楚了，并且在遇到违反遍历性的情况时，更加深入地研究了这个问题，当然我没有构建出彼得斯和盖尔曼论文中的数学模型，但我在20年前《随机漫步的傻瓜》中就已经

---

[1] 经济学家可能已经认识到"集合概率和时间概率"混淆的问题了，但并不深刻。此外，他们总是喋喋不休地说："我们对胖尾现象已经足够了解了。"但他们没有意识到将这一观点推向深入会推翻他们之前的很多成果——重要的是结果而不是过程。

第 19 章　承担风险的逻辑

讨论了遍历性问题）。斯皮兹纳格和我甚至专门设计并推出一款产品帮助客户规避"爆仓点"，以便他们能够长久地从市场获得回报。后来我退休了，而他依然在这一领域深耕，并且做得风生水起。我们俩都对经济学家感到失望，他们根本没有领悟到遍历性的真谛，却不断批评我们对尾部事件的担心是"非理性的"。

事实上，我在这里提到的观点非常浅显易懂，但为什么在长达250年的时间里，没有人意识到这一点？因为他们没有参加过"风险共担"。

如果没有参加过"风险共担"，又想理解涉及概率的问题，那么这个人一定要具备超高的智慧。对于那些接受了过度教育又严重缺乏实战经验的人来说，理解这些事情是很困难的。当然，除非他是一个天才，有着敏锐的头脑，能看透思维的迷雾，而且对概率论有深刻的理解。可以肯定的是，盖尔曼就是这样的天才（彼得斯或许也是），盖尔曼发现了"夸克"（这使他获得了诺贝尔物理学奖）。彼得斯说当他向盖尔曼阐述这一观点时，"他立刻就明白了"。克劳德·香农、艾德·索普、J.L.凯利和哈拉尔德·克拉梅尔毫无疑问都是天才。我可以以个人名义为索普担保，他有绝对清晰的头脑和深刻的思考，你在和他交谈的时候就能感受得到。上面所说的这些人因其极高的天赋，可以不必亲身体验"风险共担"，便能理解我提到的观点。但是经济学家、心理学家和决策理论家就没有这样的天分了，而且可以肯定他们以后也不会有。不过，偶尔从事心理学研究的赫布·西蒙是个例外。把一群没有真知灼见的人聚集在一起，即使人数再多也不会产生真知灼见。在经济学家当中寻找对概率问题有清晰而正确理解的人，就如同在计算机黑客蜗居的小屋或者懒散电工的阁楼里寻找和谐的美感一样。

遍历性

如果有一个随机过程，其过往的历史概率不能适用于其未来的情景，那么这个随机过程就不具有遍历性。出现上述情况是因为系统存在一个类似于"叫停"的机制，这其实就是一个有吸收壁的随机过程，参与这样一个随机过程的"风险共担"就意味着一旦被吸收壁吸收，你就不能回到随机过程中继续游戏了。由于不存在任何可逆性，我们将这种情况称为"爆仓"。这里的核心问题是一旦存在"爆仓"的可能性，那么成本收益分析就变得毫无意义了。

现在我们再来考虑一个比赌场实验更极端的例子，其实这个例子也是《随机漫步的傻瓜》书中的核心案例。假设有一群人在玩俄罗斯轮盘赌，单次获胜的奖金是100万美元，每6个人中有5个人可以获胜，如果有人用标准的成本收益模型来分析，那么他很可能会得出结论，声称参与游戏的人有83.33%的机会赢得奖金，因为每次平均收益是83.33万美元。但是如果你不停地玩这个游戏，最终的结局一定是躺在坟墓里，这时候你的预期收益还能作数吗？

重复风险

让我们来看一下在有"爆仓可能"和"重复风险"的情况下，"统计实验"和所谓的"科学"论述是何等的苍白无力。如果有人声称"统计数据证明飞机是安全的"，置信度为98%（没有置信度的话，数据就没有意义），而如果实际情况与其声称的一致，那么没有哪个经验丰富

(飞行次数多)的飞行员能活着了。①除此之外,在我与孟山都公司的论战中,转基因的支持者总是拿出成本收益分析(通常是伪造或经篡改的)来反驳我,而对重复暴露的尾部风险却只字不提。

心理学家通过对单一个人的实验就认定人类有"偏执"或"风险厌恶"的倾向,理由是人类有高估小概率事件风险的天然倾向。这些心理学家想当然地假设他们的实验对象永远不会再遇到尾部风险了。回想一下在不平等性那一章中我们提到的观点,社会科学是不善于应对动态变化的。心理学家所做的这种实验与我们的日常生活经验是相悖的,但这种妇孺皆知的浅显道理,社会科学家却没有意识到。比如,抽一支香烟没有什么风险,却带来巨大的享受,如果用成本收益分析的话,某些专家可能就此认定抽香烟的风险微不足道,放弃香烟给人带来的快感得不偿失。但是吸烟最终会导致死亡,只不过起作用的不是一支香烟,而是每年很多包并连续很多年的累积的影响。换句话说,就是不断地重复暴露在风险之中,无论多么小概率的危险,最终都会带来死亡。

在现实生活中,情况往往更糟,每个看起来微不足道的风险,累积起来就会降低你的预期寿命。如果你喜欢爬山,骑摩托,爱和流氓混在一起,驾驶小型私人飞机,喝苦艾酒,抽烟,还有星期四晚上玩跑酷的话,你的预期寿命会大大缩短。这些行为通常不会造成非常严重的后果,但是它们如果集于一身且持之以恒的话,就不是那回事了。由此看来,人们对重复发生的低概率事件的担心并不是一种"偏执",而是具

---

① 这里存在两种可能的情况,一种可能性是统计数据本身有问题,真实的飞行安全性应该近99.9999%,否则一个飞行员连续飞行(重复暴露在某风险中),最终会在其职业生涯中遭遇不幸;另外一种情况是每次飞行的条件和环境都不一样(并非每个航班都会飞越交战区域),导致每次飞行不是同一条件下的重复实验,那些会造成机毁人亡事故的风险并非每次飞行都存在,而是极其偶然出现的。如果是这样的话,统计方法就不适用于解释这个问题了。从上下文看,作者倾向于前一种解释。——译者注

有相当的合理性的。

有一种悖论，如果药物正在逐步增加你的预期寿命，你反而需要对此警惕——要动态地考虑这个问题。

如果你在某次小概率的爆仓风险中得以幸存，继续重复这种行为，最终你爆仓的概率将会是100%。这里有容易让人产生困惑的地方，小概率事件中的风险是一次性的，在第一次事件中幸存下来，并不会增加第二次小概率事件中的风险，因为事件是相互独立的，这看起来似乎是合理的解释。对这个问题，我们可以这样理解：持续暴露在"小概率"风险之下的次数累积，即使爆仓风险的概率小到1‰，那么在持续的、重复的过程中爆仓概率最终会越来越接近100%。

许多心理学论文的谬误在于，研究人员想当然地假设实验对象在实验之外不会遇到任何意外风险，而且永远不会。社会科学领域的"损失厌恶"理论构造得并不严谨，为验证该理论而做的许多实验都设计得很不科学。比如，你问实验对象这样一个问题："如果你有1%的可能会损失100美元，那么你愿意支付多少钱来规避这种风险呢？"其实你是想问他愿意为"规避风险"（或者更愚蠢的说法"规避损失"）而额外付出多少钱，但是你实际上忽视了被测者所面临的其他风险。比如，他停在外面的车有可能被剐蹭，他的投资组合有可能赔钱，他开的烘焙店可能被罚款，他读大学的孩子可能有额外开销，他有可能被解雇或者他在未来某一天可能会突染重病，等等。所有这些风险会加总起来，影响实验对象在测试中的态度，生活中充满了随机性的风险，而且都与"爆仓"风险有关，我们不能把这些因素和人的生活割裂开来，单独研究其针对某个事件的"损失厌恶"。

第 19 章 承担风险的逻辑

心理学著作中另一个常见的错误就是所谓的"心理账户"[1]。而站在信息论立场的索普、凯利和香农则认为,为了使某项投资策略实现遍历性并最终跟上指数的收益,代理人应当在盈利的时候采取激进策略追加投资,而在遭受损失的时候采取保守策略缩减投资,这个方法被称为"赌场盈利效应"。在实践中,这种方法是通过事先设定的阈值来实现的,其目的是便于操作。阈值的概念并不复杂:盈利突破某一事先设定的阈值水平时,你就选择更加积极地下注;当你开始损失并跌破阈值时,你就减少下注金额,就好像有一个开关在控制你的下注金额一样。事实上,证券市场上几乎所有活下来的交易员都是这样做的。然而,行为金融学家却认为这个策略是错误的,例如,耸人听闻的干涉主义者理查德·塞勒就是其中之一,他对概率几乎一无所知,却将这个策略视为受"心理账户"影响的"追涨杀跌"行为,并敦促政府叫停我们在交易中使用该策略,这就使得我们的投资组合无法实现遍历性。

我始终认为风险厌恶情绪是不存在的,我们所观察到的所谓"追涨杀跌"行动,其实是为了活下来以便将来实现投资回报的遍历性,人们只是想尽力避免财务自杀,从而对尾部风险采取了特定的预防措施。

我们大可不必过于纠结自身的行动,我们应当将注意力转移到其他更值得关注的事情上去。

---

[1] 心理账户是指人们在心理上(或物理上)把资金放在相互独立的不同账户里的倾向。人们更关注资金的来源,却忽略了自己作为所有这些资金的实际拥有者,资金来源其实并不重要。例如,某人可能会因为一条领带太昂贵太华丽而舍不得买,但是如果他的妻子在他生日那天用他们俩的联合支票账户给他买了这条领带,他反而会非常高兴。在我们讨论的例子中,塞勒认为投资人不应该关注资金来源是投资收益还是原始本金,因此按照盈亏来调节投资计划的做法显然是错误的。塞勒和所有伪心理学家一样,没有弄懂其中的规律,还是那句话,社会科学领域的专家不善于和动态的事物打交道。

你是一个怎样的人？

现在我们再来讨论一下"部落"的概念。现代教育和思想的缺陷之一就是引导人们相信我们每个人都是一个独立的个体。事实上，我曾经做过这样一个实验，我在研讨会上选取了 90 个人，问他们："你认为在你身上发生的最糟糕的事情是什么？"其中有 88 个人回答"死亡"。

事实上，只有对精神病患者来说，自身的死亡才是最糟糕的事情。因为紧接着那个问题，我又问了另外一个问题："比起你自己的死亡，你、你的儿子、侄子、堂兄弟，你的猫、狗、长尾鹦鹉和仓鼠全都死亡，是不是更糟糕呢？"他们都回答："是。"我接着问："那你的死亡加上你的儿子、侄子、堂兄弟……以及全人类的死亡，是不是比你个人死亡更糟糕？"答案毫无疑问是肯定的。那他们怎么能信誓旦旦地说自己的死亡是发生在他们身上最糟糕的事情呢？[①]

> 除非你极度自恋或者患有精神疾病，而即使那样，对于你而言最糟糕的事情也绝不仅限于失去自己的生命。

很显然，我们都认为个体的毁灭和集体的毁灭相比并不重要，而生态毁灭，对人类生存环境不可逆转的毁灭，才是值得所有人为之担忧的头等大事。

用遍历性框架解释就是，在俄罗斯轮盘赌游戏中我的爆仓对于我本人而言不是遍历性的（由于我爆仓出局导致我无法实现时间概率的遍历性），但对于系统而言是遍历性的（对于系统而言，有人爆仓出局体现

[①] 我经常开玩笑说，我的死亡加上我不喜欢的人，比如新闻学教授斯蒂芬·平克的死亡，要比仅仅我自己死亡更糟糕。

了集合概率的遍历性)。正如我与几位同事提出的那样,预防系统因遍历性而产生的极端情况应该成为我们首要关注的事物——要防止自己成为系统遍历性的牺牲品。

每当我谈及审慎原则,就会有一群书呆子对我说:"我们过马路还要承担风险呢,何必庸人自扰地担心系统性风险?"这样的强词夺理总会让我感到愤怒。姑且不说行人过马路遭碾压的概率微乎其微(对于每天过马路的人来说,要47 000年才发生一次),所以问题的关键不是我个人死于交通事故的概率有多大(那并不是最糟糕的情况),而是系统性风险一旦发生就会摧毁我们大家。

> 我个人的生命是有限的,但人类的生命是几近无限的。

或者说:

> 个体生命结束以后会以其他形式再生,但是人类整体和生态系统一旦毁灭就无可逆转了。

我在《反脆弱》一书中提到过,整体系统的稳定性有赖于系统各部分的脆弱性(假设它们是可再生、可替代的)。如果人类可以长生不老,那么我们可能会因为一次突发的外部灾难,或者我们自身累积的不适应性突然爆发而导致人类的集体灭绝。所以,只有当人类个体的生命较短(也较脆弱)的时候,人类才可能在代际间实现基因变异以适应周围环境的变化,从而以个体的脆弱性换取整体的强韧性。

勇气和审慎并不矛盾

为什么勇气和审慎这两个看似矛盾的品格自古就是美德？亚里士多德在《尼各马可伦理学》中提到的美德包括节制、审慎，以及一种被称为实践智慧的洞察力。这些美德与勇气相悖吗？

在我们的理论框架内，这并不矛盾。用胖子托尼的话来说，它们其实是一回事儿。这话怎么说？

我冒着生命危险救下一群溺水的孩子，在这个过程中我展现出了勇气，而且这种行为也符合审慎原则。即使为救孩子们我付出了自己的生命，但是从图5中可以看出，我是为了更高层级的集体利益而牺牲了较低层级的自我利益。

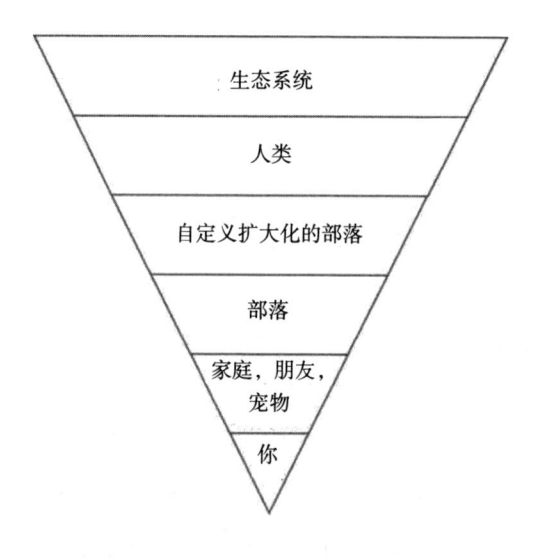

图5　个人与集体

注：为挽救集体而承担个人风险就是兼具勇气和审慎的行为，因为你降低了集体风险。

亚里士多德从荷马那里继承了希腊的道德体系（后来又经过梭伦、

伯里克利和修昔底德的传承和发扬），在整个希腊世界的价值体系中，勇气从来都不是自私的举动：

> 勇气是为了更高层级的利益而牺牲自己。

自私的勇气从来就不是真正的勇气，因为自我保护是生物本能，谈不上是什么美德。一个愚蠢的赌徒表现出来的是疯狂，而绝非勇气，尤其当他在用别人的钱冒险或者自己还有一大家子要养活的时候。[①]

重申理性

上一章我们从决策带来的实际效果角度，而非从"信仰"的角度重新定义了理性。事实上，那些所谓的信仰通常极具说服力，可以使我们避免做出威胁系统生存的事情。即使上述信仰需要迷信来支撑，它们也没有违反理性的原则，在技术上反对这种迷信反而阻碍了进步。如果迷信是通往遍历性的必由之路，那么就继续迷信吧！

让我们再来看看沃伦·巴菲特的故事。他的成功从来都不是依靠复杂的成本收益分析赚来的，恰恰相反，巴菲特只是建立了一个非常严格的筛选体系，只有通过筛选的项目他才进行投资。他曾经说过，成功人士和真正的成功人士之间的区别就是后者几乎对所有投资机会说"不"。我的观点与之类似，我们的大脑必须习惯于对尾部风险说"不"。许多方法都可以赚钱，且完全不必触发尾部风险。同样地，许多方法可以拯救世界，完全不必使用那种会导致系统脆弱性和未知风险的复杂方法。

[①] 社会科学研究者们不得不借助所谓的"镜像神经"来解释个体与集体之间的关系。这种研究也是唯科学主义的一种形式，《反脆弱》一书曾有提及。

每当我听到有人说"我们必须要承担风险"的时候，我立即就能判断出这话绝对不是一个从市场波动中幸存下来的交易员所说的，多半出自金融学教授或银行家之口，正如我们经常看到的那样，这些银行家总是拿着别人的钱去冒险，而且结局大多是爆仓和毁灭。

事实上，拒绝那些标新立异的"伪先进"技术并不需要很大的勇气和很高的成本。我就心安理得地做着一些在别人眼里"杞人忧天"的事情，因为我很清楚，我对那些尾部风险近乎偏执的审慎态度只要做对一次，就足以挽救我自己。

拥抱风险

《反脆弱》一书展示了人们如何将破产风险和市场正常的变化与波动相互混淆的现象，他们想当然地简化了那些实际上极为深刻和严谨的逻辑。但是，在有些情况下风险对我们更有利，比如，我们可以承担大量非尾部风险，以享受尾部收益。实际上，波动并不一定代表风险，反之亦然。比如，从长凳上跳下来的动作可能对你的骨骼有好处，但是从21层的高楼上跳下来就不是那么回事了。小的伤害可能是有益的，我们可以将其视为波动，但大的伤害，尤其是不可逆转的伤害则是我们始终要提防的风险。夸大和渲染市场波动造成的危害是危言耸听，但是对尾部风险事件，无论怎么夸大和渲染，都不过分，因为这是一种审慎的风险预防机制。毕竟，风险和爆仓不是一回事。

天真的实证主义

所有的风险都不相同。比如，我们经常会听到有人说"埃博拉病毒

第 19 章　承担风险的逻辑

造成的死亡人数比在自己家的浴缸里淹死的人还要少",或者是其他类似的基于所谓"证据"得出的说法。这类问题你的祖母会很容易理解,但是对于那些半吊子学者来说却是难以理解的。

> 永远不要将倍增的、系统性的胖尾风险和不倍增的、特殊的薄尾风险相提并论。

回想一下我之前提到的一个人死亡与其他人死亡之间的关系,我们可以得出这样一个启示:我们需要关注那些后果和影响的波及范围超出其本人的系统性效应。

我们再来刷新一下记忆,随机事件一般分为两种类型:平均斯坦和极端斯坦。平均斯坦是薄尾的,并且受影响的个人不会再波及其他人;而极端斯坦从定义上来看,会对较大范围的人群造成影响。因此,极端斯坦具有平均斯坦所不具备的系统性影响。可倍增的风险,比如流行病,总是来自极端斯坦。它们可能并不致命(比如流感),但仍然属于极端斯坦。

更专业的说法是:

> 来自平均斯坦的风险会受到切诺夫界的限制。

我们举个例来解释切诺夫界,在人口总数和浴缸数量不变的情况下,美国淹死在自己浴缸里的人数在下一年度翻倍的概率将会是几万亿分之一。但是美国死于恐怖主义袭击的人数在下一年度翻倍的概率就不能这样计算了。

记者和社会科学家近乎病态地沉溺于上面那种无知理论不可自拔,

尤其对那些坚信回归分析和图表展示是解释问题的可靠方式的人来说更是如此。这些人只接受过基于平均斯坦的训练。所以我们经常会看到诸如"和金·卡戴珊睡过的人比死于埃博拉病毒的人还要多"这类耸人听闻的新闻标题，或者还有的新闻说死于家具事故的人比死于恐怖袭击的人还要多。你的祖母基于生活常识的逻辑推理将澄清这些胡扯的新闻。仔细想想吧，绝对不可能有10亿人与卡戴珊睡过（女的算上也不够），但埃博拉病毒由于倍增效应而大范围流行并造成10亿人死亡的概率却不一定是零。或者我们再举一个非倍增的例子，比如恐怖分子污染水源造成严重人员伤亡事件的可能性是存在的。此外，还有一点值得我们注意，即恐怖主义致死人数比较低是因为人们提高了警戒（我们会在乘客登机前进行安检，以筛查可能混迹其中的恐怖分子）。如果有人以恐怖分子袭击概率低为由认定这种警戒是多此一举的，那么他其实犯了逻辑推理的错误，毕竟恐怖分子和你的浴缸不同，后者不会主动杀人。

我一直感到非常困惑，为什么上述观点对于很多"科学家"（包括政策制定者）来说难以接受，而对于另外一些人，比如概率问题专家保罗·恩布雷希特来说，却是显而易见的事情。恩布雷希特的研究方向是概率论的一个分支：极值理论。我把这群研究者戏称为"极端分子"，原因是他们像我一样，专注于极端事件的研究。但是，恩布雷希特和他的同事只关注极端事件，而不关注一般事件。请注意不要把他的理论与极端斯坦相混淆，他们研究极端事件的发生，既包括极端斯坦也包括平均斯坦，只不过平均斯坦比极端斯坦温和一些。他们通过广义极值分布给发生在"尾部"的事件分类。事实上，越是落在"尾部"区域的事件就越是清晰可见。而且用概率描述一个事件远比用文字描述更简洁明了。

第 19 章　承担风险的逻辑

总　结

我用几句话总结一下本章的内容：

人们可能会喜欢风险，但肯定厌恶爆仓、破产和毁灭。

生活中的核心非对称性在于：

如果一个策略有可能触发爆仓风险，那么无论多么大的收益都得不偿失。

还有：

摧毁系统的风险和系统内部的波动是两个物种。
你承担的每一个风险累积起来最终会导致你的预期寿命缩短。

最后：

理性就是避免系统性毁灭。

后　记

林迪告诉了我什么？

现在，我的读者，这段旅程即将结束，这是不确定性系列丛书的第五本。我想为这本书做一个总结，仿佛我有天然的责任为你们提炼这本书的精华，此刻我正站在餐厅的镜子前，我看到镜子里的我络腮胡已经变白，那种我生来就有的东地中海（希腊–腓尼基）人特有的不屈不挠和抗争精神已随岁月老去。25年前我开始写不确定性系列丛书时，我用的还是纸和笔，那时我的胡子还没有变灰。林迪一直对我说，对某些事情，不必努力去证明，去解释，去总结。有一次我在餐厅无意中听到一个人说出了我的心里话，"事情本来就是这样的"，这句话后来不断地在我脑海中共鸣和回响。

接下来我不做总结了，以后也不再做任何总结了，我们来听听林迪怎么说：

> 当一个人胡子还是黑的时候，要注重推理，忽略结论；当他的胡子变灰的时候，要推理和结论并重；当他的胡子变白的时候，那就跳过推理，直接关注结论吧。

最后让我用一组长长的否定式格言来结束本书：

> 不要没有力量的肌肉；

不要没有信任的友谊；

不要相信不承担责任的观点；

不要缺乏美感的变化；

不要没有价值观的阅历；

不要未拼尽全力的人生；

不要把资源和精力浪费在自己不渴望的事情上；

不要吃没有营养的食物；

不要没有相互奉献的爱情；

不要拥有了权力却抛弃了公平；

不要缺乏严谨调查的事实；

不要没有逻辑的统计；

不要没有证明的数学；

不要没有实践经验的老师；

不要冷若冰霜的礼貌；

不要无法付诸实施的理论；

不要没有真才实学的文凭；

不要没有打击能力的军事行动；

不要没有文明的进步；

不要没有相互投入的友谊；

不要遵奉美德却又不敢担当；

不要忽略概率的遍历性；

不要相信没有风险的财富机会；

不要辞藻华丽却又言之无物；

不要把问题搞得很复杂却又没有思想深度；

不要忽略决策的非对称性；

不要以为质疑会阻碍科学进步；

不要缺乏宽容的宗教。

最后也是最重要的是：

没有"风险共担"就一事无成。

感谢您读完本书。

致 谢

在此，我由衷地向拉尔夫·纳德（Ralph Nader），罗恩·保罗（Ron Paul），威尔·墨菲（Will Murphy）（编辑、顾问、校对员、语法专家、专家），本·格林伯格（Ben Greenberg）（编辑），卡西娅娜·洛尼塔（Casiana Ionita）（编辑），莫利·托宾（Molly Turpin），春日美嘉（Mika Kasuga），埃文·坎菲尔德（Evan Camfield），芭芭拉·菲永（Barbara Fillon），威尔·古德拉德（Will Goodlad），彼得·坦斯（Peter Tanous），阿默尔·布阿萨利赫（Xamer'Bou Assaleh），马克·贝克（Mark Baker）（无氧健身大师），阿曼德·安古尔（Armand d'Angour），亚历克西斯·科尔斯鲍姆（Alexis Kirschbaum），马克斯·布罗克曼（Max Brockman），拉塞尔·温伯格（Russell Weinberger），西奥多西乌斯·莫森·阿卜杜拉（Theodosius Mohsen Abdallah），大卫·勃格森霍恩（David Boxenhorn），马克·米拉尼尼（Marc Milanini），苏黎世联邦理工大学全体参与人员，凯文·霍根（Kevin Horgan），保罗·韦奇（Paul Wehage），巴鲁克·哥特斯曼（Baruch Gottesman），吉尔·弗林德（Gil Friend），马克·尚普兰（Mark Champlain），亚伦·埃利奥特（Aaron Elliott），罗德·里亚蒙蒂（Rod Ripamonti）以及拉塔恩·哈迪奇（Zlatan Hadzic）（宗教和祭祀），大卫·格雷伯（David Graeber）（高盛集团），尼尔·克里斯（Neil Chriss），埃米尔雷扎·阿米尼（Amir-Reza Amini）（自动汽车），埃克特勒特·克里斯·马努是（Ektrit Kris Manushi）（宗教），加齐·齐尔伯（Jazi Zilber）（尤其是拉夫·萨弗拉 Rav Safra），法里德·安瓦里（Farid Anvari）(英国丑闻事件)，罗伯特·肖（Robert Shaw）(船运和风险共担），丹尼尔·霍根多恩（Daniel Hogendoorn）（冈比西斯），尤金·卡拉汉（Eugene Callahan），乔恩·埃尔

斯特（Jon Elster），戴维·钱布利斯·约翰逊（David Chambliss Johnson），古尔·休伯曼（Gur Huberman），拉斐尔·多阿蒂（Raphael Douady），罗伯特·肖（Robert Shaw），巴克利·罗瑟（Barkley Rosser），詹姆斯·富兰克林（James Franklin），马克·亚伯拉罕（Marc Abrahams），安德烈亚斯·林德（Andreas Lind）以及伊莱亚斯·科罗西斯（Elias Korosis）（证券），约翰·杜兰特（John Durant），兹维卡·阿菲克（Zvika Afik），罗伯特·弗雷（Robert Frey），拉米·孜雷克（Rami Zreik），乔·奥迪（Joe Audi），盖伊·里维埃（Guy Riviere），马特·杜比克（Matt Dubuque），塞撒雷奥·冈萨雷斯（Cesáreo González），马克·斯皮兹纳格（Mark Spitznagel），布兰登·雅金（Brandon Yarkin），埃里克·布莱斯（Eric Briys），乔·诺曼（Joe Norman），帕斯卡尔·维尼尔（Pascal Venier），亚尼尔·班杨（Yaneer Bar-Yam），蒂博·勒古耶（Thibault Lécuyer），皮埃尔·扎罗伊（Pierre Zalloua），马克西米兰·希尔纳（Maximilian Hirner），亚伦·埃利奥特（Aaron Eliott），杰弗里·阿里（Jaffer Ali），托马斯·梅西纳（Thomas Messina），亚历山大·鲁帕努奇（Alexandru Panicci），丹·科曼（Dan Coman），尼古拉斯·提格（Nicholas Teague），马克·伊斯坎德尔（Magued Iskander），蒂博·勒古耶（Thibault Lécuyer），詹姆斯·马什（James Marsh），阿尼·施瓦兹沃格尔（Arnie Schwarzvogel），海登·雷（Hayden Rei），约翰·穆斯特–芬恩（John Mast-Finn），鲁珀特·里德（Rupert Read），罗塞尔·罗伯茨（Russell Roberts），维多利亚·马丁（Viktoria Martin），班恩·坎杰什·埃沙贝（Ban Kanj Elsabeh），文斯·百纳（Vince Pomal），格雷姆米·麦克·普利斯（Graeme Michael Price），卡伦·布伦南（Karen Brennan），杰克·托梅（Jack Tohme），玛丽–克里斯汀·瑞阿奇（Marie-Christine Riachi），乔旦·锡伯杜（Jordan Thibodeau），彼得洛·博纳维塔（Pietro Bonavita）表示感谢。如有遗漏，深表歉意。

附录1 违背直觉的事情

《反脆弱》讲到了当市场出现非对称性和非线性的情况时，绝大多数人只能随波逐流，而不是主导市场。我们上面提到的少数派主导的情况也与之类似。

> 市场参与者的行为并不能使我们理解市场的行为。

你可以以身观身，以市观市，但不能以身观市（通过观察人来观察市场），尤其不能通过观察市场参与者的平均情况来得出有关市场的结论。你要注意到市场并不是个体参与者的总和（用平均数乘以一个常数得到总数，然后你就以为每个人受到相同程度的影响，这种方法是错误的）。得益于我们之前探讨过的重整化机制，这一点现在应该很清楚了。整个社会科学领域都忽略了这个机制，我们应该意识到：

> 心理学领域对个体偏见进行的研究，并不能使我们理解人类的整体行为或者某些个体的共有行为。

离开了人际交往无法研究人的本性，我们是群体性动物，而且和人有关的一切行为特征都不是相互孤立的，它们彼此之间有联系——这就是社会科学研究领域常犯的错误。①

---

① 尤其需要指出的是，有关行为经济学的研究就经常犯这样的错误，以至这方面的研究并不比传统经济学（本已一无是处）更有益于我们参与市场交易、理解经济运行和制定经济政策。

每个群体都有其各自的特性，一个由10个人组成的群体和一个由395 435个人组成的群体，有质的差异，就像一本书和一栋办公大楼的区别一样。因此，当我们关注共性时，我们会感到困惑。而且当群的规模达到一定程度以后，事情就变得更复杂了——这是一种数学意义上的复杂。我们把构成一个群的各要素看成各维度，维度数越高，各要素之间的互动也就越多。这就意味着我们更难通过观察微观维度来理解宏观群体特性。而且，当维度达到一个数量级别以后，每增加一个维度，就会不成比例地大幅增加各要素的互动，这使得我们更难以理解群体性特征——我将其称为"维度诅咒"。在随机误差检验下，仅增加一个维度就可能使系统的复杂程度增加1倍以上。如果系统本身的维度是1 000，那么，将其增加到1 001就会使系统复杂程度增加10亿倍。

尽管我们在神经科学领域对研究大脑内部的构造取得了可喜的进步，但是：

仅仅了解大脑部件的运作（比如神经元），根本不足以使我们理解整个大脑的运转方式。

一组神经元或基因其实和一群人一样，构成神经元的成分是不一样的，其中的互动关系也一定是非线性的。秀丽线虫是人类完成的第一个基因测序的生命体，其大脑仅有300个神经元，但是到现在为止，我们还不知道其大脑的运作方式。由于维度诅咒，从300个变为301个神经元，都可能使复杂程度加倍，而人类大脑大约有1 000亿个神经元，要研究大脑内部的构造，其难度可想而知。所以有人说我们可能永远都不会了解人类大脑的运作方式，这句话可能（很不幸）是正确的。基于同样的原因，尽管有人吹嘘人类在DNA测序方面取得了重大进展，但我们目前仍然对绝大部分疾病的病因知之甚少。我们仅能探知少数几种较为孤立的疾病的成因——这些疾病仅由单个基因控制，因此比较容易探知。一旦维度升高，我们就无能为力了。

　　了解某个体的基因构成，远不足以让我们理解这一个体的行为方式。

　　请注意我表达的并不是个人观点，而是陈述一个现象的数学特质。有一个"平均场"方法，讲的是观测两个个体之间的互动并求出平均值，然后再将数据结论推广到这两个个体所属的群体——除非系统内不存在非对称性，否则这种方法极不可行。《自私的基因》作者理查德·道金斯和斯蒂芬·平克等学者，曾过分乐观地依赖"平均场"方法并得出一些惊人的结论，而亚尼尔·班杨则从系统科学角度出发，用"平均场理论的失效"证明了这些学者的结论是天真且错误百出的。我们唯一能够肯定的是这些作者的英文水平要远远高于他们的科学素养。马丁·诺瓦克和他的同事们（其中包括社会生物学开创者爱德华·威尔逊）则从社会生物学角度猛烈批判了《自私的基因》的作者及其拥趸者的错误。

　　现在的问题是，难道我们之前通过研究个体而得出的行为科学方面的结论大多是胡说八道的？很不幸，可能真是这样的。当一个社区出现种族隔离的情况时，有些居民就会被莫名其妙地贴上"种族主义"或"推行种族隔离"的标签。而已故的托马斯·谢林早在几十年前，就运用"细胞自动机"机制（一种类似于重整化的技术），证明了即便在社区里没有种族隔离主义者，社区作为一个系统整体也会产生种族隔离。

无知而有效的市场

绝大多数政策制定者不明白这样的道理，研究整体系统的运作机理比观察系统中的个体行为更重要。

> 在合理的市场结构下，一群白痴也能创造出一个运转良好的市场。

达纳南吉·高德和善扬·桑德两位教授，在 1993 年得出了一个惊人的研究结论。模拟一个全部由智力为零的人组成的市场，让他们随机出价，然后按照正常的交易程序对买卖双方的报价进行撮合，你猜结果怎么样？由智力正常者组成的市场和由智力为零的参与者组成的市场，竟然取得了相同的资源配置效率。这一结论再次证明了弗里德里希·哈耶克的远见。现在看起来，经济学中那些基于理性个体假设的经典理论，恐怕不符合我们今天的发现，因为：

> 个体基于其生物本能做出的某种行为，也许不符合我们有关理性个体的定义，但是提升了系统整体运行效率。

对于理性主义者来说，还有一句重要的提醒：

> 个体参与者不必知道市场的发展方向，市场自己知道。

建立一个结构合理的市场，不用干涉市场参与者的行为，市场和个体都会运作自如。

附录 2 技术性附录

A. "风险共担"和尾部概率

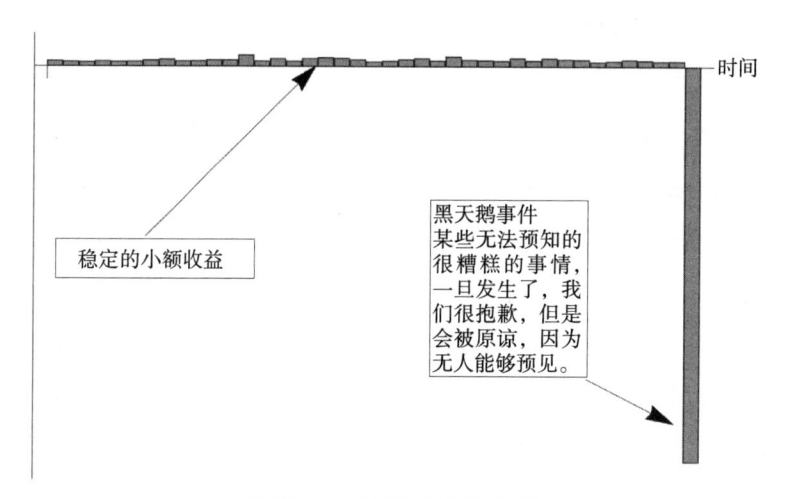

附图 1 罗伯特·鲁宾的勾当

注：非对称的回报：收益明显可见（还会收到报酬）而损失则极少发生（即便发生了也没有惩罚，因为缺乏"风险共担"的机制）。还可以推广到政治和其他惩罚力度不大的领域。

本节将讨论尾部风险概率不匹配的问题以及委托代理框架下的回报问题。

伤害转移：如果一个代理人只享受随机变量向上时带来的正面收益，而不承担向下时的损失，而且对他的评价是基于其过往历史表现，那么他就有动机使用一个负偏向（更广泛来说是非对称）的收益分布函数将风险隐藏在左端尾部。这可以被推广到任何一种个人对其行为不承担全部风险和损失的情况。

设 $P(K, M)$ 为交易员在 M 个激励周期期间的收益：

$$P(K, M) \equiv \gamma \sum_{i=1}^{M} q_{t+(i-1)\Delta t}(x_{i+t\Delta t}^{j} - K)^{+} 1_{\Delta t(i-1)+t < \tau}$$

其中 $X^j = (x_{t+i\Delta t}^j)_{i=1}^M \in R$ 表示随机变量，代表一定时期 $[t, t+i\Delta t]$，$i \in N, \Delta t \in R^+$ 内的利润分布，K 代表一个门槛[1]，$\tau = \inf\{s: (\sum_{z \leqslant s} x_z) < x_{\min}$ 是一个停时[2]，指向过往几年时间的表现（如必须在某段时期达到某种确定业绩的条件，一旦不满足业绩条件，该交易员就丧失了继续交易的机会，游戏结束并且正向激励停止）。常量 $\gamma \in (0, 1)$ 是代理人收益，也可以是他的业绩提成，并不一定是指货币形式的收益（任何他获得的好处都是）。$q_{t+(i-1)\Delta t} \in [1, \infty)$ 表示在 $t + (i-1)\Delta t$ 时的风险规模（因为数据总是滞后的，s 时间段的表现是由早于时间段 s 的 q 值来决定的）。

设 $\{f_j\}$ 是对于 X^j 概率测度 f_j 的集合，$j \in N$，每个测度对应某个均值／偏度特征，我们可以将它们的属性在"中间性"参数 K 的两侧分成两半，作为"上""下"分布。我们将 $dF_j(x)$ 写成 $f_j(x)dx$，因此 $F_j^+ = \int_K^{\infty} f_j(x)dx$ 和 $F_j^- = \int_{-\infty}^K f_j(x)dx$ 作为上下两个区域的分布，其各自对应条件期望值 $E_j^+ = \frac{\int_K^{\infty} x f_j(x)dx}{\int_K^{\infty} f_j(x)dx}$ 和 $E_j^- = \frac{\int_{-\infty}^K x f_j(x)dx}{\int_{-\infty}^K f_j(x)dx}$

现定义 $v \in R^+$ 为一个以 K 为中心的非参数测度来标识上下两个区域分布的非对称性，当 $v_j = \frac{F_j^-}{F_j^+}$ 的值大于 1 时，为正的非对称性（分布偏向上区），当其值小于 1 时，为负的非对称性（分布偏向下区）。直观地

---

[1] 交易员只有在为委托人取得高于这个门槛的收益率时才能获得业绩提成。——译者注
[2] 停时（stopping time）是一个时间的随机变量，指未来不确定的一个触发点，比如，上证指数在今日之后第一次触及 10000 点的时刻是一个停时（当这个时刻来临之时，我们能够确切知道事件已经发生），但是上证指数在今日之后最后一次触及 10000 点的时刻，则不是一个停时，因为即便这个时刻来了，也无法确定这是最后一次。——译者注

来看，偏度使得概率和期望值以反方向变化：负收益越大，概率越低。

我们并不假设一个"公平的游戏"，有不受限制的收益 $m \in (-\infty, \infty)$，$F_j^+ E_j^+ + F_j^- E_j^- = m$，我们可以写成 $m^+ + m^- = m$。

对常量 q 和单一条件停时的简化假设

假设 q 为常量，q=1，并将停时条件简化为前期没有损失，$\tau = \inf\{(t+(i-1)\Delta t): x_{\Delta t(i-1)+t} < K\}$，于是就有[①]：

$$E(P(K,M)) = \gamma E_j^+ \times E\left(\sum_{i=1}^{M} 1_{\Delta t(i-1)+t < \tau}\right)$$

因为假设代理人的收益是独立同分布的，在停时取期望值对应于停时期望值乘以代理人的预期报酬 γE_j^+，且[②]

$$E\left(\sum_{i=1}^{M} 1_{\Delta t(i-1)+t < \tau}\right) = E\left(\sum_{i=1}^{M} 1_{\Delta t(i-1)+t < \tau}\right) \wedge M$$

在先前没有损失的前提下，停时期望值可以写作没有先前损失条件下的成功概率[③]：

$$E\left(\sum_{i=1}^{M} 1_{\Delta t(i-1)+t < \tau}\right) = \sum_{i=1}^{M} F_j^+ 1_{x_{\Delta t(i-1)+t < \tau} > K}$$

我们可以用无间断成功游程来表达停时条件。设 Σ 为一个连贯的成功游程的有序集合：

$\Sigma \equiv \{\{F\}, \{SF\}, \{SSF\}, \ldots, \{(M-1)$ 连续次 $S, F\}\}$，S 和 F 分别代表时间段 Δt 内的成功和失败，相应概率为：

$$\{(1-F_j^+), F_j^+(1-F_j^+), F_j^{+2}(1-F_j^+), \ldots, F_j^{+M-1}(1-F_j^+)\}$$
$$\sum_{i=1}^{M} = (F_j^+)^{i-1}(1-F_j^+) = 1 - F_j^{+M} \simeq 1$$

---

① 读者可以将其视作对 P(K,M) 求期望值。——译者注
② 该表达式的意思是两者取其较小值。——译者注
③ 读者可以将该表达式看成到达停时之前的天数。——译者注

对于大的 M 数值，因为 $F_j^+ \in (0,1)$，我们几乎可以将前面部分看成等式，因此：

$$\sum_{i=1}^{M} 1_{t+(i-1)\Delta t<\tau} = \sum_{i=1}^{M}(i-1)F_j^{+(i-1)}(1-F_j^+) = \frac{F_j^+}{1-F_j^+}$$

最后，代理人的预期收益为：

$$E(P(K,M)) = \gamma E_j^+ \frac{F_j^+}{1-F_j^+}$$

随着 (i) E_j^+ 的增加和 (ii) 损失概率 F_j^- 的最小化，此数值会增加；但是，这也是核心所在，即使 (i) 和 (ii) 的发生是以牺牲 m（总回报的预期收益）为代价。

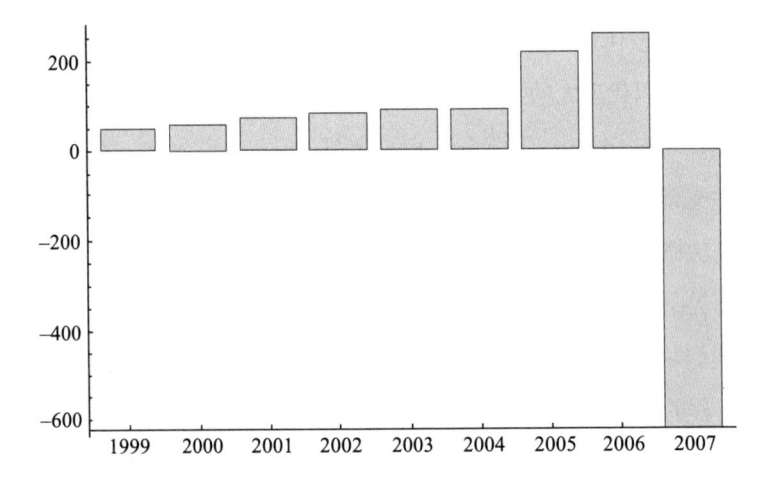

附图 2 Indy Mac 公司，一家在次贷危机中破产的公司（塔勒布，2009），在没有发生损失的情况下风险一直在积聚，直至爆发危机

值得警惕的是，由于 $E_j^+ = \frac{m - m^-}{F_j^+}$，因此代理人并不会担心总回报 m 的等级降低，只要这种恶化是来自分布的左端 m^-。从偏度空间看，在 j 分布下当 v_j 取最小值（最大化负非对称性），代理人的预期收益最大化。

由于仅存在正向激励①,代理人没有全身心投入"风险共担",代理人和委托人的总回报取决于负偏度,而不是 m。

B. 概率的可持续性和遍历性

动态风险承担:如果你反复承担一项风险(任何风险),那么测量这种风险的办法应该是全生命周期,或者你因承担该风险而被缩短的剩余生命。

爆仓属性:爆仓事件的概率处于单个代理人的时间领域,而不对应状态空间(或集合)的尾部概率。这两个领域(时间和空间)的期望不能相互替换。因此,代理人根据状态空间而声称尾部事件(触发爆仓的事件)被"高估"是错误的。

这是杠铃策略背后的主要原因。

这是一个融合一个随机变量和一个对时间和路径都依赖的衍生函数回报的特殊个案。

更直观的翻译是:

如果一条河的平均深度为 4 英尺,就千万不要过河。②

一个简化的案例

考虑一个极其简化的例子,一个支集在正实数 (R^+) 内的独立变量序

---

① 当业绩达到指标门槛时,代理人可以提成;当出现损失时,对于代理人来说最坏的情况就是离职,回报为零,并不承担委托人的损失。——译者注
② 详见 1997 年作者和 P.Jorion 的辩论,塔勒布 (2007)。

列 $(x_i)_{i=1}^n=(x_1,x_2,x_3,...x_n)$，经典概率论里面的收敛定理通过（弱式）大数定律（以概率收敛）来解决总和或平均的行为：$\lim_{n\to\infty}\frac{1}{n}\sum_i^n x_i=m$。正如第19章中赌场故事所揭示的，n 趋向无穷可以使概率收敛于真实平均收益 m。虽然大数定律可以应用于可被时间严格分割的 i 事件，但该定律假设事件的独立性，而且对路径的独立性有严格要求。

现在考虑 $(X_{i,t})_{t=1}^T=(X_{i,1},X_{i,2},X_{i,3},...X_{i,T})$，其中每个状态变量 X_i 都是以时间单位 $t:0<t<T$ 标定的。假定"时间事件"是从同一严格概率分布得出的：$P(X_i)=P(X_{i,t})$。

我们以一个时间概率来描述一个单一代理人 i 的演化。

由于（委托代理关系的）终点就是爆仓，而且是不可逆转的（本金全损以后无法重新开始），因此，每一次观察都是以前一时间段内观察到的属性为条件的，在 t 时间段内发生的事情取决于 t–1，在 t–1 发生的事情取决于 t–2，依此类推。我们现在有了路径依赖。

下面我们谈谈遍历性的失效。

定理 1（状态空间 – 时间不等式）：假设对于任意 t, 表示为 $\forall t, P(X_t=0)>0$，以及 $X_0>0$，$E_N(X_t)<\infty$ 是静止初始时间 t 的状态空间期望值，$E_T(X_i)$ 是任何代理人 i 的时间期望值，两者可由（弱式）大数定律获得。我们有

$E_N(X_t) \geqslant E_T(X_i)$

证明：

$\forall t, \lim_{n\to\infty}\frac{1}{n}\sum_i^n 1_{X_{i,t-1}>0}X_{i,t}=m\left(1-\frac{1}{n}\sum_i^n 1_{X_{i,t-1}\leqslant 0}\right)$

其中 $1_{X_{t-1}>0}$ 是一个前一期存活的指标函数（游戏还能玩下去）。因此，对于 t 的 n 极限显示了递减的时间期望值：$E_N(X_{t-1})\leqslant E_N(X_t)$

我们可以证明发散性：

$$\forall t, \lim_{T\to\infty} \frac{1}{T}\sum_{t}^{T} 1_{X_{i,t-1}>0} X_{i,t}=0$$

我们通过使 $T<\infty$，由递归迭代期望定律可得到所有 T 的不等式。

我们可以看到全体风险承担者在任何时间 t 都预期回报 $m\left(1-\frac{1}{n}\sum_{i=1}^{n} 1_{X_{i,t-1}=0}\right)$，而每个风险承担个体最终都会爆仓。

其他方法：我们还可以用测度理论的方法证明这一点。"不爆仓"A 的空间集合之间没有交集，但其时间集合则不是这样的。该方法以度量 v 的如下事实为基础：

$\left(\bigcup_{T} A_t \bigcap_{\leq t} A_t^c\right)$ 并不一定等于 $v\left(\bigcup_{T} A_t\right)$

几乎所有用期权来表明精算过高估计了尾部风险的论文都被定理 1 中的不等式证明为无效（巴伯里斯，2003）。显然，他们假设代理人一生只做一次决定或者只冒一次风险。那些讨论"偏见"的论文假设代理人余生不再做任何决定了。

如果只取决于"爆仓"的话，那么解决这类路径依赖的方法就是引进一个 X 函数，使得（路径依赖）集合的均值和（时间依赖）集合的均值具有相同的属性。自然对数是一个不错的选择，因此，$S_n = \sum_{i=1}^{n} \log(X_i)$ 和 $S_T = \sum_{t=1}^{T} \log(X_t)$ 属于相同的概率类；因此一个概率测度相对于另外一个概率测度是不变的——就是所谓的遍历性。因此，在有"爆仓"可能的条件下分析回报和风险时，有必要引进变量的对数变化形式（彼得斯，2011）或左尾的有界性（凯利，1956），同时最大化右尾的机会（盖尔曼，2016）或者左尾的有界性（杰曼等，2015）。

我们在这里表明的是，除非进行对数变换（爆仓点设定为 X=0，产生一个平滑函数），否则两种期望都会发散。预防原理的要点是尽量降低爆仓的概率以避免依赖使用对数或者转换形式。

彼得斯和盖尔曼（2014）在他们的硕士论文中表明，伯努利使用对数函数并非为了一个凹性"效用"函数，按照凯利的标准来看，是要重建遍历性。下面是有关该问题的发展历程：
- 伯努利发现了使用对数形式时的风险披着"效用"的外衣。
- 凯利和索普重显对数源于作为一个最佳赌博策略的增长标准的最大化，且与效用无关。
- 萨缪尔森认为对数太具侵略性，他没有意识到半对数（或者偏对数）有时可用。从门格尔到艾罗，中间还有切尔诺夫和萨缪尔森，许多决策理论被证明犯了遍历性的错误。
- 皮特曼在1975年发现布朗运动的吸收壁设置为零时，审查吸收路径后，演变成三维贝塞尔过程。幸存路径的漂移是$\frac{1}{x}$，是对数的积分。
- 彼得斯和盖尔曼重新证明遍历性对数的合理性，并将凯利－索普的研究置于严格的物理学基础之上。
- 西里洛和作者本人于2015年发现，为了消除允许极值理论使用的单尾紧支集，log在创建分布的双重对象中起到了独特的平滑变换作用。

我们能够证明（作者本人和布瑞斯，相关论文仍在准备和沟通过程中）对数转换作为避免爆仓的简便方法具有必要性，这恰好是一个双曲绝对风险厌恶实例。

定理1在布朗运动中的运用

讨论简化版的问题并不影响我们使用更复杂的模型，比如带有吸收壁的完全随机过程。当然，在自然界条件下，比停时机制更极端的情况也可能发生，即爆仓超越本次周期，导致之前生命周期内累计的回报全损（X_t可以取一个极端的负值）。彼得斯和盖尔曼的观点消除了所谓的股权溢价，如果你考虑胖尾因素以及时间和集合的不可替代性，结果会更严重，结果会造成更广泛的接近爆仓的影响。

如果一个人使用带吸收壁的布朗运动随机过程描述这个情况，那么，现实生活中的问题将与之十分相似。在受 L 影响的过程中，我们可以得到如下吸收壁：

$$\forall i, X_{i,t} = \begin{cases} X_{i,t-1} + Z_{i,t}, & X_{i,t-1} > L \\ 0, & 其他情况 \end{cases}$$

或将其表现为一个几何过程：

$$\forall i, X_{i,t} = \begin{cases} X_{i,t-1}(1+Z_{i,t}) \approx X_{i,t-1} e^{Z_{i,t}}, & X_{i,t-1} > L \\ 0, & 其他情况 \end{cases}$$

其中 Z 是一个随机变量。

接下来我们进入连续时间模型，并考虑几何布朗运动情况，设 $\tau = \{\inf t: X_{i,t} > L\}$ 为停时，这个想法是让停时的简单期望符合剩余生命区间——或保持相同的顺序。

让我们把焦点从概率转向爆仓时的停时 τ 与剩余生命跨度之间的不匹配。

C. 概率可持续原则

> 原则 A：个体在承担任何风险时要遵循这样一个原则，就好像他在一生的剩余时间里都要以某个特定的频率反复承担这个风险。

可持续原则对以下论点十分重要。虽然实验是静止的（我们已经看到了状态空间和时间的混淆），生活是连续的。如果你将引发一次爆仓的小概率作为偶然一遇的风险，承受下来继续从事交易活动，并继续承担这种偶然一遇的风险，最终你爆仓破产的概率是 100%。人们容易对此感到困惑，他们总认为爆仓事件的风险属性应该是偶然的，一次性的，仿佛那才是合理的，但这也意味着再遇到一次爆仓也是合理的。请见附图3，好消息是，某些类别的风险发生的概率几乎可以视为零：在过去的30亿年里，地球每天都经受数万亿次的自然变化而仍然存在着，否则我们今天就不在这儿了。在系统中，我们可以用条件概率参数（根据生存偏差调整）来倒推爆仓概率。

现在我们不需要使 $t\to\infty$，永久可持续也不必要。我们只是延长（某游戏/交易）的生命，t 越长，期望算子就越发散。

在离散且简化的条件下，考虑爆仓（或破产）的无条件停时期望：

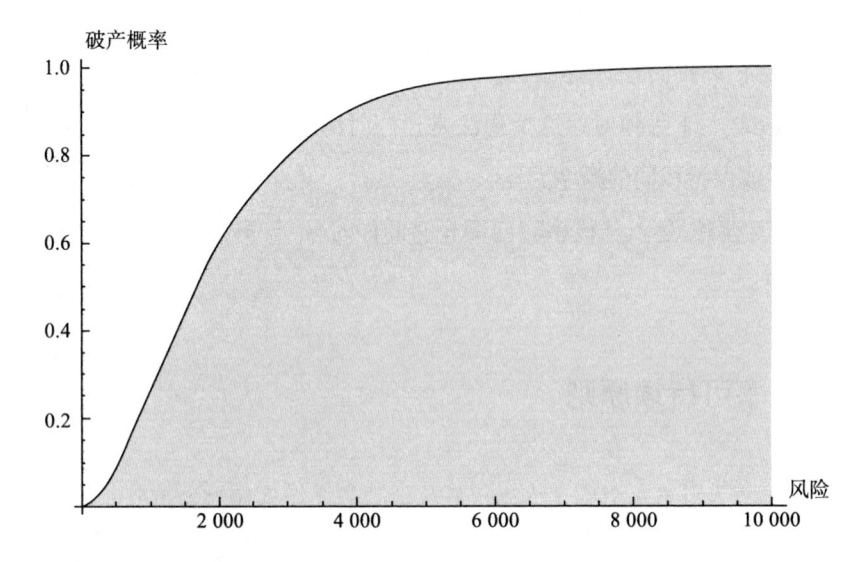

附图3 为什么爆仓不是可再生资源。无论风险有多么小，从时间上看，有爆仓（或破产）可能的事情最终肯定会发生爆仓（或破产）。任何风险都不应该被视作"偶然性"事件

$$E(\tau \wedge T) \approx E(\tau) = \sum_{i=1}^{\lambda N} i \left(\frac{p}{\lambda}\left(1-\frac{p}{\lambda}\right)^{i-1}\right)$$，其中 λ 是在单位时间段内承担

风险的次数，T 是某个游戏或交易的剩余时间，P 是爆仓（或破产）概率，二者在同样的时间段内都面对固定的 P。由于 $\mathrm{E}(\tau)=\frac{\lambda}{P}$，我们可以在重复多次的情况下校准风险。预期寿命 T 越长（包含的时间段越多），爆仓破产问题就越严重。人和植物的生命很短，但是大自然的生命至少是 10^8 年了，因此每年的毁灭概率为 $O(10^{-8})$，严格递增的局部毁灭概率最多为 $O(10^{-50})$。在个体－物种－生态系统的等级体系中，等级越高，毁灭的问题越严重。这种双重性取决于 $t \to \infty$；因此对于有限生命体，这种要求并不必要。

胖尾理论：越是能提供大偏差的系统，爆仓（破产、毁灭）的问题就越严重。

我们将更全面地讨论胖尾问题。显然，各过程的偏差很重要，但是不触及爆仓门槛的偏差无关紧要。

对数变换

根据可持续性原则，"一个人承担一个风险一如他将永远承担这个风险一样"，但这只对于对数（或类似的）转换才适用。

在缺乏对随机变量紧支集的情况下，胖尾这种特性通常令人担忧，而当变量有界时情况就没有那么糟糕了。正如我们已经看到使用对数转换的需要时，当一个在 $[0,\infty)$ 有支集的随机变量现在有 $(-\infty,\infty)$ 支集，因而从极值理论派生出来的特性现在也可以应用于我们的分析。类似地，如果损失被定义为一个正数，对应爆仓 H 为其上限，就可能将其从 $[0,H]$ 转换为 $[0,\infty)$。

克莱默和伦德伯格在保险分析中发现了这个困难，详见克莱默（1930）。

关于遍历性的一个注释：遍历性在统计上不可识别，不可观察，并且对于给出遍历性的时间顺序没有办法测试，情况类似于迪基－富勒关于平稳性测试和菲利普斯－佩伦关于积分顺序的讨论。更关键的是：

如果你的结果是通过观察时间序列获得的，那么你如何对集合概率测度进行解释？

答案和套利类似，套利也没法进行统计测试，但关键在于，有一个事先确定的概率测度（基于"没有免费的午餐"的观点）。此外，考虑"自融资"策略，比如通过动态对冲的办法。在极限情况下，我们假设大数定律将压缩收益，但损失和触碰吸收壁的情况也不会发生。这就满足了我们的遍历性要求，但是无法获得统计测度。而且，几乎所有讨论跨期"投资/消费"的文献都以"没有爆仓（破产）"为前提条件。

我们并不是说给定的证券和随机过程一定是遍历的，但基于其集合概率（通过交叉检验，主观概率假设或仅由套利论证确定），风险承担策略应该符合这一特征。所以这里讲的遍历性仅涉及随机变量或过程的函数，并不是随机过程本身，而这个函数是以"无爆仓（破产）风险"为前提的。

换言之，假设标普 500 指数的预期回报为"α"，一个遍历性策略，比如凯利公式最终会实现这个"α"，如果因存在吸收壁和其他原因而没有实现的话，它就不是遍历的。

D. 胖尾的技术定义

概率分布介于极端薄尾（伯努利）和极端胖尾之间。在分布种类中，经常按照矩的收敛性进行区分：（1）有紧密但不退化的支集；（2）次高斯分布；（3）高斯分布；（4）次指数分布；（5）指数大于3的幂律；（6）指数小于等于3但大于2的幂律；（7）指数小于等于2的幂律。特别地，只有当指数大于1时，幂律分布才有有限均值，只有在指数大于2时，才有有限方差。

设 $X = (X_i)_{1 \leq i \leq n}$ 为支集在（R^+）具有独立同分布且有累积分布函数 F 的随机变量序列。参见图盖斯（1975）和皮特曼（1980），次指数分布的定义为：

$$\lim_{x \to +\infty} \frac{1 - F^{*2}(x)}{1 - F(x)} = 2$$

其中 $F^{*2} = F * F$ [①] 是 X_1+X_2 的累积分布，是两个独立副本 X 的总和。这意味着 X_1+X_2 之和超过 x 的概率是任何一个独立值超过 x 的概率的两倍。因此，每当总和超过 x 时，对于足够大的 x 值，总和的值取决于任一个超过 x 的变量——也就是两个变量的最大值，而另一个值贡献可以忽略不计。

更普遍地来看，同样的 n 个变量的总和受这些变量中最大值的影响。形式上，以下两个属性等价于次指数条件，参见切斯亚科夫（1964）和恩布雷希特（1979）的相关论文。对于给定的 $n \geq 2$，设 $S_n = \sum_{i=1}^{n} x_i$，$M_n = \max_{1 \leq i \leq n} x_i$

a) $\lim_{x \to \infty} \frac{P(S_n > x)}{P(X > x)} = n$

b) $\lim_{x \to \infty} \frac{P(S_n > x)}{P(M_n > x)} = 1$

因此，总和 S_n 与最大样本 M_n 的大小相同，这是另一种证明尾端扮演最重要角色的方法。

---

① 此处的 * 代表卷积。——译者注

直观地说，尾部事件在次指数分布中应该比在与大尾部事件无关的指数分布中下降得更缓慢。事实上，我们可以证明，对于大于零的所有值 ε 来说，次指数分布没有指数矩：

$$\int_0^\infty e^{\varepsilon x} dF(x) = +\infty$$

然而，反过来是错的，因为分布可以没有指数矩，但却不满足次指数条件。

我们注意到，如果我们选择将偏差表示为变量 x 的负值，用 $x \to -\infty$ 代替 $x \to +\infty$，则极值负值的对称性也会保持相同的结果。对于双尾变量，我们可以分别考虑正面和负面的域。

附录3　词汇表

寻租： 企图在没有进行经营活动的情况下利用保护政策和"特殊"权力来获得收入并且维持垄断利润。胖子托尼把这种行为看作被迫给黑手党付保护费却无法从中获得任何经济利益。

显示偏好： 这一理论是由美国经济学家保罗·萨缪尔森提出的（最开始是以公共物品的购买选择为背景提出的）。这一理论指出代理人无法解释他们行为背后的原因：行为是可以观察的，想法却不可以，因此想法无法作为严谨的科学研究的依据。在经济学中，实验需要真实存在的数据。胖子托尼总结道："空谈无用。"

监管套利： 代理人钻规章制度的空子导致其偏离原始的意图。一些官僚和生意人的收入可能与保护性的规章制度以及特许权有关，因此他们维护这些制度。值得我们注意的是制定规章制度比修正或取消它们容易得多。

唯科学主义： 该主义认为科学只是看起来像科学。但是这一主义太强调表面的东西而忽视了其值得深思的内部逻辑。这一主义盛行于用数量指标衡量贡献大小的行政官员之中，同样也盛行于只爱空谈而不参与实践的人之中，比如记者和学校老师。

天真的理性主义： 该主义认为我们能够保证世界的正常运行并且不存在我们无法理解的事物。

常春藤名校毕业生： 傻瓜。

伪理性主义： （1）只集中关注某一信仰的理性而不关注其影响；（2）使用糟糕的概率模型天真地批判人们在进行某种活动时的非理性。

代理问题： 代理人与委托人之间的利益不一致时出现的问题，比如汽车销售员和你（可能的买主）之间的关系，或者医生和病人之间的关系。

罗伯特·鲁宾的勾当： 在非对称的领域内获取利益，通常收益是很明显的（并且还会获得一些补偿），然而损害却很少见（由于没有"风险共担"也不会受到惩罚）。这一模式可以应用到政治学等任何领域，在这些领域内往往惩罚很小，受害者也不是真实存在的而是分散的（比如纳税人和股票持有人）。

附录 3 词汇表

干涉主义者： 干涉主义者往往认为自己了解所有情况反而造成脆弱。干涉主义者自身不承担风险，往往缺少幽默感。

绿色木材谬误： 也就是人们将一种必要知识（木材的绿色）的来源错当成另一种来源，后一种来源对外行人来说更不可测、更难捉摸、更难阐述。理论家如何错误地估计在某一特定业务中我们应知的重要性？更通俗地说，许多我们称作"相关知识"的事物其实并不那么相关。

教鸟儿如何飞行效应： 颠倒了阅读学术知识→实践与实习→创造财富的箭头方向，这一效应认为技术更依赖于学术知识而不是实践。详情见《反脆弱》一书。

林迪效应： 不同于自然消亡的事物（比如人类、猫、狗、经济理论、西红柿），像技术、思想、公司这样不会自然消亡的事物生命每增加一天，意味着更长的预期剩余寿命。因此一本有 100 年历史的经典图书只要保证正常的销量，很有可能还有一百年的寿命。

遍历性： 在本书的语境下，遍历性是指对一群人在同一时间的统计特性（尤其是期望）和一个人在其全部时间的统计特性一致。集合概率接近于时间概率。

如果没有遍历性，那么观测到的统计特性就不能应用于某一个交易策略，如果应用的话，就会触发"爆仓"风险（系统内存在着"吸收壁"或"爆仓点"）。换句话说，统计特性不可持续。

平均斯坦： 一个事物的过程主要由平均值主导，很少有极端成功或失败的例子（比如牙医的收入）。个体不会对整体造成很大的影响，它也被称作"薄尾"风险，也是高斯分布的一种。

极端斯坦： 在一个随机过程中个体会对总体造成巨大的影响（比如作家的收入），它也被称作"胖尾"风险。它包含分型、幂律等分布类型。

少数派主导规则： 指一种非对称现象，即总体行为受到少数人的偏好的支配。吸烟者不可以待在非吸烟区但是不吸烟的人可以待在吸烟区，因此不吸烟的人占据优势，这并不是因为他们是大多数，只是因为他们拥有非对称性优势。语言、伦理以及宗教的传播都与少数派主导规则有关。

证伪： 神学和哲学用证伪的方法定义一个事物不是什么，被认为比肯定的定义更不易形成谬误。在实际操作中，告诫人们要避免什么，不做什么，这个方法在事物有倍增效应和副作用的情况下特别有效。

在医学领域，让一个人戒烟比对他进行治疗或者给他开药带来的负面效果少得多。

适用性规模： 当事物的规模发生变化时，它们的性质通常也会突然改变：城市不同于大型的州，大陆也不同于岛屿。当一个群体人数发生变化时，其集体性的行为也会变化。这一观点支持地方主义，反对不受约束的全球主义。

单一思想文化： 记者、专业学者，以及其他奴隶在特定事务中不承担风险，不参与"风险共担"，由此形成了一个易被人操控且抵抗实证的"好人"团体。如果你和他们的意见相左，你就会被不公正地贴上"普京主义者""婴儿屠夫""种族主义者"等标签（骗子总是耸人听闻地拿孩子说事儿）。这就像岛屿越大，其生态多样性反而越低的道理一样（详见《黑天鹅》一书）。

美德商品化： 当美德作为一种市场营销策略时，它就贬值了。在古代，美德是私有的，与当代社会中提倡的"环保运动"式的美德不同。兜售美德的商人通常都是伪君子，而且不包含勇气、牺牲精神以及不参加"风险共担"的美德根本就不是美德。中世纪时的圣职买卖允许人们用钱购买教会职务或赎罪券，通过这样一种行为来洗清罪责，兜售美德与这种行为相似。

金律（对称性）： 以你想被对待的方式去对待他人。

银律（用否定其对立面的方式体现金律）： 如果你不希望别人这样对你，那你也不要这样对别人（己所不欲勿施于人）。要注意银律和金律的区别，银律可以阻止爱管闲事的人来操控你的生活。

善意原则： 在知识辩论中寻求一种对称，就像你希望你的论点被对方准确陈述那样，你也应当准确地陈述对方的论点。与之相反的是"稻草人谬误"。

注　释

这里的注释是按主题而不是按顺序排列的。

伦理： 塔勒布和桑迪斯（2013），另见内格尔（1970），罗斯（1939）；行动哲学，参见桑迪斯（2010，2012）。政治理论：汤普森（1983）。不确定性和伦理：奥尔瑟姆（1984），威廉姆斯（1993），齐默尔曼（2008）。将军：布莱克本（2001），布罗德（1930）。从不同的侧面爬山：帕菲特（2011）。伦理和知识：普里查德（2002），雷谢尔（2009）。

虽然我倾向于美德伦理学，为了美德而美德，但是出于一些现实的原因，这本书的共同作者康斯坦丁·桑迪斯和我发现，"风险共担"落在三个主要伦理系统的交会点：康德的绝对命令，结果主义和古典美德。这是受德里克·帕菲特《论重要之事》（2011）的影响，他认为它们（所有的美德）不过是殊途同归罢了。

经济学中的委托代理和道德风险：	罗斯（1973），普瑞特等人（1985），施蒂格利茨（1988），梯若尔（1988），霍姆斯特姆（1979），格罗斯曼和哈特（1983）。
不确定下做出的伊斯兰决定：	法里德·卡尔卡比未发表的手稿，卡尔卡比（2017），沃德（2010）。
以眼还眼并不是字面的意思：	阿拉姆语中的一个辩论内容，即当一个小人物伤害大人物时，二者是不对等的，这句话被翻译错了。gadol 指的是"英雄"而不是"大"（big），qatan 是"弱小的"而不是"小"（small）。
合理性：	宾默尔（2008），也出自 2017 年吉仁泽和比勒费尔德纪念文集中作者同肯·宾默尔和吉仁泽的私人交流。
基督徒和异教徒：	威尔肯斯（2003），福克斯（2006），等等。请参阅里德和塔勒布（2014）。
朱利安：	阿米亚努斯·马塞林，历史类，卷 1 和卷 2，洛布古典丛书，哈佛大学出版社。另见唐尼（1939，1959）。
奥斯特朗姆：	奥斯特朗姆（1986，2015）。另见与彼得·柏特克和罗塞尔·罗伯茨在 Econtalk 节目上的讨论，

注释

	econtalk.org/archives/2009/11/boettke_on_elin.html。
非对称性和可扩展性：	《反脆弱》。
自私基因：	威尔逊和威尔逊（2007），诺瓦克等（2010）。平克关于诺瓦克以及威尔逊等有关"自私基因"的辩论的声明、忽略了事物可适用性规模：edge.org/conversation/steven_pinker-the-false-allure-of-group-selection. 亚尼尔·班杨和左也马（2006）。
扎紧篱笆才有好邻居：	卢瑟福等（2014）。
牺牲：	哈伯塔（1980）。
动态不平等：	拉蒙特（2009），兰克和赫什（2014，1015）。另见马克·兰克，《从赤贫到巨富再回到赤贫》，《纽约时报》，2014年4月18日。
遍历性和赌博：	彼得斯和盖尔曼（2016），彼得斯（2011）。
不平等性：	皮凯蒂（2015）。"强占"观点已经在皮凯蒂（1995）中提及。

对不平等性的误判： 塔勒布和杜阿迪（2015），佛塔瑞等（2017）。

与胖尾不相容的平等性的税收： 这种税收意味着惩罚财富创造者，非常流行但很荒谬，注定是自杀式的。因为这会极大抑制收入的上涨，傻瓜才会做一个以小概率投注的风险承担者，即成功的概率为 20（税后）而不是 100，并且以后所有的积蓄逐步以财产税的方式支出。这样最佳策略就是成为一名学者或法国式公务员，即反财富创造者。先暂时看一个有代表性的问题：将收益不稳定的人，比如说一名每 20 年赚 450 万美元的企业家，和在同样时间内总收入相同的经济学教授相比较（其 22.5 万美元的年收入是纳税人的钱）。同样收入的企业家最后要交 75% 的税，余下的部分还要交财产税，而寻租的终身任职的学者们，对财富形成没有做出贡献，却只要交 30% 的税。

凯利赌博： 索普（2006），麦克莱恩等（2011）。

满意度： 认为按照一些公理，人们必然会毫无约束"最大化"收入的想法是错误的（经济学家在他们的"最优化"思想中幼稚地使用了数学）。获得满意的收入，最大限度发挥自己的工作适应能力或将看到自己劳动成果时可能会产生的那种骄傲情感最大化，这些都与"满足"人们对财富的最低要求相符合。或者不要有意地"最大化"任何事情，只要符合人性就可以。

暴力： 平克（2011），西里洛和塔勒布（2016，2018）。

重整化： 格莱姆（2008，2012）。宾尼等（1992）书中的重整化小组。

浓血： 马格利特（2002）。

有限理性： 吉仁泽和布莱顿（2009），吉仁泽（2010）。

林迪效应： 伊丽莎（2017），曼德尔布罗特（1982，1997）；另见《反脆弱》。

哥林多的庇护所： 《早期希腊哲学：爱奥尼亚早期思想家》，第一部分。

基因和少数派主导： 拉扎里迪斯（2017），扎罗伊，私人讨论。语言比基因传播得快。北欧人听到下面这些一定会很吃惊：（1）古代和现代希腊人实际上可能是同一民族；（2）和"闪米特语系"的古代人相比，现在的闪米特人如腓尼基人在基因上和印欧语系的古代人联系得更紧密，虽然他们的语言相去甚远。

参考书目

奥尔瑟姆，J.E.J.，1984年.《风险伦理学》,《亚里士多德社会学报·新系列》84（1983—1984）：15-29.

阿米亚努斯·马塞林《历史学》卷一、卷二，勒布古典图书馆·哈佛大学出版社.

巴维里斯，N.，2013年.《尾部事件心理学：进展与挑战》,《美国经济评论》103（3）：611-616.

亚尼尔·班杨和左也马，2006年.《基因进化论的形式化》,《复杂系统中的统一主题》，215-222.柏林，海德堡：施普林格出版社.

宾默尔，K.，2008年.《理性决策》.新泽西州普林斯顿大学：普林斯顿大学出版社.

宾尼，詹姆斯·J.，奈杰尔·J.瑞克，安德鲁·J.费希尔和马克·纽曼，1992年《关键现象理论：重整化组介绍》.牛津：牛津大学出版社.

布莱克本，S.，2001年.《伦理学简介》.牛津：牛津大学出版社.

布罗德，C.D.，1930年.《五种伦理学理论》.伦敦：Kegan Paul 出版社.

奇斯佳科夫，V.，1964年.《一个关于独立正随机变量和的定理及其在分支随机过程中的应用》,《概率及其应用理论》9（4）：640-648.

帕斯夸莱·西里洛和纳西姆·尼古拉斯·塔勒布，2018年.《暴力冲突的衰落：数据的真正含义？》，诺贝尔基金会.

——，2016年.《暴力冲突的统计特性及尾部风险》,《物理学报A：统计力学及其应用》452：29-45.

克莱默，H.，1930年.《安条克的背叛者——朱利安》,《教会的历史》8（4）：303-315.

——，1959年.《朱利安和查士丁尼：信仰与文化的统一》,《教会的历史》28（4）：339-349.

埃利亚扎，伊多，2017年.《林迪定律》,《物理学报A：统计力学及其应用》.

保罗·恩布雷希特等，1997年.《极端事件建模：保险和金融》.柏林，海德堡：施普林格出版社.

保罗·恩布雷希特，C.M.戈尔迪和N.韦拉维尔贝克，1979年.《次指数与无限可分性》,《概率理论及相关领域》49（3）：335-347.

方塔纳里，安德里亚，纳西姆·塔勒布与帕斯夸莱·西里洛，2017年.《无限方差下的基尼估算》.

福克斯，罗宾·莱恩，2006年.《异教徒和基督徒：从公元2世纪到君士坦丁改宗期间的地中海世界》.英国企鹅出版集团.

格莱姆，瑟奇，2008年.《社会物理学：格莱姆模型评论》,《国际现代物理学杂志C》19（03）：409-440.

——，2012年.《社会物理学：心理政治现象的物理学建模》.柏林，海德堡：施普林格出版社.

杰曼，D.,H.杰曼和纳西姆·尼古拉斯·塔勒布，2015年《尾部风险限制和最大熵》，《熵》17（6）：3724.网址：http://www.mdpi.com/1099-4300/17/6/3724.

吉仁泽，G.，2010年.《道德满足：道德行为再思考与有限理性》,《认知科学专题》2：528-554.

吉仁泽，G.，H.布莱顿，2009年.《人类的智慧：偏见头脑的推论优势》,《认知科学专题》1（1）：107-143.

格罗斯曼，S.J.和O.D.哈特，1983年.《委托代理人问题分析》,《计量经济学》，7-45.

哈伯塔尔，摩西，2012年.《论牺牲》.普利斯顿大学，新泽西州：普林斯顿大学出版社.

霍姆斯特姆，B.，1979年.《道德危害与可观察性》,《贝尔学报经济学版》，74-91.

《伊索克拉底》，1980年，三卷.洛布古典图书馆，哈佛大学出版社.

法里德·卡尔卡比，2017年.《伊斯兰金融学入门》，未发表手稿.

凯利，J.L.，1956年.《信息率新解》,《IRE信息理论学报》2（3）：185-189.

拉蒙特，米歇尔，2009年.《工人的尊严：道德与种族，阶级和移民的界限》.剑桥，马萨诸塞州：哈佛大学出版社．

拉扎里迪斯，约瑟夫等，2017 年．《米诺斯人和迈锡尼人的基因起源》，《自然 548》7666 号：214-218.

麦克莱恩，伦纳德 C.，爱德华 O. 索普和威廉 T. 津巴，2011 年．《凯利资本增长投资标准：理论与实践》，卷 3,《世界科学》．

曼德尔布罗特，伯努瓦，1982 年．《自然分形几何》．弗里曼公司．

——，1997 年．《金融分形和规模：不连续性，集中性与风险》．纽约：施普林格出版社．

曼德尔布罗特，伯努瓦和纳西姆·尼古拉斯·塔勒布，2010 年．《随机跳跃与不随机行走》，理查德·赫林版《已知，未知和不可知》．普林斯顿，新泽西州：普林斯顿大学出版社．

玛格丽特，艾瑞莎，2002 年．《记忆的伦理》．剑桥大学，马萨诸塞州：哈佛大学出版社．

纳格尔，T.，1970 年．《利他主义的可能性》．普林斯顿，新泽西州：普林斯顿大学出版社．

诺瓦克，马丁 A.，科里纳 E. 泰妮塔和爱德华 O. 威尔逊，2010 年．《社会性的演变》，《自然 466》7310 号：1057-1062.

埃莉诺·奥斯特朗姆，1986 年．《机构研究议程》,《公共选择》48（1）：3-25.

——，2015 年．《下议院管理》．剑桥大学出版社．

帕菲特，德里克，2011 年．《何为重要》，卷 1-3. 牛津：牛津大学出版社．

佩里安德的科林斯，《早期希腊哲学：早期爱奥尼亚人思想家，第 1 部分》．勒布古典图书馆，哈佛大学出版社．

奥利·彼得斯，2011 年．《圣彼得堡悖论的时间决议》,《伦敦皇家学会哲学学报 A：数学，物理和工程科学》369（1956）：4913-4931.

奥利·彼得斯和默里·盖尔曼，2016 年．《赌博之动力学评估》,《混沌：费线性科学的跨学科期刊》26（2）：023103. 网址：scitation.aip.org/content/aip/journal/chaos/26/2/10.1063/1.4940236.

托马斯·皮凯蒂，1995年.《社会流动与再分配政治》,《经济学季刊》110（3）：551-584.

——，2015年.《二十一世纪资本论》.剑桥，马萨诸塞州：哈佛大学出版社.

斯蒂芬·平克，2011年.《更美好的人性：暴力衰落的原因》.企鹅出版集团.

皮特曼，E.，1980年.《次指数分布函数》,《澳大利亚数学学会杂志》，A系列，29（3）：337-347.

皮特曼，J.W.，1975年.《一维布朗运动与三维贝塞尔流程》,《概率论前沿》，511-526.

普拉特，J.W.，W.R.泽克豪泽和K.J.阿罗，1985年.《委托人与代理人：商业结构》.哈佛商业出版社.

皮沙尔特，H.A.，2002年.《责任与无知的事实》,《道德论述》，J.麦克亚当版.牛津：牛津大学出版社.

兰克，马克·罗伯特和托马斯·黑舍尔，2015年.《生命中经历相对贫穷的可能性》,《公共科学图书馆一》10（7）.

兰克，马克·罗伯特，托马斯·黑舍尔与柯克·A.福斯特，2014年.《追逐美国梦：财富的本源》.牛津：牛津大学出版社.

里德,R.和纳西姆·尼古拉斯·塔勒布，2014年《宗教，启发式和代际风险管理》,《经济学期刊观察》11（2）：219-226.

雷切尔,N.,2009年.《无知：知识缺陷的广泛影响》.匹兹堡：匹兹堡大学出版社.

罗斯，大卫，1939年.《道德基础》.牛津：克拉伦登出版社.

——，1930年.《正确与善良（修订版，2002年版）》.P.斯特拉顿湖，牛津：克拉伦登出版社.

罗斯，S.A.，1973年.《代理的经济学理论：主要议题》,《美国经济评论》63（2）：134-139.

卢瑟福，亚历克斯，戴恩·哈蒙，贾斯汀·韦费尔，亚历山大·S.加德穆雷，什洛米亚·班杨，安德里亚斯·格罗斯，拉蒙·舒尔维布吕内特和亚尼尔·班杨.《好篱笆：边界对于和平共处的重要性》,《公共科学图书馆一》9（5）：e95660.

康斯坦丁·桑迪斯，2012 年.《我们的作为及其理由》.麦克米兰出版公司.

康斯坦丁·桑迪斯和纳西姆·尼古拉斯·塔勒布，2015 年.《领导伦理学与非对称性》,《领导力与道德》,布克斯和莱文，233.伦敦：布卢姆斯伯里.

施蒂格利兹，J.E.，1988 年.《委托人与代理人》,《新帕尔格雷夫经济学字典》,卷 3.伦敦：麦克米兰.

纳西姆·尼古拉斯·塔勒布，2007 年.《黑天鹅与统计学领域》,《美国统计学家》61（3）：198-200.

纳西姆·尼古拉斯·塔勒布和帕斯夸莱·西里洛，2015 年.《显然无限平均现象的渐变时刻》,《arXiv 预印本 arxiv：1510.06731》.

纳西姆·尼古拉斯·塔勒布和拉尔夫·杜阿迪，2015 年.《超可加性与分位数贡献的估算偏差》,《物理学刊 A：统计力学及其应用》429：252-260.

纳西姆·尼古拉斯·塔勒布和康斯坦丁·桑迪斯，2013 年.《风险共担对尾部事件预防的启发》,《行为经济学评论》1（1）.

马勒，J.L.，1975 年.《亚类指数分布》,《概率年鉴》卷三，第 6 号，1 000-1 011.

汤普森，D.F.，1983 年.《政府顾问赋责》,《伦理学》93（3）：5466-0.

索普，爱德华 O.，2006 年.《21 点（牌戏），体育博彩与股市中的凯利标准》,《资产负债管理手册》1：385-428.

蒂罗尔，J.，1988 年.《产业组织理论》.剑桥，马萨诸塞州：麻省理工学院出版社.

沃德，I.，2010 年.《全球经济中的伊斯兰金融》.爱丁堡大学出版社.

威尔肯，R.L.，2003 年.《作为罗马人的基督徒看到了他们》.纽黑文市，康涅狄格州：耶鲁大学出版社.

威廉姆斯，1993 年.《羞耻和必要性》.剑桥：剑桥大学出版社.

威尔逊，D.S. 和 O.E. 威尔逊，2007 年.《社会生物学理论基础再思考》,《生物学季刊》82（4）：327-348.

齐默尔曼，M.J.，2008 年.《与不确定性相伴：无知的道德意义》.剑桥：剑桥大学出版社.